本书由南宁师范大学教育学一流学科（培育）和博士点建设经费资助出版

女童性侵防范理论与实务

杨素萍◎著

科学出版社
北京

内 容 简 介

性侵儿童是全世界都普遍存在的可怕事实。一个人如果在儿童阶段受到过性侵害，其身心将会受到极大的创伤，这种创伤甚至伴随其一生。另外，人的很多心理问题来源于对性的认识、态度和看法，它可能与一个人的事业成功无关，但直接关乎一个人基本的幸福感。因此，教导孩子预防性侵害，对他们有着极为重要的意义和深远的影响。

本书分为三个部分。第一部分为性侵害的基本知识；第二部分从防范内容、防范理念、防范技术三个方面阐述如何预防女童受到性侵害；第三部分以案例的形式讲述性侵害后的心理干预及处理。

这是一本适合女童家长和老师阅读的实操性很强的科普读物。同时，本书也可以为相关儿童服务机构、妇女儿童保护组织等开展工作提供相关依据。

图书在版编目（CIP）数据

女童性侵防范理论与实务 / 杨素萍著．—北京：科学出版社，2019.11

ISBN 978-7-03-062293-8

Ⅰ.①女…　Ⅱ.①杨…　Ⅲ.①性犯罪-未成年人保护法-中国-普及读物　Ⅳ.①D924.34-49

中国版本图书馆CIP数据核字（2019）第203405号

责任编辑：崔文燕 / 责任校对：何艳萍

责任印制：李　彤 / 封面设计：润一文化

编辑部电话：010-64033934

E-mail：edu_psy@mail.sciencep.com

科学出版社出版

北京东黄城根北街16号

邮政编码：100717

http://www.sciencep.com

北京建宏印刷有限公司 印刷

科学出版社发行　各地新华书店经销

*

2019年11月第　一　版　开本：720×1000　B5

2020年10月第二次印刷　印张：13 3/4

字数：240 000

定价：89.00元

（如有印装质量问题，我社负责调换）

前　言

近年全国范围内针对青少年的恶性性侵害事件频出。据中国少年儿童文化艺术基金会女童保护基金（简称“女童保护”）统计：2013 年全年媒体公开报道的性侵儿童（14 岁以下）案例为 125 起，平均每天曝光 0.34 起；2014 年全年数据为 503 起，平均每天曝光 1.38 起；2015 年全年数据为 340 起，平均每天曝光 0.93 起；2016 年这一数据为 433 起，平均每天曝光 1.18 起；2017 年全年数据为 378 起，平均每天曝光 1.04 起。①

2013 年 9 月 24 日，教育部、公安部、共青团中央、全国妇联联合下发了《关于做好预防少年儿童遭受性侵工作的意见》。2018 年，教育部办公厅又发布了《教育部办公厅关于进一步加强中小学（幼儿园）预防性侵害学生工作的通知》，要求“各地教育行政部门和学校要从性侵害学生案件中吸取教训，把预防性侵害教育工作作为重中之重，通过课堂教学、讲座、班会、主题活动、编发手册、微博、微信、宣传栏等多种形式开展性知识教育、预防性侵害教育。要通过案例加强警示教育，提高学生自护意识和自救能力……重点对小学学生、留守学生、寄宿学生、乡镇农村学校学生及其家长加强宣传教育”②。

这两个极为重要的文件的发布，一方面说明性侵害严重损害了青少年的身心健康，预防性侵害教育已经刻不容缓；另一方面说明青少年儿童的防性侵工作是一项社会建设的系统工程，涉及学校、家庭、社会等方方面面，涉及教育、管

---

① 凤凰网公益 .2017 年性侵儿童案例统计及儿童防性侵教育调查报告 .https://gongyi.ifeng.com/a/20180307/44898769_0.shtml[2019-02-20]. 注：根据报告对平均每天曝光数进行了重新计算。

② 教育部办公厅 . 教育部办公厅关于进一步加强中小学（幼儿园）预防性侵害学生工作的通知 .[2018-12-12].

理、应对处理各个环节，需要全方位做好工作。而预防青少年遭受性侵害，最重要的措施就是让防性侵教育真正走进课堂，在遵循未成年人身心发展规律的基础上，把握未成年人的认知特点，提升儿童性侵预防的实践性、实用性和实效性，让孩子们真正学会保护自己。

根据联合国《儿童权利公约》第 1 条的规定，儿童系指 18 岁以下的任何人，除非对其适用之法律规定成年年龄低于18 岁[①]。有鉴于此，本书所指称的“女童”即指 18 岁以下的女性。

另外，通过对已发生的性侵害案件的分析，发现针对青少年的性侵害案件主要呈现以下四个特征。

一是熟人作案比例高。在已经审结案件中，熟人作案数量占比达 75%，包括在继父女、堂兄妹、亲戚、师徒、同学、网友等关系中，加害人通常利用与被侵害人独处、把被侵害人灌醉等机会作案。

二是被侵害人自我保护意识淡薄。一方面，一些儿童自我保护意识薄弱，经不住他人小恩小惠的诱惑，任由他人性侵害自己。如有些儿童禁不住零食或获得少量现金的诱惑，而遭到多次性侵害。另一方面，女童在被性侵后，不能及时用法律工具维护自己合法权益，导致性侵后果扩大。

三是加害人法治意识淡薄。根据《中华人民共和国刑法》第二百三十六条“奸淫不满十四周岁的幼女的，以强奸论，从重处罚”的规定，在该类案件中，加害人明知被害人未满 14 周岁，但认为自己与被害人为“恋人”关系或被害人未明确拒绝从而认为自己与被害人发生关系并不违法的，仍会最终获刑。

四是监护人监护不到位。有的被害人父母由于离异、外出务工、忙于工作等，对家中未成年孩子管教较少，对他们免费获得他人赠予的食物、零钱等警惕性较弱。[②]

综上，这些经由媒体网络曝光的恶劣性侵事件，一方面说明不管是被害人，还是监护人，对于性以及性侵防范的知识都相当欠缺；另一方面说明现有对儿童性侵问题的研究还非常有限，需要学界继续讨论和深入探索。

法国学者乔治·维加莱洛在《性侵害的历史》一书中，用平实的文风从历史的角度回顾了法国从大革命前的王朝时期对性暴力的宽容，到 19 世纪对精神暴

① 联合国网站 . 儿童权利公约 .https://www.un.org/chinese/children/issue/crc.shtml[2018-01-10].

② 许文清 . 关于性侵儿童案件的几点思考 . 青年与社会，2014（18）：16.

力的认识，直到1997年法国为进一步保护儿童而采取的国内大搜查行动这样一个性侵及其反制的衍化过程，字里行间可见被性侵者的无辜、痛苦与诉求，那种生理与心理的巨大创伤如弥散开来的雾霾，充斥着被性侵者的整个人生。她们的痛苦呻吟也时刻警醒着我们，要保护好我们的孩子！正是基于这样的初衷，本书具有多重探索性目的和意义。

（1）在研究立场上：一方面，中小学生的性生理随着年龄的增长逐步发育，但自我保护意识相对薄弱，她们不知如何避免性侵害，面对性侵害时不懂如何自救和反抗，不知如何处理性侵害给自己带来的巨大生理、心理上的伤害。另一方面，作为监护人的家长并不懂得如何教育自己的孩子预防性侵害，在得知自己的孩子遭受性侵害后，又不知该如何合理应对。有的家长甚至一味忍受，不敢报警；还有的家长迁怒于自己的孩子，导致孩子遭遇更大的伤害。因而，本书编写的立场首先是预防性侵害事件的发生，其次是帮助未成年人及其监护人学会用正确的方法处理性侵害事件，最后帮助她们走出性侵害的心理阴影。

（2）在实践层面上：本书从心理学的角度出发，结合国内外新的成功经验，以女童防止性侵害为主题，从了解性侵的危害、性侵的罪与罚入手，过渡到如何防止性侵害，一旦受到性侵害后如何进行及时的反应处理，因而在实践层面本书能很好地指导中小学生学会防止性侵害的应对策略和技巧，提高她们处理涉及有关性问题的能力，帮助中小学生及其监护人筑起一道性侵害防火墙。

（3）在理论意义上：当前针对女童开展性侵害防范的系统研究少之又少，本书在总结前人经验并结合女童性侵害防范实际情况的基础上，从女童自身知识、意识、技能等视角出发进行研究，以期进一步补充和完善女童性侵害防范的相关理论，并为相关管理部门提供一定的借鉴和参考。

本书分为上、中、下三篇。

上篇共有两章。第一章从生理和心理两个角度论述了女童遭受性侵的危害；第二章首先依据犯罪嫌疑人的犯罪手段和精神状态，论述了女童性侵害的6种主要犯罪类型，即真正的性犯罪、性虐待强奸犯、非道德性犯罪者、精神失常性犯罪者、心理病态性犯罪者、网络性侵害罪者，而后，论述了7个发达国家关于女童性侵害的罪与罚。

中篇共分为三章，是全书的核心。本篇运用系统论的观点探讨了女童性侵防范的三个子系统，即防范内容、防范理念和防范技术，如下图所示。

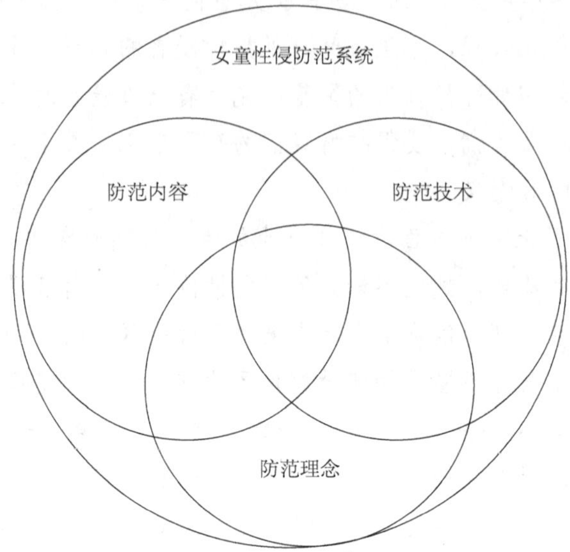

女童性侵防范系统

第三章依据防范的对象，将防范内容分为人的防范、物的防范和环境的防范三个部分；第四章依据性侵事件发生的时间，探讨了性侵前、性侵中、性侵后的防范理念；第五章依据性侵防范所使用的技术手段，分析了女童性侵防范的心理技术、生理技术和物理技术。

下篇包括三章，主要是针对女童遭受性侵害后的心理干预。第六章概述了心理干预的含义、过程、实例及心理干预者的素质。第七章和第八章通过具体的实例，分别论述了对女童和女童家庭心理干预的方法和步骤。

最后，需要说明的是，笔者选择案例是从女童性侵防范的视角出发，并不特定针对某一职业或者人群。另外，出于研究伦理和规避当事人风险的考虑，书中所有入选案例均经过了不同程度的改编、糅合，且使用了化名，请勿对号入座。

目　录

下 篇 女童遭受性侵害后的心理干预

上　篇

对女童性侵害的认识

近年来，女童性侵害现象借助媒体报道逐渐引起人们的关注。然而，人们对于女童性侵害的认识却不一定正确。例如，“性侵害造成的伤害主要是处女膜的损坏”“侵犯者主要是陌生人”“如果女童拒绝或反抗，性侵害就不会发生”……这些误解很容易演化成责备被侵害者的公众态度和专业话语，不利于有效预防女童性侵害。

在本篇中，笔者将以权威文献为依据，从性侵害未成年人的定义，对未成年人造成的生理危害、心理危害，性侵害的犯罪类型，我国和世界发达国家关于女童性侵害的法律惩治和防范措施五个方面，帮助读者深入、系统地认识女童性侵害现象，作为“女童性侵害防范”和“女童遭受性侵害后的心理干预”的知识基础。

第一章

女童遭受性侵的危害

性侵害未成年人是一个总括性的术语，并非仅指强奸未成年人的行为，它同时涵盖强奸未成年人、猥亵未成年人等多种带有性侵性质的行为。世界卫生组织（World Health Organization，WHO）于 1999 年发布的《虐待儿童磋商报告》对性侵害未成年人的界定具有较强的影响力。[①] 该报告指出："性侵害未成年人是指行为人在未成年人尚未完全理解性行为，或无法作出性同意表示，或尚未发育完全不能作出性同意，或在违反法律或社会道德禁忌的情况下与未成年人进行性行为。性侵害未成年人包括但不限于：①威胁或强迫未成年人进行任何非法的性行为；②利用未成年人从事卖淫活动或其他非法活动；③利用未成年人经营色情表演或制作相关材料。"[②] 虽然随着新类型犯罪的发生，该定义已无法涵盖现阶段所有性侵害未成年人的行为，但这一定义在当时具有极强的进步意义，体现在以下几方面：首先，术语的使用具有科学性。采用"性侵害未成年人"一词作为强奸、猥亵、性骚扰等一系列行为的总称，使杂乱无章的概念体系化。其次，定义的方式具有创新性。采用"概括＋列举"的方式定义性侵害未成年人，跳出传统概括式定义的局限，简洁明了，为日后增加新类型犯罪、扩充性侵害未成年人的内容提供便利。最后，该定义所体现的思想具有进步性。该定义强调未成年人有作出性同意的权利，列举了多种不承认未成年人性同意行为的情况，体现了对未成年人独立性的尊重。

笔者在参考世界卫生组织的这一定义的基础上，将本书所指称的性侵害界定为加害人违背女童的意愿，对女童做出猥亵、强奸、骚扰等侵害行为。本书中所称的"女童"为 18 岁以下的女性。由于这种行为的发生不以女童的自主意愿为前

① 国内外文献对于术语的使用存在差异，我国常用"性侵害未成年人"，国外常用"child sexual abuse"，《虐待儿童磋商报告》亦采用这一表述，直译为"儿童性侵"。

② WHO.Child maltreatment.http://www.who.int/mediacentre/factsheets/fs150/en/[2018-12-20].

提，加上女童生理各方面发育尚未完全，这类行为常常对被侵害女童造成严重伤害。这种危害主要分为两种：生理危害和心理危害。生理危害主要指性侵行为对女童的身体、生命造成的威胁。例如，身体外部伤痕、身体内部器官受损，甚至是生命的威胁。而心理危害相对于生理危害而言，其危害作用往往是隐性的，甚至连被侵害女童本人都无法察觉，例如性格上的变化、社会功能受损、亲密关系无法建立等。总而言之，性侵害对被侵害女童所造成的影响是巨大而难以评估的。

第一节　生理危害

生理危害主要是指遭到性侵之后，女童身体上留下明显伤害。这是一种显性伤害，能够通过医学等手段诊断出来。随着时间的推移，轻微的伤害可能得以痊愈，而严重的伤害则可能伴随被侵害者一辈子。按照严重程度，这种危害可以分为以下四级。

一、威胁生命

这是最高级别的生理危害。性侵女童并不是只在中国时有发生，全球各个国家都存在这样可怕的事实，尤其是在女性地位较低的国家，性侵女童的犯罪嫌疑人往往更加猖狂。他们通常以暴力手段挟持、绑架女童对其实施暴行，事后将女童丢弃或杀害。这些杀害的手段可能是在性侵害过程中实施的，也可能是在侵害之后为了防止被侵害人泄露秘密而实施的。遭受过暴力侵害的女童不仅生命会受到威胁，她们的性器官和身体其他部位也会遭受到不同程度的伤害，以至于留下不同程度的伤痕。

案例：

2016 年 7 月 30 日报道，印度一名 14 岁女子遭人绑架强奸后，被强制灌服化学酸性物质，致其最后死亡。

遇害女子母亲称，当天她下班回家，发现女儿并没有从学校回来。在她报警的 12 天后，她接到消息并赶往警局。母亲在警局中看到了被捕的男子，以及自己的女儿躺在地上拍打自己的胸部，母亲试图去抱她，但是遭到警察阻止。

事后这名女孩被证实遭到男子强奸和虐待。由于器官受到损伤，病情逐渐恶化，女孩被救2个月后，最终离世。

遇害女孩母亲说：“我内心正垂死挣扎，这对于我来说不公平。”由于绑匪为高种姓人，绑匪屡次想靠其背景摆脱罪名。而遇害者及其家人住在被称为印度的低种姓的社区，相对于其他种姓人群，他们被视为“贱民”。

尽管印度在1947年种姓制度的法律地位就被正式废除，各种种姓分类与歧视被视为非法，但在实际生活中，种姓制度仍扮演相当重要的角色，低种姓的人无法保护自己的权益。①

此事给印度这个普通的家庭带来了巨大的打击，少女的妈妈整日陷在悔恨中不能自拔，恨自己不能接送女儿放学，而让她总是独自一人走过偏僻的小路。

另一个相似的故事发生在中国云南。②

案例：

10月16日，镇雄县某中学初三女生娇娇（化名）上完晚自习后独自步行回家。家人看娇娇一直没有到家，连夜寻找，最终在镇雄县城西环路泥噜沟路段旁的一片小树林里，看到了被赤身吊亡的娇娇。

案发后当晚，镇雄县公安局成立专案组，抽调130余名精干警力，昼夜开展现场勘查、尸体检验、调查走访、布控抓捕等工作。同时，专案组发布了奖金为5万元的悬赏公告，发动群众提供破案线索。

案发后1个月内，警方相继排查了有可能与该案有关的1万多人。11月16日，民警将犯罪嫌疑人邓某抓捕归案。

据邓某交代，10月16日晚，他在外面干完活后独自步行，准备回离娇娇家租住地不远的家中休息。当晚10时许，邓某经过县城西环路泥噜沟路段，与上完晚自习后独自回家的娇娇相遇，邓某心生歹念，将娇娇胁迫至路旁小树林中强奸，最终娇娇被吊身亡。

案发后，邓某又返回镇雄县五德镇一石材厂，若无其事地像往常一样打工干活，企图掩盖个人罪行。落网后，邓某对自己的所作所为悔恨不已，他表示接

① 印14岁少女遭人性侵后喂酸液致死. http://news.china.com/hd/11127798/20160730/23184229_1.html#photos [2018-02-14].

② 云南初三女生深夜赤身吊亡案告破 遭47岁男子强奸致死. http://www.sd.chinanews.com/2/2016/1121/30207.html[2018-12-01].

受司法机关对他作出的任何处罚。

受害人在性侵害中遭到虐杀，是性侵事件中最为可怕的事件。性侵引发死亡的原因有很多，例如，暴力性侵引发受害人大量出血，或是过分惊恐导致受害人休克性死亡、受害人过于绝望而引发猝死等，也存在少数由于压迫神经而导致的死亡。除此之外，性侵案件伴随死亡，还可能是因为犯罪嫌疑人是随机作案，事先没有犯案的计划和准备，在偶然看到被侵害人的时候心生歹念，当即动手作案。事后，犯罪嫌疑人十分惊慌，不知如何是好，受到害怕被侵害者报案等心理的驱使，他们产生了杀人灭口的动机。当然，也存在如印度女童遭性侵致死的案件中，犯罪嫌疑人是高种姓人，被侵害女童是低种姓人，在特殊环境背景下，犯罪嫌疑人漠视女性，使其将被害女童视为自己的玩物，也不将女童的生命放在眼里的情况。类似案件在中国也会见到。虽然我国并无高低种姓的阶级划分，但在部分偏远山区，仍有部分男性存在相对封建的观念思想。在他们看来，女性也只是一种附属品，而女童只是像玩具一样的物品。这使得他们无视女性的人权、尊严等。在性侵女童的过程中，他们自然也不会意识到自己是在犯罪。

值得注意的是，这个类型的性侵案件多由犯罪嫌疑人突发进行，鲜有帮凶。他们的目标大多是偏僻地带单独行动的女童。因此，女童外出玩耍，或在放学回家的路上，应尽量结伴而行，以避免遇到心怀不轨的陌生男子的骚扰和侵害。

二、殴打导致体外受伤和体内器官损伤

这是稍次一级的生理危害。被掳掠的女童要面对的往往不止性侵害这么简单，犯罪嫌疑人的心理状态也与女童在遭受性侵过程中的生理安全息息相关。心理状态失衡的犯罪嫌疑人会伴随殴打、虐待、囚禁等行为，导致女童出现擦伤、瘀伤、撕裂、骨折等体外伤，还容易导致女童体内器官受损。

案例：

2019年2月18日晚，陕西省某县的一个年轻女孩被群众送到了当地派出所，问询中民警得知，有人对这名女孩实施了殴打，后被过往群众发现。当地公安局副局长说："我们根据受害人的指控和掌握的相关证据，于3月1日以涉嫌强奸罪立为刑事案件侦查。于3月1日当日对嫌疑人倪某采取刑事拘留措施。"但在随后的调查过程中这名女孩告诉民警，她在13岁时曾遭到倪某性侵和殴打，并提供了被性侵时所拍摄的视频。据该女生的母亲徐女士回忆，由于自己常年在外

打工，2019 年过年期间，17 岁的女儿就到了徐女士打工的城市一起过年。由于学校寒假即将结束，2 月 18 日，徐女士便带着孩子返回了某县。就在抵达某县的当天下午，徐女士发现，无论如何都联系不上女儿。一直到了晚上十点多，徐女士才接到民警打来的电话称，女儿被人殴打，现在正在派出所。[①]

在性侵案件中，犯罪嫌疑人的心理状态是不可控的。他可以是心理健全但自制力差、一时心怀不轨的人，也可以是心理变态但道貌岸然的人。对于某些心理扭曲的性侵害犯罪嫌疑人而言，在性侵的过程中施以暴力，更能激发他们的兴趣，满足其性欲。有些犯罪嫌疑人甚至会针对同一类型的女童动手（如甘肃白银案中的犯罪嫌疑人只侵犯身穿红衣的女子），或采用同样的侵害方法（如在被侵害人身上刻下特殊痕迹等）。部分被侵害人在这样性虐的过程中遭到了虐杀，也有人得到及时救援存活了下来。

三、生理机能受损，引发妇科疾病

这是第三级别的生理危害。妇科疾病，即女性生殖系统的疾病，包括外阴疾病、阴道疾病、子宫疾病、输卵管疾病、卵巢疾病等，是女性常见病和多发病。[②] 由于幼女生殖系统发育不成熟，一旦遭到外界侵犯，其生理机能易受到较严重的损害，或形成长久的妇科疾病。不洁的手或物体的侵害有可能造成女童泌尿系统感染，造成生理疾病，如消化系统受损导致无法进食，生理机能受损导致身体不能正常生长发育等，严重的甚至可能导致终身无法生育。

案例：

6 岁的欢欢（化名）住在四川达州，在欢欢几个月大的时候，她的爸爸妈妈就到广州打工了，将她托付在姑母家，由姑母进行抚养。这些年来，爸爸妈妈定时给欢欢汇去生活费，但与欢欢总是聚少离多。直到欢欢 6 岁的时候，爸爸妈妈考虑到女儿即将上小学，于是决定回老家将欢欢接到广州一起生活。

而见到欢欢之后，父母就察觉出了异常。印象中活泼可爱的女儿不知怎么变得沉默寡言了，不爱说话，也不与人交流。食量还很小，时常捂着肚子说疼。有一天，欢欢实在疼痛难忍，告诉妈妈说："我的下面很痒。"妈妈一看还有虫子，

---

① 17 岁女生遭老师性侵和殴打家长发现不雅文字及视频 . https://baijiahao.baidu.com/s?id=1629321671138427399&wfr=spider&for=pc[2018-12-20].

② 刘俊涛 . 妇科疾病 . 北京：中华工商联合出版社，2000：11.

这才知道事情的严重性，赶紧将欢欢带到了医院。

经过检查，医生诊断欢欢由于长期受到性侵害，她的生殖器、肛门等均出现了伤痕，且有不同程度的感染。此外，欢欢还患上了盆腔炎、咽喉感染等生理疾病，精神也十分萎靡。欢欢父母在心痛之余也觉得十分奇怪，女儿一直寄宿在姑母家中，鲜与外界接触，也从未出过远门，如何受到长期的性侵害呢？爸爸妈妈对欢欢进行了心理疏导，试图知道究竟是谁对欢欢做了这么丧尽天良的事。起先，欢欢一直不愿提，直到妈妈告诉她“只有告诉爸爸妈妈，爸爸妈妈才能够保护你”，欢欢才开了口。而欢欢说出来的真相却让大家都震惊了，她说这些事其实都是姑父做的，每周如此，而且姑父姑母还威胁她，不让她将这件事透露出去，不然就把她杀了。

欢欢的爸爸妈妈异常愤怒，当即报警将加害者告上法庭。但事情对欢欢的伤害已然造成。年仅6岁的欢欢陷入低迷的精神状态，无法进食，只能依靠鼻饲维持生命。同时，由于消化系统受到损坏，欢欢大小便也变得不正常，只能依赖导管。而长期的精神压抑和父母关爱的缺失，也使得欢欢拒绝与人亲近，甚至父母的靠近……①

相较于子宫、卵巢、输卵管等，阴道内膜有皱褶，还有汗腺、皮脂腺等组织，而且距离尿道口和肛门较近，很容易出现生殖系统感染。②对于幼小的女童而言，则更是如此。比如一些家长追求便利而让女童穿开裆裤，使得外界细菌、真菌等甚至小虫容易进入女童阴道；患有生殖器官炎症甚至性病的父母与女童共同使用一个清洗盆、贴身衣服一齐清洗等，亦会导致女童出现炎症甚至性病。

若是阴道尚未发育完善的女童在月经来潮前遭到性侵，不仅会导致其处女膜过度裂伤，也可能导致会阴、阴道甚至肛门撕裂，引起大量出血，对女童身体健康发育影响巨大。③

在女童阶段小儿妇科病④也时有发生，包括婴幼儿外阴炎，常见于5岁左右的女童，该年龄女童外阴黏膜的屏障保护作用尚未发育完全，其阴道极易受到感染，出现外阴皮肤潮红、阴道分泌物增多等症状。阴道异物（如女童在玩耍时随地乱坐，致使异物进入阴道）导致机械性损伤，引发炎症，多伴有阴道分泌物

---

① 姑父性侵6岁侄女1年 女童生殖器肛门等部位均有撕裂伤口 . http://news.cri.cn/20161101/24d4d685-8b41-6da5-30e9-8168e6b387d3.html[2018-12-20].

② 张永清等 . 性病 . 南昌：江西科学技术出版社，1998：6.

③ 刘俊涛 . 妇科疾病 . 北京：中华工商联合出版社，2000：201.

④ 王世友，李全德 . 小儿妇科疾病诊断与治疗 . 上海：第二军医大学出版社，2002：29.

增多、呈脓性或带血性，或恶臭等症状。

由此可知，性侵害导致的生理机能受损，除了直接地造成阴道损伤、处女膜破裂、意外怀孕、被迫人流、生子等严重问题，还可能间接地引起女童患上妇科疾病。不洁异物进入阴道引发的急性感染经常出现外阴红肿疼痛、外阴不适、尿痛等症状。如果阴道长时间遭到异物刺激，则容易引起大肠杆菌感染，引发恶臭。

另外，犯罪嫌疑人在犯罪过程中所使用的侵害手段多样，因此受侵犯女童的生理损害往往不止妇科疾病问题，还包括对其他生理器官的不良影响。如案例中的被侵害女童欢欢，还因此患上了盆腔炎和咽喉炎，甚至整个消化系统都出现了问题。

为了女童的生理健康，家长不仅要时刻关注女童身体的变化，时常为其进行检查，还要教给女童卫生管理的保健知识，防患于未然。

四、感染性传播疾病

这是第四级别的生理危害。性病，全称性传播疾病（sexually transmitted diseases，STD），是指一类主要通过感染者与未感染者之间的性接触而传播的疾病。[①] 早期定义的性病是指通过性交引起的外生殖器或阴部发生的传染性炎症疾患，是一个范围比较窄的定义，称为“经典性病”（venereal disease，VD）。自 20 世纪 70 年代开始，性病的概念逐渐被“性传播疾病”所代替。1975 年，WHO 正式决定使用性传播疾病这一名称。目前国际上将几十种通过性行为或类似性行为途径传染的疾病纳入性病范畴中，包括梅毒、淋病、软下疳和性病性淋巴肉芽肿、非淋病性尿道炎、尖锐湿疣、生殖器疱疹、生殖器念珠菌病、滴虫病、细菌性阴道病、阴虱病、疥疮、传染性软疣、巨细胞病毒感染症、股癣、乙型肝炎等主要通过性交传染或可通过性交传染的疾病，以及艾滋病（获得性免疫缺陷综合征，acquired immure deficiency syndrome，AIDS）。我国目前列入性传播疾病监测管理的有 6 种，包括艾滋病、梅毒、淋病、非淋病性尿道炎（特指生殖道沙眼衣原体感染）、尖锐湿疣和生殖器疱疹。[①]

性传播疾病的起因有很多，细菌、病毒、螺旋体、真菌原虫和寄生虫等都是引发性传播疾病的罪魁祸首。它们的致病力、毒力、侵犯人体器官及破坏组织的范围大小等均有很大不同：严重的会侵犯全身各个组织器官甚至危及

① 杜占森．艾滋病性病防治．上海：复旦大学出版社，2016：31.

生命，而轻的只侵及某些组织器官，引起较轻的病变；有的只在性器官局部发生病变；有的则可累及性器官以外的组织器官；还有的虽然经性接触感染，但却在其他组织器官发生病变。另外，性病如若发现和救治不及时，会对人的生殖器官造成危害，轻则导致不孕不育，重则影响心脏与大脑的功能，甚至造成死亡。

女童由于身体发育并不成熟，当遭受暴力性侵或数次性侵后，很容易感染性病。

案例：

台北市有一名10岁女童，父亲过世多年，她和母亲、弟弟三人一起生活。2009年7月，女童母亲和49岁的吴男结识后，吴男就时常到家中过夜，并且趁着其母亲忙碌或是外出时，隔着衣裤抚摸女童身体，甚至两次性侵得逞，事后还恐吓女童若是将事情说出，“你们全家就完蛋了”。

直到2010年4月，女童在学校玩耍时，跌倒弄伤下体，导致发炎流脓，女童母亲带她到医院做检查时，才发现她竟然罹患性病，因其母亲也曾被吴男传染过，所以当她得知后，就怀疑是吴男所为，经过逼问，女童才说出事情经过，女童母亲马上求助医院社工报警处理。

吴男虽否认犯罪行为，但士林地方法院依据女童验伤报告、证词和吴男未通过测谎等资料，认定吴男强制猥亵女童8次和性侵2次，判处吴男10年有期徒刑。①

性传播疾病是一种传染性强、复发率高、痊愈率低的疾病，因此它对人体所产生的危害较大。首先，性传播疾病会导致一系列的并发症②。如果不及时治疗，病原体可能向身体其他部位蔓延，严重的甚至发生癌变，而艾滋病则会导致机体免疫系统受损，甚至死亡。其次，性传播疾病主要通过体液传播，传染性极强。携带性传播疾病病原体的患者，在未使用安全套的情况下与他人进行性交，则极容易发生交叉感染。有研究显示，就一般的阴道性交而言，淋病的传播概率约为50%，衣原体感染约为20%，软下疳约为80%，艾滋病约为0.1%。在一次性交中，淋病男性患者传给健康女性的概率为60%，而女性患者传给健康男性的概率为30%。如果和尖锐湿疣患者发生性关系（未使用安全套），被感染的概

① 遭母亲男友长期性侵 台一10岁女童查出患性病 . http://www.chinanews.com/tw/2011/06-21/3126391.shtml [2018-01-10].

② 并发症：一种疾病在发展过程中引起了另一种疾病或症状的发生，后者即为前者的并发症。

率为 60%。[①] 最后，其他体液交换也是传染性病的途径，例如，身患性病的孕妇通过胎盘、母乳喂养的方式将病毒等传染给新生儿，输不洁的血时病毒也会借由针头传染给输血者。

综上所述，使用安全套是防范性病的有效手段。但犯罪嫌疑人在性侵女童的过程中，大多是不会使用安全套的，这使得女童在面对性侵害的时候，又不得不面临被传染性病的危险。

第二节　心理危害

性侵害不仅给女童带来生理创伤，还会给她们的心理带来极大的创伤。受到性侵害的女童很有可能将与性侵害有关的痛苦情绪和情感进行内化。这类经过内化的情绪情感，往往会以创伤后应激障碍、焦虑、抑郁、自闭、恐惧、紧张等一系列的情绪问题表现出来。[②] 同时，她们也有可能将这些痛苦和创伤进行外化，从而产生一系列的行为和人际关系等问题。比如有些遭受性侵害的女童可能出现学习困难、逃学、离家出走、吸毒、斗殴及攻击行为；有的则可能出现行为退缩、注意力不集中、药物滥用、自闭、自杀或产生自杀倾向、自暴自弃、酗酒、厌食、暴饮暴食、不喜欢自己的身体、遗尿等行为。另外，遭受性侵害的女童还可能会过早发生性行为，包括手淫、性好奇及暴露外生殖器等，有的甚至从事色情服务活动，还有的会发生同性恋行为、性滥交，陷入被侵害者—犯罪者循环，或出现学业成绩差、低自尊等现象。相对于生理危害而言，心理危害往往是隐性的，难以用医学等相关技术手段进行测量和评估，只有心理学或是精神学或可洞察其心理变化的原因。更为严重的是，这种心理问题往往没有具体的治愈期限，随着时间的推移、被侵害女童的自我调节，一些心理伤害或许能够慢慢减退，但某些问题却可能伴随女童一生。具体来说，性侵害给女童带来的心理危害主要有以下几种表现。

---

① 一次召妓“染艾”的机率是多少 .http://www.qqyy.com/jibing/pfxb/111127/40f48.html[2019-02-21].

② Das A，Otis N. Sexual contact in childhood，revictimization and lifetime sexual and psychological outcomes. Archives of Sexual Behavior，2016（45）：1117-1131.

一、厌恶自己，心理消沉，社会关系受到影响

性侵害除了会给女童带来身体上的严重危害，更会在她们的内心留下不可磨灭的可怕印记。遭受性侵害的女童在意识到自己曾被性侵的事实之后，往往会出现厌恶自己的情绪，并可能出现消沉、偏激等心理问题。

案例：

童童是一名10岁的小姑娘，性格内向不爱说话，也不善于与人交往。她在学校里总是独来独往，空闲的时候只喜欢阅读和绘画。不知从什么时候开始，她孤僻的程度越来越严重，只沉醉在自己的世界中，连上课的时间都在自己画画，看自己带的书。老师提醒过她很多次，都没有办法让她改掉这个毛病。于是班主任沈老师只能告诉了童童的爸爸妈妈，希望他们能协助童童做到认真听讲。

但不知为何，爸爸妈妈对此也十分无奈，他们总是欲言又止，无论沈老师怎么努力，都无法得到最后的答案。无奈之下，有一天，沈老师在课间的时候将童童带到了学校的心理辅导室。她告诉童童，心理辅导室的陈老师是大家的秘密树洞，无论是谁有了不能告诉别人的秘密，都可以告诉陈老师，她会守住这个秘密，还会帮大家想办法。童童并没有表态愿不愿意向陈老师倾诉，但她开始每个星期都来一次心理辅导室。

一开始，童童对陈老师有抵触，对陈老师的问题只用“是”或者“不是”来回答，更多的时候也只是在辅导室里低头画画。但几个星期后，她发现陈老师并没有因为她不回答问题而生气，反而在她画画的时候一直陪在她身边。于是她逐渐放下了心理防备，开始慢慢回答陈老师的一些问题。

这一天，童童好像心情还不错，画画的笔触仿佛比过去都轻快得多。陈老师一边陪她上色，一边问她一些小问题。陈老师问她：“童童这么喜欢画画，怎么不和同学们一起画呢？”童童一边涂色一边回答说：“不想。”“为什么呢？”陈老师继续问。这时，童童涂色的手突然慢了下来，但她还是低声回答老师：“他们都不会喜欢我。”

“为什么呢？”陈老师觉得纳闷，但童童没有回答，她只是轻轻地摇了摇头。这时，陈老师突然反应过来，仿佛抓到了问题的关键。她放缓声音，轻声问道：“那童童喜不喜欢自己呢？”童童停下手中的画笔，她始终低着头看着桌上的画，然后又轻轻摇了摇头。

陈老师意识到了问题并没有童童上课爱画画不听课这么简单，她及时和沈

老师取得联系，并将这一猜测告诉了沈老师。于是，沈老师私下里与童童的爸爸妈妈见面，说了童童的情况和她们的猜测。童童的爸爸妈妈听后，对视了一眼，爸爸便开口告诉老师童童经历的事情，以及童童发生变化的原因。

原来童童在7岁时，遭到了邻居伯伯的性侵害。那是夏日普通的一天，童童正在过暑假，爸爸妈妈像往常一样上班去了，只留下童童一人在家。当时童童还是个开朗爱玩儿的小女孩，她在家里坐不住，便拿上钥匙独自到院子里玩耍。正是下午，院子里没什么人，只有平时在小区里见面常打招呼的邻居伯伯坐在花园里乘凉。不疑有他，童童就在花圃旁的沙堆处玩了起来。过了一会儿，那位邻居伯伯也过来了，他主动陪童童一起玩，还给她铲了很多沙子。这时，伯伯说："童童啊，太阳太大了，伯伯家里有冰棍，我们去伯伯家里吃了冰棍再继续出来玩，好吗？"因为是常见面的伯伯，童童便跟着伯伯回他家去了。谁知，就在这座屋宅里，那位伯伯对童童做了伤天害理的事情。

晚上回到家，童童告诉妈妈她的屁股疼，妈妈仔细查看后吓了一跳，问清楚了事情的经过，便将她带到医院进行检查……

这件事处理得挺久。当一切都结束了，童童也意识到自己身上发生了什么，她变得日渐消沉。为了让童童能重新乐观起来，爸爸妈妈想把童童换到一个新的环境，于是在她10岁的时候转了学。本以为童童离开了旧的环境，会逐渐走出来，没想到她病在心里，而且还越来越严重……①

首先，在中国的传统大环境中，被侵害的女童仍然被大众打上"不洁"的印记，哪怕是女童的家人，也未必能正确看待女童的遭遇，并对其抱有同理之心。在这样的氛围下，女童自身也会感受到甚至认同大众的这种观点，认为自己是"不洁"的，进而由厌恶自己的身体发展到厌恶自己。她们的思想逐渐走向消沉极端，陷入"为什么这种事情发生在我身上"的思维中难以摆脱，继而拒绝社交，认为大家也会因为她的经历而不喜欢她。

其次，被侵害女童的消沉状态也会使其丧失社交的热情，认为想要不再受到伤害，就要避免与他人接触。被侵害女童往往会以这样的方式来保护自己。很多女童在遭遇性侵害之前，是善于交际并热心开朗的，事情发生之后转变成不再愿意与他人来往，出现社交退缩。而孤立无援会让这种情况更为严重。少数人会通过某些机遇走出阴影，但大多数人会就此消沉下去，出现精神错乱，甚至走向死亡。

---

① 王运华，张鸿巍．儿童性侵预防教育读本．北京：中国民主法制出版社，2016：27.

最后，基于身体自我保护的机制，被侵害女童往往沉迷于绘画、阅读等独处的行为中。绘画作为心理治疗的方法之一，实际上反映出来的是绘画者的内心状态，也是绘画者直面自己的一种方式。绘画者通过绘画这种非语言工具，将内心的情感或压力呈现出来，并在这一过程中获得慰藉和满足。[①] 但被侵害者一味地独自进行画画而缺乏心理医师的协助，只能是情绪安抚的一种方式，对被侵害者真正走出心理阴影并无大的帮助。

因此，被侵害的女童无论表面上恢复得多么接近事发前的状态，都应及时求助于心理医师。而已经表现出明显心理问题的女童，更应该在心理医师处获得及时的帮助，同时家长还应消除偏见，给予女童充分的陪伴和支持。

二、采集证据给被侵害女童带来“二次伤害”

许多女童在遭遇性侵害后，由于害怕舆论的影响和伤害，往往把一些可以留下来的证据（如留在裤子上的液体等）销毁掉。这样的做法使得报警后警察的调查难以展开。采集证据无疑是立案和指证犯罪嫌疑人的有效方式，但采集证据和案件处理的过程确实会让女童重新回忆起那段难堪的往事，甚至会给其带来二次伤害。

案例：

9 岁的丹丹在村头遭到了猥亵。那天丹丹放学回到家，时间还很早，爸爸妈妈还没做完活回来，她一个人觉得无聊，便去村头沙堆处玩沙。

当时已经是傍晚了，路上没什么人，丹丹正挖得兴起，旁边不知什么时候来了一个衣衫褴褛的人，一把将丹丹抱住，丹丹吓得当场大哭了起来。这时，那人威胁她说：“你再哭，再哭我就把你杀了！”丹丹怕得马上止住哭声，只在喉咙里哽咽。

那人看到丹丹已经被自己控制住，便开始肆无忌惮地猥亵丹丹。丹丹吓坏了，只希望这个人不要杀了自己。之后，那人把丹丹放在田埂旁边，又威胁了她一番，看四下无人便离开了。丹丹一个人站在那里，哭了很久很久，直到天都黑了，她才敢一边抽泣一边踉踉跄跄地往家里走。这时，爸爸妈妈已经回到家，久久不见丹丹回来他们也很慌张，这会儿看到丹丹哭着回来，也吓了一跳，急忙问丹丹发生了什么。好在，丹丹并未听从那人的威胁，一五一十地将事情的经过告

---

① 宋兴川．绘画与心理治疗．厦门：厦门大学出版社，2013：2.

诉了爸爸妈妈。爸爸妈妈十分痛心，他们安慰了丹丹，并在第二天一早到公安机关报案。

就在丹丹以为事情已经结束的时候，却发现事实并没有这么简单。警察叔叔很认真地询问了丹丹事情的经过，让她带他们到案发地点，并采集丹丹身上的证据线索。那件丹丹迫切想要忘记的事，就这样一次次地被提起。更可怕的是，这件事不知怎么就被村上的其他人知道了，甚至丹丹学校的同学都知道了。有一次丹丹和同学一起玩游戏的时候发生了小争执，那名同学还用这件事作为借口攻击她。从此，丹丹就很少和同学们一起玩游戏了，她总是躲在门后面偷偷看着他们，回家的时候始终低着头，不敢抬起头看别人……[①]

性侵除了带给女童各种伤害和可怕的回忆，周遭对于女童遭遇的不公正态度也会给其带来不可磨灭的“二次伤害”。

首先是在证据采集过程中，案情回顾带来的伤害。公安机关在接到报案后，会先立案，派警员与报案人接触，或报案人到公安机关进行笔录。此后，警方会与报案人一同返回案发现场进行调查，这样有利于报案人回忆案发的详细经过，包括侵害发生的位置、具体内容等。接着还会有其他证据收集的步骤。比如在强奸案中，犯罪嫌疑人的精液是能够提供DNA检测的有效证据。但这样的过程是烦琐而漫长的，且需要被侵害人重新回忆案发的详细过程。对于女童而言，遭到侵害并告诉家长只是一瞬间的事，但报案后种种调查或许远远超过了她们的预期。加之回忆案情的过程中又面临着秘密要被公布于众的难堪，整个过程对于被侵害女童而言都是难以承受的。

其次，受传统观念影响，大众对被性侵女童未必都能抱以同情和关爱。尤其是在一些农村地区，被侵害女童反而要承担起整件事的责任。这无形中会对女童造成更严重的“二次伤害”。心灵受创会给女童带来深远的影响，例如，她们不再轻易与人亲近、不愿相信他人等。

三、难以相信他人

在近年来曝光的性侵案件中，熟人作案比例接近70%[②]，其中有被害人的亲戚、邻居、老师等。“女童保护”2017年的统计数据也再次证实了这一点：在2017年公开报道的378起性侵儿童案例中，明确表述人际关系的有349起。其

① 王运华，张鸿巍．儿童性侵预防教育读本．北京：中国民主法制出版社，2016：35.

② 女童性侵案熟人作案占比近七成．http://wemedia.ifeng.com/32668833/wemedia.shtml[2019-02-21].

中，熟人作案 209 起，占比为 59.89%；陌生人作案 140 起，占比为 40.11%。[①]熟人作案时通常采用诱骗等方式将女童带至自己家中或偏僻地区，继而实施犯罪行为。被性侵后，女童往往会对自己身边的熟人心存怀疑和戒备的心理，甚至今后也无法再轻易相信他人。

案例：

小莫是一名刚毕业的大学生，由于她在校期间一直努力学习，毕业后顺利进入了一家很有前景的公司工作。她在公司里一直表现不错，事事亲力亲为，也逐渐赢得了大家的信任。但时间久了，有心的同事慢慢发现，虽然小莫为人客客气气的，也很正直，从不参与公司里流言的传播，但她似乎总和别人不大一样。她不会和谁发生冲突和纠葛，但她也不会与谁保持亲近。尤其是公司里一些喜欢小莫的男同事曾向小莫抛出了橄榄枝，但小莫都冷漠地回绝了，久而久之，这些同事也逐渐疏远了小莫。

一个周末，小莫独自来到公司附近的一家心理咨询室。接待她的是一名和善的心理医师。小莫好像在心里积压了许多压力，来到这儿才终于能释放出来。

"我发现自己总是不能与别人亲近，"小莫倾吐着，"工作上我总是亲力亲为，在同事们看来，我这是不给别人添麻烦，但事实上是因为我不相信他们，不相信他们能把我的工作做好，不相信他们是发自内心来帮助我。有时候我也觉得很累，想停下来休息一下，但转念又觉得自己一停下来就什么都没有了，工作会越积越多。"

"我也无法与人亲近，公司里有几名同事，一开始我们都相处得挺好，我也以为我能和他们做朋友，但事实上当关系再进一步的时候，我就退回来了，我还是无法完全信任别人。"小莫说着，难过地低下了头。

在交谈中，能把心中积聚已久的困惑和痛苦倾吐而出，小莫觉得心里舒服了很多。她带着稍微轻松的心态重新回到工作岗位，可是过一段时间，又会因为同样的问题重新回到咨询室。

渐渐地，心理医师打开了她的心扉，了解到原来小莫在 8 岁的时候曾遭到妈妈同事的性侵害。当时正值暑假，小莫自己被留在家中，妈妈的同事、她平时也常见到的刘叔叔突然到访，因为是熟人，小莫便把门打开让他进来。当刘叔叔发现小莫妈妈并不在家中时，却没有离去，反倒主动和小莫玩起了"奇怪"的游戏。他欺骗小莫说这是十分有趣的游戏，让小莫配合自己……

① 2017 年性侵儿童案例统计及儿童防性侵教育调查报告 . https://gongyi.ifeng.com/a/20180307/44898769_0.shtml[2019-02-21].

事情败露后，刘某受到了应有的惩罚，小莫的生活也逐渐回到正常的轨道。时隔多年，这件事的影响好像已经逐渐淡化了，晚上睡觉时小莫也不再老是做噩梦了。但没想到，对人的戒备和不信任，却就此留在了小莫的内心深处。[①]

对于经历过性侵害的人，虽然随着时间的流逝，强烈的害怕和恐慌感已经渐渐淡去，但一种自我保护机制会长久留存，在日常生活中提醒她们要防范此类事件再次发生。这些被侵害女童，除了少部分是遭到陌生人的侵害，大多是受到熟人的诱骗，这无形中会在她们的头脑中形成“不能相信别人”的意识，因为在她们当时的认识里，自己的遭遇是由于无故相信了别人，换句话说，只要不相信别人，就能让自己免于被侵害。虽然这些女孩的成长环境在不断变化，但很多人在长大成人之后会选择隐瞒自己被侵害的经历，把自己紧紧地封闭起来。

四、成年后拒绝亲密关系

在幼年时遭受性侵害的女性，在成年之后会对男性或亲密关系感到恐惧甚至羞耻，于是不敢谈恋爱，也不敢与人进入亲密关系。最糟糕的是由性侵引发的对亲密接触的排斥。有些人能够与人交往，但在关系更进一步的时候，却始终无法与对方进行亲密接触，最终导致关系终止。

案例：

陈医师是D市著名的心理医师。这天早上，诊所来了一位漂亮的女患者——林某。林某今年已经32岁了，没有结婚，也没有固定的男朋友。她正是为这事儿来找陈医师的，希望可以通过心理咨询，突破自己的心理屏障，过正常人的生活。

原来，林某在适婚年纪却一直没有结婚，也没有找到适合自己的男朋友，这并不是她自己的意愿，她也十分渴望能像正常的女生那样结婚生子。但由于心理上的一些问题，她始终无法与异性建立正常的亲密关系，更别提亲密接触了，这也让她十分苦恼。经过一段时间的深度咨询治疗，陈医师几乎可以断定，这与林某的童年经历有关。

小时候，她也是个热心与人交往的小女孩儿，有许多朋友，大家也都非常喜欢她。可是上了小学之后，这一切都变了样。那年她正上四年级，10岁的林

① 沈丽萍．未成年人防性侵指导手册．苏州：苏州大学出版社，2014：32.

某身体已经开始发育，长成亭亭玉立的小姑娘。这样的变化不仅被林某和爸爸妈妈发现了，也被她的班主任徐老师发现了。

一天中午刚下课，林某像往常一样收拾好书包往外走，徐老师却站在走廊另一边叫她："小林，你过来一下。"林某于是跟着徐老师进了他的办公室。办公室里的老师都回家了，只有林某和徐老师两个人。徐老师先打开林某交上来的作业，细心地询问她最近功课的情况，有没有什么困难，生活上有没有遇到什么难题等。徐老师已经40多岁了，一直没有结婚，因为他平日里也是十分关心学生的好老师，得到许多家长的赞赏，所以林某也耐心回答着老师的各种问题。突然，徐老师从抽屉里拿出了一封粉红色的信笺，交到林某手上。他说："小林，你是一个好女孩儿，这是老师想要对你说的话，请你看一看。"

当时的林某已经对这样的事情有所察觉，看到手上粉色的信笺，她顿时红了脸，点了点头就往外走去。回到家，她偷偷翻看了老师递给她的信，突然意识到老师的这个行为或许并不太好，于是她决定按照信上说的时间，把信还给徐老师，并向老师说明原因。

这天晚上，林某按照徐老师信上说的时间，独自来到徐老师的职工宿舍。

"小林今晚来找老师，是有什么事情呀？"徐老师看着她问道。

"徐老师，我不能收您的信……"林某低着头说，并把信举到徐老师面前。她感觉到身前的徐老师顿了一下，但他很快又恢复过来，接过信，对她说："那你先过来喝点水吧。"

林某听话地走过去，还没喝到几口水，就被徐老师一把抱住。林某吓了一跳，她想跑出徐老师的宿舍，但是因为年纪太小，力气太弱，最终被道貌岸然的徐老师强暴了。

这件事后，林某感到十分害怕，她清楚地知道徐老师这么做是错误的，于是回家马上告诉了妈妈，妈妈也被吓坏了，赶忙报了警。后续很多事情林某已经记不清了，只记得这件事处理得蛮久，徐老师也得到了应有的惩罚，但当时的害怕和绝望她却始终没有忘记。

后来林某长大了，她继续热心地和人交往，正确看待自己，只不过在建立亲密关系的时候，却总是无法迈出步子，而是退回自己觉得安全的地带。现在适婚年龄都快过了，她还是没有办法从这样的困境中走出来，所以只得寻求心理医生的帮助。[①]

① 李春漫. 怎样预防儿童性侵害. 北京：中国青年出版社，2014：21.

被侵害女童多多少少会遭到外界的议论和流言蜚语的伤害，这极易让自我价值观尚未完全形成的女童形成扭曲的自我评价。她们除了认为自己“不洁”，害怕暴露自己的秘密而遭到他人厌恶外，还会受到幼年时经历的影响，认为成年男子带有敌意，不愿与他们亲近，更别说建立正常的亲密关系了。而受侵害这件事又会上升为对亲密接触的恐惧，使她们每当进行亲密接触时，就仿佛回到当初遭遇的情景一般，进而感到害怕和恐惧，无法推进亲密关系。

但这种情况的严重程度也是因人而异的。有人无法正常与异性交往；有人能正常与异性恋爱、结婚，但无法进行亲密接触；有人可能会对异性产生抵触。①她们并不具有天生的同性恋倾向，因此在寻求这样的依恋过程中，依然会产生心理矛盾，这种矛盾一旦加剧，又会使她们陷入痛苦，郁郁不可终日。

无论如何，性侵害对于被侵害者而言都是不愿意回忆的黑色过往。留在她们身上的伤痕可能会随着时间的流逝而逐渐痊愈，但心里的伤痛却可能以各种形式一直留在她们心中。

---

① Felitti V J，Anda R F，Nordenberg D，et al. Relationship of childhood abuse and household dysfunction to many of the leading causes of death in adults：The adverse childhood experiences（ACE）study. American Journal of Preventive Medicine，1998（4）：245-258.

第二章

女童性侵害的罪与罚

性侵女童的犯罪嫌疑人必须受到相应的惩罚。因其犯罪的危害程度、犯罪过程中所使用的手段等不同，最后的裁决结果也会各异。了解相应的犯罪类型和法律裁决依据，也是女童性侵防范工作的一项重要内容。

第一节　女童性侵害的犯罪类型

为了使调查研究更有针对性，许多学者对性侵女童的犯罪者进行了类别上的研究与划分。美国学者多米尼克・A. 西蒙斯（Dominique A. Simons）等根据是否为恋童癖以及对儿童的心理需求程度和性行为的表现类型，将性犯罪者划分为固定型与回归型两种。固定型的性犯罪者具有以下特点：①对成年男女不感兴趣；②只愿意与儿童交往，也只能从中获取快感；③一般下手对象是熟悉的儿童，通常是女童；④会通过买东西和逛街的方式先建立起友谊，然后再进行性侵。回归型的性犯罪者的特点为：①和常人无异，也善于交际；②有正常婚恋史；③学习工作方面出现巨大压力或是精神刺激；④表达感情很不成熟；⑤一般下手对象是陌生儿童，通常是男童。[①]

韩国学者李东瑾（Dong Keun Lee）在他的《韩国国家性侵报告》中根据大量的案例和数据提出性侵害具有如下共性的特点：①性侵罪犯的收入与教育水平普遍较低，而且大多数存在家庭成员不和的问题；②缺乏沟通能力，不计后果，

---

① Simons D A，Wurtele S K，Durham R L. Developmental experiences of child sexual abusers and rapists. Child Abuse and Neglect，2008（32）：549-560.

无法体会被侵害者的感受；③容易暴怒，难以自控；④缺乏社交技能。

我国有学者在整合各类资料后，将出现在我国的儿童性侵者划分为5种类型：①在性资源的占有上比较弱势的群体。这些人对于成年的异性，或自卑，或完全没交流，所以他们转而向更弱、更容易下手的对象出手。他们性侵儿童并不是对这个年龄段有独特嗜好，而单纯是因为儿童比成年人好欺负得多。这类性侵者主要以独身的老年人居多，其次是有心理疾病或生理残疾的成年人。②权威者，多为孩童在学校或生活中的长辈，比如老师、校长，还有各类学校工作人员（司机、厨师）。近年来，政府工作人员强奸幼儿的案件也时有曝光。这类人更多的是为了满足自己征服的权力和欲望，而非性欲。当面对一个弱小而毫无抵抗力的对象时，他们会有一种变态的施虐快感。③亲属。这类亲属通常是有着酗酒、好色、赌博、家暴倾向的人，最主要特征为无法有效地控制自己的欲望。无法控制自己欲望的人性侵身边后辈的可能性是很高的。④患有恋童癖性侵者。这类人是恋童癖中把精神疾病付诸实际行动的性侵者。无论是对男性还是对女性，他们只会对幼龄孩童产生性欲望，这是由他们的心理障碍决定的。⑤普通性侵者。这类性侵者的侵犯对象不分长幼，而进行儿童性侵的缘故只是遇到了幼童，不过这种类型性侵者同样需要注意，因为他们对儿童实施性侵的成功率比以上几种都要高。他们的身体与精神正常，是比较纯粹的犯人，而儿童又有着难以抵抗这类成年人的生理弱势，所以这类案件一旦发生，儿童的身心受害程度往往比较严重。①

此外，还有学者根据犯罪者心理动机将其划分为：真正的性犯罪者（犯罪动机完全在于性欲的发泄）；性虐待者（以攻击为主要动机，更胜于性欲的发泄）；攻击性犯罪者（对他们而言，性侵害只是攻击行为中的一个环节）。这也是最早的性侵害罪嫌疑人类别划分。也有学者从强奸行为中的敌意、控制和支配等角度，将犯罪者划分为震怒型、虐待型等。本书主要依据其犯罪手段即犯罪嫌疑人在性侵女童的过程中，采取了怎样的侵害手段和方式，过程中犯罪嫌疑人的精神状态如何来划分。

一、真正的性犯罪

本书中所指的真正的性犯罪是指以发泄性欲为唯一犯罪动机、以强奸为主、过程中较少或没有伴随着虐待和暴力的纯性侵害犯罪。但在能够正式进行侵犯之

① 防范儿童性侵，原来我们还有这么多要紧的事情没有做 . https://www.youngchina.cn/luxury/20170519/239872.html[2018-03-10].

前，犯罪嫌疑人或许会运用多种诱骗手段，以引诱被侵害女童上钩。

案例：

2013年5月8日，某小学6名6年级的女生集体失踪，引起老师和家长极度恐慌，连夜四处寻找但无果；直到5月9日晚上11点，1名女生在海口亲戚家、另外3名女生在一出租屋被找到；经跑到海口的女学生说，另外2名女生在万宁。家长们从海口匆匆返回万宁后，直到10日上午10点，在某度假山庄找到了2名女孩。

这6名女生被找到时，看上去都迷迷糊糊的，有的女生手、脖子等处还出现青肿，经医院检查，6名女生下体受到不同程度的伤害。8日晚，6名女生在哪里住的？据警方调查后得知，8日晚上，4名女生在某大酒店开了两间房，从监控视频中看到，陈某晚上进入其中一间房，早上却从另一间房出来。另外2名女生则在某度假山庄居住了两夜，与政府职员小忠一起住了一夜。①

事发六日后，陈某等二人被警方刑事拘留。

真正的性侵者是纯粹利用女童发泄其性欲，以得到自身的满足。这类人可能年纪较大，但由于自身条件差，始终找不到伴侣，故将目标投放在女童身上，以便对其加以控制；也可能对女性身体带有天生的迷恋，向往与其发生关系；或是带有恋童的倾向。这类人在童年时期或许曾遭受过一些侵犯，以至于改变了正常的心理状态。②

在这样的案件过程中，女童由于年纪小，单纯，思考能力较差，容易受到犯罪嫌疑人的威胁和恐吓，以至于不能第一时间将遭遇告知父母，造成案情拖延，女童被侵害更为严重。其中，犯罪嫌疑人的威胁理由多是“你已经被我性侵害了，哪怕你把这件事情告诉父母，这个现实也不会被改变”，“你的父母可能就会因此不爱你了，觉得你丢人了，做了不好的事。亲戚朋友们知道了也会看不起你，同学老师知道了，也不喜欢你了，要远离你”……这样的恐吓其实仔细思考一下就知道漏洞百出，但由于女童的思考和应变能力欠佳，她们往往会被犯罪嫌疑人抓住害怕的心理加以威胁，果真对父母隐瞒了下来。

无论如何，父母都是世界上最亲近和爱护我们的人，在遇到事情，尤其是

---

① 海南一小学校长与政府职员携6名幼女开房被拘.http://politics.people.com.cn/n/2013/0513/c70731-21465727.html[2018-01-10].

② Bailey J M，Bernhard P A，Hsu K J. An internet study of men sexually attracted to children：Correlates of sexual offending against children. Journal of Abnormal Psychology，2016（7）：989-1000.

自己无法很好解决的事情时，哪怕现状再糟糕，也要把真相告诉父母，并寻求他们的帮助。这是在遇到此类事件时最好的应对办法。

二、性虐待强奸

性虐待强奸就是在性侵害的过程中，猥亵和强奸等只是过程中的一部分，虐待才是整起案件中危害最大的成分。[①] 虐待的方式并不是固定的，随犯罪嫌疑人手段特征而异，但多表现为侵害被侵害人的生殖器、殴打被侵害人身体，甚至动用木棍、铁棍等器具。性虐待强奸案件所造成的危害，无论是个人危害，还是社会危害，都十分恶劣。被侵害者的生理和心理都会遭受严重的伤害，往往需要很长的时间才能恢复过来。

案件：

夜晚，刚下过雨，刚打完工骑着脚踏车走在回家路上的古田（化名）却在不知不觉中成了其时正在那里游荡的两名未成年罪犯的目标，甲对乙说：“你上去把她踹倒，以后就交给我。”骑着摩托车的乙二话没说上前后直接从背后将古田一脚踹倒在了地上。

当古田被一脚踹到了路旁的水沟里时，甲抓住机会及时上前去把古田扶了起来，并借机在骗取了古田的信赖后把她顺利地骗到了某个库房角落。此刻甲露出了罪恶的真面目，恐吓古田并将其带到宾馆实施强暴。之后，甲又召集了其他人对古田轮流实施了性侵害。

在被囚禁期间，犯罪嫌疑人对古田进行了性虐待，包括踢、打，乃至直接用打火机烧伤其脚背，逼迫其啃咬强力胶等。除了肉体的折磨，他们还对古田进行精神上的折磨，他们大声嘲笑古田，并不断重复“死了啦、还活着”等。

尽管遭受这样的性侵害，古田也在内心一直鼓励自己活下去，并趁着犯罪嫌疑人熟睡的机会拨打了报警电话，但是在拨通电话的那一刻，犯罪嫌疑人甲醒来了，甲迅速挂断了报警电话，警方再次拨回电话问询时，古田却没有了通话机会。最后，古田在被囚禁 41 天后被 4 个犯罪嫌疑人杀害。该犯罪嫌疑人最终被警方抓获。

审判时，由于犯罪嫌疑人年龄未满 18 岁，法官最终将其以少年犯进行审判。1989 年 4 月 20 日，《周刊文春》揭露了这些罪犯的真实身份。2013 年，该案的

① Wekerle C，Goldstein A L，Tanaka M，et al. Childhood sexual abuse，sexual motives，and adolescent sexual risk-taking among males and females receiving child welfare services. Child Abuse & Neglect，2017（66）：101-111.

案犯之一在被释放后又做重案。①

青少年犯罪是目前较为严重的犯罪形式。犯罪的青少年多处于青春期，有叛逆行为，这使得案件在分析动机、手段等方面更加复杂。青春期是每个人成长道路的必经时期，由于人在第二次发育过程中会经历两大激素——性激素和甲状腺激素的分泌高峰，个体的生理快速成熟，但心理发育的速度却远远慢于生理的发育速度，这就容易引起由生理变化带来的心理变化。例如，易怒易暴躁、渴望完全独立但又必须受到束缚的矛盾心理，使得男孩子开始喜欢动作游戏、打闹等，女孩子也开始追求一些张扬的事物。

但并不是每个有叛逆行为的少年都会违法或犯罪。这不仅与个体的修养、思想成熟度有关，更与个体背后的家庭教育有着密不可分的关系。不良的家庭环境便是导致青少年犯罪的重要客观条件。家庭环境在个体成长过程中起到十分重要的作用，它不仅包含了亲子情感亲密度、彼此情感表达方式、家庭活动氛围、家庭基本修养等，还包括了各种物质环境和精神环境等。②如果家庭的整体氛围是积极乐观的，教养方式偏向民主，父母在给予孩子足够的关注和爱护的同时，又能为其提供必要的自我空间，大多数孩子能够顺利度过叛逆期，并能够及时调整自己、正确看待自己。而当父母的素质较低时，例如酗酒、赌博，或是在孩子的成长过程中长期缺席，则会给孩子带来较为负面的影响。他们会认为自己是不被关怀与爱的，甚至在父母的影响下，染上一些不良习气。

上述案件中的几名主要犯罪少年正是在不良的家庭环境中长大的。他们大多生活在单亲家庭中，或是父母的其中一方常年在外，从不关心孩子的成长需要和情感需要，这会让孩子认为自己是不被爱的。由于家庭教育的缺失，加上少年的价值观还没有完全形成，一些叛逆期的少年往往容易被表面酷炫的事物所吸引，缺乏分辨能力，最终养成暴虐残忍的性格。

因此，父母在儿童的成长过程中不要长期缺席，要帮助孩子培养正确的价值观念，养成良好的修养，并让他们在青春期学会正确看待自己以及自己身上的变化。而对于女童而言，尤其是即将进入青春期的少女，在独自出行的时候要加倍小心，不要轻易相信他人的话，同时，在遇到不测的时候，要记得抓住一切时机报警，不要让自己陷入求助无门的境地。

---

① 日本绫濑水泥杀人案，最邪恶的未成年罪犯 ?http://k.sina.com.cn/article_6439104374_17fccef7600100dl9t.html[2018-12-10].

② Aaron M. The pathways of problematic sexual behavior：A literature review of factors affecting adult sexual behavior in survivors of childhood sexual abuse. Sexual Addiction & Compulsivity，2012（19）：199-218.

三、非道德性犯罪

非道德性犯罪是指对女童进行性侵害的某些犯罪嫌疑人从未意识到性侵女童是违法犯罪的行为，相反他们认为自己的行为是合理的。[①] 造成这种偏颇观念的主要原因是，这类犯罪嫌疑人大多受教育程度较低，生活在偏远的农村，且受到男尊女卑的传统观念影响，这使得他们并不将女性视为拥有独立人权的“人”，而将其视为可以任意对待的物品。

案例：

孙某强是村里的无业游民，已经 30 多岁了，可是还没有娶到老婆，整天在自己盖的两层小土楼前转来转去。他父母双亡，有个哥哥常年在外打工，与他联系甚少。

这天，孙某强闲来无事，一个人到村头去蹲着了。今天村头人很少，只有王老头在那里守着。两人闲聊起孙某强尚未娶妻一事。

“哎呀，你看现在村上这么多女娃娃，你就没个中意的？女娃娃有啥用嘛，又没有男娃子的用处，你随便找一个得了。”听王老头这么一说，孙某强顿时觉得豁然开朗。是啊，女孩只是生错了的人而已啊，没必要想得这么周全。要是她怀孕了，自然就嫁给我；要是没有怀孕，那也没啥用。这么一想，孙某强高兴了，眉头也舒展了。

转眼到了吃饭的时候，孙某强回到家，刚把灯打开，就看到有个小姑娘躲在墙后面往外望，原来是住在离孙某强家不远处的莫家的小女儿乔乔。乔乔已经 11 岁了，他们家一共有 4 个女儿，就是没有儿子，乔乔爸爸心烦得每次喝了酒回来就拿乔乔出气。孙某强想，“要是以后跟了我，就不用你老是回家挨打”。这么想着，孙某强就动了歪念头了。

“乔乔，你吃过饭没有？”孙某强语气和善地问道。

“没……没吃呢。爸爸出去喝酒了，妈妈下地还没有回来。姐姐说妈妈没回家不让先吃饭。”乔乔毕竟年纪还小，加上孙某强又是认识的叔叔，稍微一问，就什么都说了出来。

“那你饿不饿啊？”

乔乔听了，犹豫了一下，但还是点了点头。这正中孙某强的下怀，他笑眯眯地说：“那先在孙叔这儿吃，吃了再回家，好不好？不然饿坏了咋办？”看到

---

① 朱严谨. 性犯罪的特征与防治对策研究. 上海：上海交通大学硕士学位论文，2012：34.

乔乔同意了，孙某强生火做菜。

饭罢，他问乔乔："乔乔，吃饱没？"乔乔点点头，他又说："乔乔，孙叔房间里有几本小孩儿连环画，你想不想看？你要是想看，你就拿去。"听到有连环画，乔乔眼睛都亮了。于是她赶紧点点头，跟着孙某强往里屋走去。

没想到，走进里屋发现，哪儿有什么连环画的影子，屋子里只有一张简陋的床，桌子、椅子上都积了灰。没等乔乔反应过来，孙某强就猛地将她扑倒在了床铺上。"孙叔你干啥！"乔乔大声质问。"你吃了我家的饭，你还不是我家的人？"孙某强说着，脱掉了乔乔的衣裳，将乔乔强暴了。

他没想到的是，乔乔在课堂上曾经学习过法律知识，她知道孙某强对自己的所作所为是违法犯罪行为。她回到家，忍着巨大的伤痛，和姐姐一合计，决定到县上去报警。由于乔乔有一定的法律常识，她被强暴后保留了自己的内裤作为重要的证据，警方很快就将孙某强捉拿归案了。在问到孙某强为什么要对一个不满 12 岁的女童下此毒手的时候，孙某强支支吾吾地说，他觉得女娃娃没什么用，不能传宗接代，也没有男孩儿的用处，找她娶她已经是不错的事情了。[①]

非道德性犯罪者在心理上不认为性侵女童是一种违法犯罪行为，他们不尊重女性，认为女童只是家庭的附属品，是相当于器物一样的存在，她们没有人权尊严可言，而使用一件器物是天经地义的事。持这种观念的犯罪嫌疑人大多是生活在农村地区且文化水平较低的中年男性。我国部分农村仍然存在着严重的重男轻女的封建思想，男孩是家里传宗接代的核心，而女孩则是生错的产物，她们可以是家里的劳动力，可以是帮助照顾和抚养弟弟的姐姐，但不是拥有独立人格和尊严的"人"，而是一件没有选择权的器物，甚至在自己的婚事上也毫无主动权。

在这种观念的影响下，他们对女童抱着冷漠而随意的态度，在侵害女童时，他们既不会意识到这是在违法犯罪，也不会意识到对方只是一名尚未发育完全的儿童，这样的侵害会给她们带来多大的伤害。

针对这一类型的犯罪，普法教育显得尤为重要。不仅要对女童进行普法教育，告知其所具有的各种权利，包括受保护的权利、拒绝别人侵犯的权利等，还要告知她们可以维权的途径，让法律维权的意识深入到她们的心中，更要对农村群众进行类似的普法教育，打破这种封建观念对后辈的影响，使其树立全新而科学的认识方式。

---

① 未凯荣．智斗色魔：女子防范性侵害招数．济南：黄河出版社，2005：12.

四、精神失常性犯罪

精神失常性犯罪是指犯罪嫌疑人在实施性侵女童犯罪时，其精神水平低于常人水平。[①]造成这种情况的原因有：犯罪嫌疑人事前曾饮酒、犯罪嫌疑人系精神病患者等。这类犯罪嫌疑人在法院正式裁决的时候，由于其犯罪时精神水平异常，常常得到轻判。这一问题在当前得到了更多人的关注。

案例：

夜晚，韩国安山市檀园区8岁的媛媛洗了澡，很快就到了睡觉的时候。媛媛家不大，有三个房间，其中最里面的一个房间旁边，还连通着一个小院子，这个房间就是媛媛的房间，平时媛媛觉得太热了，所以夜里总是把通往院子的门敞开。院子的围墙很矮，妈妈害怕不安全，一直让爸爸把墙垒得高一点，但爸爸老是忘记，这件事便也搁置下来。

谁知，就在这个晚上的后半夜，有个喝醉酒的男人撞到了媛媛家的院子。借着路边微弱的灯光，看到了屋子里正在睡觉的小姑娘。他顿时色胆丛生，一把捂住女孩的口鼻，在其醒来之前将她扛到了肩上，并翻出了院子。

第二天一早，媛媛妈妈找不到女儿，赶紧给在外的媛媛爸爸打电话。媛媛爸爸也十分着急，让媛媛妈妈快报警，自己也放下工作赶了回来。警方接到报警，很快就介入了调查，但始终没有头绪。后来，警方接到了另一个报案电话，报案人称他在河边发现了一个浑身是血的小姑娘，奄奄一息。

警察和救护车几乎同时赶到了现场，小女孩的状况确实比较惨烈。她浑身是血地躺在河边，五官都肿了起来。大家心疼的同时又争分夺秒地对她进行抢救。最后，经过核实，这个倒在河边的小女孩，就是半夜里被一名醉酒男子掳掠带走的媛媛。医院的检查结果是，媛媛的子宫、肠道等部位都遭到了严重的损害，可能将来会没有月经，也无法生育。而肠道的损伤也影响到了媛媛的排便功能，她必须安装人工肛门，还可能一辈子戴着便袋生活。

原来，那天晚上媛媛被醉汉掳掠带走之后，遭到了他的强暴和虐待，暴行整整持续了一个晚上，天蒙蒙亮的时候，醉汉将硬物塞到虚弱得无法动弹的媛媛的身体里，然后逃走了。没人知道媛媛是怎么撑过来的，也没人知道她具体经历了什么，她沉默地躺在医院的病床上，什么都不愿多说。

警方迅速展开了排查，并在短时间内抓到了犯罪嫌疑人。媛媛的爸爸妈妈

---

① 胡震寰．强奸犯类型研究及其在侦查中的应用．政法学刊，2003（5）：31-33.

对犯罪嫌疑人提起了上诉，希望法律能够给出一个公正公平的审判，让遭受到如此打击的家庭能够稍微得到一些安慰。但没想到的是，侵害媛媛的犯罪嫌疑人并不认罪，他的理由是当时喝了酒，毫无知觉，完全不知道自己做了什么，也不记得自己曾掳掠过女童，更别说对其进行侵犯了。法院确实证实了犯罪嫌疑人曾经喝酒，因为他的酒精浓度很高。同时，在类似案件中，饮过酒的犯罪嫌疑人确实也受到了法院的轻判。这一审判严重伤害了媛媛及其家人。媛媛的家人都是普通的手工业者，为了媛媛的医药费已经花了大半的积蓄，本想通过法律的裁决，得到一部分补偿，这样可以更好地医治媛媛，没想到犯罪嫌疑人不仅说自己完全不记得侵害过程，更拒绝赔偿媛媛和她的家人。审判的最后结果是犯罪嫌疑人被判12年有期徒刑。相对于媛媛这个被犯罪嫌疑人毁了一生的被侵害者而言，这样的审判确实十分不得人心。

这件事被媒体争相报道出来，许多家庭自愿集会游行，表达对审判结果的不满，尤其是有女儿的家庭，更是言辞严厉。社会公众认为在这起案件中，法院的审判过于仁慈，这样的法律无法保护到受伤害的家庭，让犯罪者没有得到应有的惩罚，无法服众，他们要求法院重新制定案件审理标准，提高对儿童遭受性侵案件的量刑标准。但无论如何，对被侵害人的伤害已经造成，甚至耗尽犯罪者的一生也无法弥补。①

性侵女童是全世界普遍存在的可怕事实，不同国家对于性侵女童的犯罪嫌疑人的审判是不同的，这些都受到各国文化、社会观念等因素的影响。此外，几乎每个国家对于此类案件的审判都存在各自的不足，各国法律也在不断调整自己的量刑制度，以求更为公开、公正地维护被侵害者的权利，为被侵害者讨回公道，并惩戒犯罪嫌疑人。

五、心理病态性犯罪

心理病态性犯罪即俗称的恋童癖，是一种心理疾病，许多性侵幼女的犯罪嫌疑人患有这样的心理疾病。按照日本学者高桑益行等的分类，此类强奸犯自闭内向、压抑焦虑，强奸行为多系与被害人接触时性冲动无法控制所致。②我国学者高玉龙和白靖华从犯罪心理学的视角分析了这类强奸幼女（简称奸幼）罪犯的作案动机，认为：①犯罪行为人性心理发育迟滞，是奸幼行为的心理根源；②自

① 韩国著名性侵女童案件：赵斗淳性侵案件. http://www.popo.cn/movie/news/147_36216_1.html[2017-06-13].

② 胡震寰. 强奸犯类型研究及其在侦查中的应用. 政法学刊，2003（5）：31-33.

卑心理、内心不安全感缺失是奸幼行为的主导心理；③奸幼行为是一种非正常意识行为。[①]

案例：

刘某强是某市一名普通的公司职员，30多岁，未娶妻，也没有女朋友，每天按时上下班，下了班之后，也很少参加公司的同事聚会。事实上，刘某强是一名恋童癖患者。

这天晚上加完班，想起公司不远处有个小公园，他想先到小公园坐一会儿。公园十分僻静，刘某强随便坐在一张椅子上，突然听到有个小女孩在哭。走近一看，一个小女孩蹲在地上抱着腿哭呢。刘某强蹲下来问她："小妹妹，怎么在这里哭啊？"小女孩抬头看了他一眼，低下头继续哭。"你的爸爸妈妈呢？"刘某强继续问。听到爸爸妈妈，小女孩有了动静，她抬起头说："爸爸妈妈找不到了。"听她这么一说，刘某强知道了，原来这是个走失的小女孩。他急忙离小女孩又近一点儿，对她说："叔叔帮你找警察叔叔好不好？"这下小女孩不哭了，她抽泣地点了点头，刘某强便牵着她站了起来。

刘某强想走到大马路上，便牵着她穿过小树林。谁知走到暗处，刘某强便想起了自己今晚曾看到的恋童视频，突然产生了邪念。于是，他拐了个弯，把小女孩又带回了黑暗之处，蹲在地上对小女孩行了猥亵之事。小女孩还没从找不到爸爸妈妈的恐慌中走出来，又碰到了奇怪的叔叔对她做一些奇怪的事，她很害怕，可是这个叔叔一直威胁她，她只能一直捂着眼睛，不停地掉眼泪。

也不知过了多久，刘某强从自己的迷幻中清醒过来，他看了看眼前的小女孩，突然觉得一阵厌恶，刚才想要帮她找爸爸妈妈的心思已经完全没有了，只想赶快回到家，好好睡一觉。于是他站起来整理好自己，也没有再理会小女孩，径自走了，只留下小女孩一个人站在原地，哭声不止。[②]

恋童癖，具体指的是对未成年的儿童反复表现出性的兴趣。恋童癖主要是一种心理疾病，甚至是一种性犯罪。[③]其性欲通常部分或完全地指向未成年甚至未发育的幼童，以性发育尚未完全的同性或异性儿童作为性行为的对象来获得性

---

① 高玉龙，白靖华．马某某系列性侵案心理行为分析．河南警察学院学报，2013（6）：68-69.

② 转引自：王运华，张鸿巍．儿童性侵预防教育读本．北京：中国民主法制出版社，2016：211.

③ Elkovitch N，Latzman R D，Hansen D J，et al.Understanding child sexual behavior problems：A developmental psychopathology framework.Clinical Psychology Review，2009（7）：586-598.

欲的满足。患有这种疾病的人往往是男性，多在 30 岁左右发病。[①] 恋童癖者对成年人无法产生兴趣，只对儿童产生情感。这样的心理状况，诱发他们对儿童产生不正常的感情，甚至延伸到诱发他们做出性侵害儿童的行为。

有些恋童癖者也能认识到自己的审美和择偶倾向出现了问题，但无法凭借一己之力改变自己的状态。这类人可能分布在女童的周遭，除了意外遇到的陌生人，也有可能是女童在平时就可以接触到的长辈、熟人等。故而，家长不应该留下女童独处，而应该陪伴其身边；外出时要照看好女童，不要让女童走丢，否则其遇到不测的概率会大大上升。

六、网络性侵害

随着儿童接触网络的年龄逐渐降低，网络犯罪防不胜防。2018 年 10 月 11 日是第 7 个“国际女童日”，中国儿童少年基金会发布的《新时代女童及家庭网络素养调研报告》显示，我国儿童首次接触互联网的年龄集中在 6 ～ 10 岁，占比达 61.4%，相比往年更加提前。[②] 儿童接触网络逐渐低龄化意味着其遭受的网络风险不断加大。通过网络对儿童实施性侵害成为一种新的犯罪形式。

2019 年 1 月 16 日，由团中央维护青少年权益部指导、中央电视台社会与法频道制作推出的六集纪录专题片《呵护明天》第二季第四期“沉默的呐喊”播出，揭露了三起利用互联网性侵儿童案件[③]：13 岁花季少女小莉从未想过，自己只是通过了一个陌生网友的好友验证，听信网友关于“磨合”能够变美的建议，竟被迫与其发生关系导致怀孕；10 岁小学生也仅仅因为加了陌生“同龄”好友，懵懂中看了淫秽视频后，竟连续数日被胁迫拍摄裸体视频；以星探名义骗百余名未成年人拍不雅视频上传网络……触目惊心的案情引起人们的重视和警觉。

目前，利用互联网对儿童实施性侵害的犯罪行为主要有三种类型：网友约见儿童后实施性侵，通过网络聊天拍摄儿童裸体视频，哄骗儿童拍摄色情视频后上传网络牟利。

---

① Prichard J，Spiranovic C，Watters P，et al. Young people，child pornography，and subcultural norms on the Internet. Journal of the American Society for Information Science and Technology，2013（64）：992-1000.

② 新时代女童及家庭网络素养调研报告：儿童首次触网年纪低至 6 岁 . http://news.ifeng.com/a/20181012/60105026_0.shtml[2019-02-19].

③ 央视揭露网络性侵儿童案 . http://baby.sina.com.cn/news/2019-01-18/doc-ihqfskcn8183644.shtml[2019-02-19].

第二节　女童性侵害的处罚

如何保护女童使其免受性侵害是世界各国都关注的问题。相关法律和保护措施的完善至关重要。本节主要论述我国女童性侵害处罚的现状、相关的法律和防范保护措施，以及世界发达国家的一些惩罚及防范措施。

一、我国女童性侵害处罚的现状

1. 被侵害女童的维权途径和困难之处

在女童被性侵之后，女童的监护人往往第一时间选择报警，由警方进行调查，以得到最好的处理结果。但在现实中，这样顺利的程序一般是很少的。从一起性侵案件的发生，到最后处理程序的完成，被侵害女童及其家庭还要面临着巨大的困难。

首先，女童在遭到性侵后，必须寻求正确的维权途径。报警就是一条正确的维权途径。中国某些农村还存在私了的问题解决方式，女童遭到同村或邻村的人性侵后，其家人没有及时报警，而是找来家族的壮年男子，一起到犯罪嫌疑人家中围追堵截，这样的事情目前仍然时有发生。但私了并不会使问题得到有效解决，甚至可能使问题更为严重。故而，在普法教育中，倡导正确而有效的维权途径十分重要。

报警只是维权的第一步，女童及其监护人还应尽量保存性侵发生的证据。例如，在强奸女童的案件中，被侵害女童及其家人由于害怕事情扩大以及周边邻居知道这件事后会以有色眼光看待被侵害女童，便将事情隐瞒下来，扔掉女童在事件中的衣物，甚至在事发很久之后才报警。这时，带有犯罪嫌疑人 DNA 的证据已经没有了，女童身上可能带有的伤痕也消失了，警方即使介入，也很难还原当时的情景并准确找到犯罪嫌疑人。另一种情况是，女童遭到侵害之后，可能受到了犯罪嫌疑人的威胁，不敢声张，于是偷偷把自己的衣物扔掉，也没有告诉父母，直到细心的父母发现女童被性侵。而这时已错过了报警的最佳时期。

其实，女童在遭受到性侵害后却没有报警，除了害怕家人的指责，更害怕报警之后事情被公布于众，自己生活的圈子都知道自己曾遭受过这样的事情，继而将自己视为异类。传统观念仍然存在于一些人心中。要使被侵害的女童及其家人都能放下对未知的恐惧，勇敢迈出报警的第一步，除了有效的普法教育，社会还应尽可能改变对被侵害女童的看法和眼光。这不是一蹴而就的事情，必须经过很长的时间才能使其思想和行为得以调整。

其次，在报警之后，被侵害女童家属难免起诉犯罪嫌疑人，请求法律为自己主持公道，对犯罪嫌疑人加以惩罚。但开庭审理也就意味着将事件公布于众，一些性质恶劣的案件，甚至连媒体都会介入。这样保密程度非常低的途径，也使得想要保护被侵害人的被侵害人家属十分害怕，不敢走上这样的维权道路。

2. 被侵害的女童并没有精神补偿

我国对于被侵害的女童所实施的赔偿是属于补偿式的，即在其受伤之后，到医院就诊，花费了多少钱，就按价赔偿多少钱。但女童在遭受性侵害之后，受到了身体和心理的双重伤害，其中身体的伤害或可愈合，心理的伤害却可能伴随女童一生。而这样的伤害由于无法量化评估，也没有明确成义的精神赔偿标准，因此在赔偿机制里，往往没有涉及精神赔偿。

二、我国关于保护女童防范性侵害的相关法律

我国涉及女童保护的主要法律有《中华人民共和国未成年人保护法（2012修正）》《中华人民共和国妇女权益保障法》《中华人民共和国母婴保健法》。其他法律如《中华人民共和国宪法》《中华人民共和国民法通则》《中华人民共和国刑法》《中华人民共和国刑事诉讼法》《中华人民共和国民事诉讼法》《中华人民共和国婚姻法》《中华人民共和国教育法》《中华人民共和国义务教育法》《中华人民共和国残疾人保障法》等法律规定的对儿童保护的基本原则和具体内容也都包含对女童的保护。另外，2013 年 10 月最高人民法院、最高人民检察院、公安部、司法部联合发布了《四部门关于依法惩治性侵害未成年人犯罪的意见》。有学者认为，该意见“应当平衡保护未成年犯罪嫌疑人、被告人和被害人的权益，加快未成年人遭受性侵案件进入司法程序的进程，预防和减轻对被侵害未成年人的‘二次伤害’，保障被侵害未成年人及其法定代理人诉讼权利，压缩嫖宿幼女罪的适用空间，严厉打击利用特殊身份性侵未成年人犯罪，加强对被侵害未成年人民事权益的保障，保障被侵害未成年人获得有效监护和救助”①。这些都有利于预防未成年人受到性侵害，同时加大了对未成年人合法权益的司法保护。

① 佟丽华．司法新规：依法惩治性侵害未成年人犯罪．中国青年社会科学，2015（6）：71-77.

1.《中华人民共和国宪法》

《中华人民共和国宪法》是我国的根本大法，规定着我国的根本制度和根本任务。《中华人民共和国宪法》对人民主权、基本人权、法治原则、权力制约原则和民主集中制原则都进行了相关部署。在关于保护女童方面，《中华人民共和国宪法》没有关于未成年人的专门条文，但下列条文有所涉及。第四十六条规定："中华人民共和国公民有受教育的权利和义务。国家培养青年、少年、儿童在品德、智力、体质等方面全面发展。"第四十九条规定："婚姻、家庭、母亲和儿童受国家的保护。夫妻双方有实行计划生育的义务。父母有抚养教育未成年子女的义务，成年子女有赡养扶助父母的义务。禁止破坏婚姻自由，禁止虐待老人、妇女和儿童。"

2.《中华人民共和国未成年人保护法（2012 修正）》

《中华人民共和国未成年人保护法（2012 修正）》是我国为了保护未成年人的身心健康，保障未成年人的合法权益，促进未成年人在品德、智力、体质等方面全面发展，培养有理想、有道德、有文化、有纪律的社会主义建设者和接班人而制定的法律。在保护遭受性侵的女童方面，该法律也颁布了一些成文规定。

例如，第五条规定：保护未成年人的工作，应当遵循下列原则：（一）尊重未成年人的人格尊严；（二）适应未成年人身心发展的规律和特点；（三）教育与保护相结合。

第六条规定：保护未成年人，是国家机关、武装力量、政党、社会团体、企业事业组织、城乡基层群众性自治组织、未成年人的监护人和其他成年公民的共同责任……国家、社会、学校和家庭应当教育和帮助未成年人维护自己的合法权益，增强自我保护的意识和能力，增强社会责任感。

第十条规定：父母或者其他监护人应当创造良好、和睦的家庭环境，依法履行对未成年人的监护职责和抚养义务。禁止对未成年人实施家庭暴力，禁止虐待、遗弃未成年人，禁止溺婴和其他残害婴儿的行为，不得歧视女性未成年人或者有残疾的未成年人。

第十一条规定：父母或者其他监护人应当关注未成年人的生理、心理状况和行为习惯，以健康的思想、良好的品行和适当的方法教育和影响未成年人，引导未成年人进行有益身心健康的活动，预防和制止未成年人吸烟、酗酒、流浪、沉迷网络以及赌博、吸毒、卖淫等行为。

第二十一条也有明确的规定：学校应当与未成年学生的父母或者其他监护

人互相配合，保证未成年学生的睡眠、娱乐和体育锻炼时间，不得加重其学习负担。

第三十四条规定：禁止任何组织、个人制作或者向未成年人出售、出租或者以其他方式传播淫秽、暴力、凶杀、恐怖、赌博等毒害未成年人的图书、报刊、音像制品、电子出版物以及网络信息等。

第三十六条规定：中小学校园周边不得设置营业性歌舞娱乐场所、互联网上网服务营业场所等不适宜未成年人活动的场所。营业性歌舞娱乐场所、互联网上网服务营业场所等不适宜未成年人活动的场所，不得允许未成年人进入，经营者应当在显著位置设置未成年人禁入标志；对难以判明是否已成年的，应当要求其出示身份证件。

第三十九条规定：任何组织或者个人不得披露未成年人的个人隐私……

以上法律条文都为保护未成年人的合法权益做了部署。未满 14 周岁的女童属于未成年人的范畴，理应受到法律的保护。

3.《中华人民共和国刑法》

刑法是规定犯罪、刑事责任和刑罚的法律，是掌握政权的统治阶级为了维护本阶级政治上的统治和经济上的利益，根据自己的意志，规定哪些行为是犯罪并应当负何种刑事责任，给予犯罪人何种刑事处罚的法律规范的总称。

对于性侵女童的犯罪嫌疑人，我国刑法中有明确的定罪规定。《中华人民共和国刑法》第四章第二百三十六条规定：以暴力、胁迫或者其他手段强奸妇女的，处三年以上十年以下有期徒刑。奸淫不满十四周岁的幼女的，以强奸论，从重处罚。强奸妇女、奸淫幼女，有下列情形之一的，处十年以上有期徒刑、无期徒刑或者死刑：（一）强奸妇女、奸淫幼女情节恶劣的；（二）强奸妇女、奸淫幼女多人的；（三）在公共场所当众强奸妇女的；（四）二人以上轮奸的；（五）致使被害人重伤、死亡或者造成其他严重后果的。第二百三十七条规定：以暴力、胁迫或者其他方法强制猥亵他人或者侮辱妇女的，处五年以下有期徒刑或者拘役……猥亵儿童的，依照前两款的规定从重处罚。

此外，对于年纪未满 14 周岁的女童，我国《刑法》还颁布了其他的相关保护条文。第三百五十八条　【组织卖淫罪】【强迫卖淫罪】组织、强迫他人卖淫的，处五年以上十年以下有期徒刑，并处罚金；情节严重的，处十年以上有期徒刑或者无期徒刑，并处罚金或者没收财产。组织、强迫未成年人卖淫的，依照前款的规定从重处罚。犯前两款罪，并有杀害、伤害、强奸、绑架等犯罪行为的，依照数罪并罚的规定处罚。【协助组织卖淫罪】为组织卖淫的人招募、运送人员或者有其他协助组织他人卖淫行为的，处五年以下有期徒刑，并处罚金；情节严重的，处五年以上十年以下有期徒刑，并处罚金。

第三百五十九条 【引诱、容留、介绍卖淫罪】引诱、容留、介绍他人卖淫的，处五年以下有期徒刑、拘役或者管制，并处罚金；情节严重的，处五年以上有期徒刑，并处罚金。【引诱幼女卖淫罪】引诱不满十四周岁的幼女卖淫的，处五年以上有期徒刑，并处罚金。

法律的成文规定是保护女童的重要后盾，虽然我国法律尚有不健全的地方，但假以时日，一定可以颁布更符合我国特色的法律条文。

4.《中华人民共和国妇女权益保障法》

《中华人民共和国妇女权益保障法》是为了保障妇女的合法权益，促进男女平等，充分发挥妇女在社会主义现代化建设中的作用，根据宪法和我国的实际情况而制定的法律。在保护女童免受性侵，或惩治对女童实行了性侵的犯罪嫌疑人方面，该法律条文也有相关的规定。例如，在第一章总则中，就明确提出：禁止歧视、虐待、遗弃、残害妇女。

5.其他辅助条文

《关于依法惩治性侵害未成年人犯罪的意见》是由最高人民法院、最高人民检察院、公安部和司法部颁发的文件，为司法机关以及相关政府部门处理未成年人遭受性侵害案件提供了新的依据。该意见明确指出：对于性侵害未成年人犯罪，应当依法从严惩治。这里所指称的性侵害未成年人犯罪，主要包括刑法第二百三十六条至第三百五十九条，以及第三百六十条第二款规定的针对未成年人实施的强奸罪，强制猥亵、侮辱妇女罪，猥亵儿童罪，组织卖淫罪，强迫卖淫罪，引诱、容留、介绍卖淫罪，引诱幼女卖淫罪，嫖宿幼女罪等。

总体来看，现在我国对于儿童性侵的判罚是从严、从重、从细的趋势，而在女童性侵害之后的权益保障方面，目前我国也有很多成功的探索。[①]

三、其他国家的相关法律及防范措施

性侵女童案件是各个国家都有发生的恶劣事件。国际上在保护女童方面已

① 比如四川省成都市公、检、法及妇联、教育、媒体各方形成合力，基于“儿童利益最大化原则”处理未成年人被性侵案件所作的成功的尝试。参见任然．让被性侵女童远离“二次伤害”．中国妇女报，2017-12-14.

有很多研究和具体经验，不仅仅是惩治侵害女童的行为，更重要的是涉及对女童的教育、救助、社会性别意识提升等更全面的保护。《消除对妇女一切形式歧视公约》（The Convention on the Elimination of All Forms of Discrimination against Women，CEDAW）、《儿童权利公约》（Convention on the Rights of the Child）、《公民权利和政治权利国际公约》（International Covenant on Civil and Political Rights）、《第 28 号一般性意见：第 3 条（男女权利平等）》[General Comment No. Twenty-Eighth：Third（Equal Rights for Men and Women）][①] 都非常明确地规定了非歧视和平等对待原则，构成了女童保护的国际法框架。

为了杜绝类似案件的发生，也为了对已有性侵女童前科的犯罪嫌疑人进行有效惩戒，一些发达国家不仅在法律上严惩性侵罪犯，更重视对儿童进行预防性侵方面的教育和培训，严格界定社会各个部门在防止儿童性侵方面的责任，为未成年人构建安全保障体系。本书重点对日本、美国、英国等 7 个发达国家的一些做法进行介绍。

（一）日本

1. 罪名细化及制定专门的法律规定

日本关于性侵未成年人犯罪的刑事法可以分为两大类：一类是刑法和特别刑法上的关于保护所有人的性犯罪规定；另一类是特别刑法中专门针对性侵未成年人犯罪的规定。前者主要指《日本刑法典》《关于规制跟踪行为等法律》《防止骚扰条例》中针对性犯罪的相关规定。后者主要体现在《买春儿童、儿童色情处罚法》《儿童福祉法》以及日本各地方政府的《青少年保护育成条例》等相关法律条文规定中。从日本制定的相关法律来看，“罪名细化”是其相关法律的主要特征，而以法律条文的方式确立则是将细化的罪名合法化的最佳保障。

它们对于性犯罪的定义尤为详细。将强奸、猥亵等概括性极高的行为，大刀阔斧地细化成了许多更明确的条目。例如，在《日本刑法典》中关于性犯罪的规定主要有：强制猥亵罪（第 176 条），强奸罪（第 177 条），准强制猥亵罪与准强奸罪（第 178 条），集团强奸罪（第 178 条之二），强制猥亵、准强制猥亵致死伤罪（第 181 条第 1 款），强奸、准强奸致死伤罪（第 181 条第 2 款），集团强奸致死伤罪（第 181 条第 3 款）。这些均是侵害个人权益的犯罪，所保护的权益主要是个人的性自由和性感情。关于性风俗的犯罪规定有公然猥亵罪（第 174 条）、

---

① 在 2000 年 3 月 29 日第六十八届会议（2000 年）第 1834 次联合国人权事务委员会会议上通过。汇编于联合国文献 HRI\GEN\1\Rev.7，179（2004）.

散布猥亵物等罪（第175条）、劝诱淫行罪（第184条）。[①]条目与罪名的细化不仅能够提高案件审理的效率，而且在对犯罪嫌疑人的惩罚上，能够更有针对性。

不仅如此，为了保护未成年人，日本还制定了一些特别刑法专门针对性侵未成年人犯罪，主要体现在《买春儿童、儿童色情处罚法》[②]、《儿童福祉法》、《青少年保护育成条例》以及《规制利用网上介绍异性的业务引诱儿童的法律》等相关法律的条文中。这些法律规定的保护权益是作为弱者的未成年人健全地性发育的权利。[③]

比如《儿童福祉法》明确规定了不得与未成年儿童进行与性相关的行为，无论该儿童是出于自愿，还是被迫。比如日本存在的初高中女生以金钱为目的与成年男性进行性交易的“援助交际”现象，在这几部法律的保护下，只要儿童一方不进行公开劝诱，原则上就会被视为“被侵害者”而并不会受到处罚。其实，在具体的性侵案件中，单纯可以归属为强奸或猥亵的案件少之又少，现实中的案件往往掺杂着许多复杂的成分，譬如多名成年人共同犯罪、多名未成年人共同犯罪、成年人引诱未成年人犯罪，等等，这些具体的情况需要更为详细的法律才能加以定夺。

另外，日本社会各类团体也积极投入防范女童遭受性侵的预防之中。为了让这样的防范条款更具有约束力和执行力，日本还将具体规定列成条规，并根据实际的变化不断对其加以改进。《儿童虐待防止法》就明确规定，国家和地方团体要提供使受虐待儿童得到保护并且帮助他们自立的合适的专业知识，同时，为了确保和提高儿童谈话所等相关机构的职员、学校的教职工人员、儿童福利设施的人员以及其他的帮助保护虐待儿童的相关职务的人员的质量，应当采取必要的培训措施。

2. 对儿童权利的特别保护措施

特别值得一提的是，为了实现保护儿童权利的目的，《买春儿童、儿童色情处罚法》针对性侵未成年人的行为还特别规定了6种专门保护儿童的措施。

（1）搜查、审判中的保护。在参与搜查、审判涉及“买春儿童罪”“买春儿童斡旋、劝诱罪”“提供儿童色情物等罪”“以买春儿童为目的的人身买卖罪”等4种犯罪类型的案件中，相关职务人员要在考虑儿童的人权和特性的同时，必须

---

① 《日本刑法典》内容参见日本政府网站 http://law.e-gov.go.jp/htmldata/M40 /M40HO045.html[2018-12-10].

② 原文名称为「児童買春、児童ポルノに関わる行為等の処罰及び児童の保護等に関する法律」，其内容参见日本政府网站 http://law.e-gov.go.jp/cgi-bin/strsearch.cgi[2018-11-14].

③ 刘建利．日本性侵未成年人犯罪的法律规制及其对我国的启示．青少年犯罪问题，2014（1）：12-21.

注意不得伤害儿童的名誉及尊严。国家及地方政府应加强对相关职务人员的启发和训导，以加深他们对儿童的人权和特性的理解。（第 12 条）

（2）关于媒体报道的禁止。媒体在报道与本法相关的案件时，不得刊登、报道、播放包含姓名、年龄、职业、就读学校的名称、住所、容貌等能够推断出该案儿童当事人的照片、新闻或者广播电视节目。（第 13 条）

（3）教育、启发及调查研究。考虑到买春儿童及提供儿童色情物等行为对儿童的身心成长所带来的重大伤害，为了事前预防这类行为的发生，国家和地方政府应对国民加强教育和启发，以深化国民对儿童权利的理解。为了实现这一目标，国家和地方政府应该推进与此相关的调查和研究。（第 14 条）

（4）保护身心遭受有害影响儿童。针对因买春儿童以及儿童色情犯罪而身心遭受有害影响的儿童，相关行政机关应该相互配合，以实现根据被侵害儿童的身心状况以及所处的环境，帮助其从被侵害阴影中恢复身体和心理健康，使其在保有个人尊严的状态下成长为目标，适当采取交谈、指导、临时保护、送进各类福利机构等有必要的保护措施。为了实现这个目标，相关的行政机关为了保护儿童，认为在必要的时候，可以针对儿童的监护人采取相谈以及指导等措施。（第 15 条）

（5）改善针对身心遭受有害影响儿童的保护体制。国家和地方政府为了能够以专门知识理论为基础，切实保护因买春儿童以及儿童色情犯罪而身心遭受有害影响的儿童，应该推进有关保护这类儿童的调查研究，努力提高那些去执行保护这类儿童的工作人员的素质，强化在需要对儿童进行紧急保护时的相关行政机关应该相互协力合作的体制，努力完善加强与保护这类儿童的团体的协力合作等体制建设。（第 16 条）

（6）推进国际合作。为了防止该法所规定的犯罪行为的发生以及迅速而恰当地展开对已发案件的搜查，应该确保与国外进行紧密配合，努力推进国际性的调查研究等国际合作。（第 17 条）

3. 政府各部门及各地区持续接力

自 2000 年形成了以《儿童虐待防止法》为核心的法律体系后，日本逐渐构建起了预防、解决、对受虐儿童进行保护、援助等较为集中的行政保护体系。其中，警察厅通过必要时的搜查、调查等活动，努力做到对儿童虐待行为尽早发现；厚生劳动省专门设立防止虐待对策室，进行宣传和通报；法务省一方面主要实施《儿童虐待防止法》，另一方面做好对公众的宣传教育工作，此外还设立了以儿童咨询所为核心的救助机构。

此外，地方政府还制定了防止骚扰条例。比如，《东京都防止骚扰条例》第5条第1款规定："任何人不得在公共场所或公共交通工具内对人实施令人感到强烈羞耻或不安的卑劣言行。"[①] 如果违反该条款的，依据同法第8条，最高将被处以1年以下的有期徒刑或100万日元的罚金。大阪以及其他多个地方政府也都制定了相类似的规定。

4. 开通热线电话及网络鼓励民众举报

自2007年起，日本警察厅委托一些民间组织开通"匿名通报热线电话"，鼓励市民打电话匿名对儿童受虐待的案件进行举报，以期对被侵害儿童尽早采取保护措施，帮助被侵害儿童恢复身心健康，以及为警察破案提供线索。

5. 设立专门的场所

除了上述措施，日本还设立了许多专门供女性使用的公共场所。为了避免在公共场所发生女性被性骚扰和被暴力的行为，日本铁路公司启动了女性专用车厢。商场里有供母婴专门使用的洗手间，街道上能找到女性专用的旅馆等。这些都是能够切实保护女性和儿童的有效措施。

（二）美国

美国联邦调查局（Federal Bureau of Investigation，FBI）对强奸的定义为：在他人反对的情况下，强行进行性行为的犯罪。并且把此类犯罪分为两类：陌生人强奸与熟人强奸，其中熟人强奸中最常见的为约会强奸以及婚内强奸。总体来说，无论双方认识与否，只要出现了任何在强迫下进行的性行为，就可以指控为强奸。在儿童性侵害罪问题上，美国是立法、实践与教育三管齐下。

1. 在立法方面，出台多项严刑峻法

美国性侵害未成年人的立法包括三类：①细致入微的预防性立法。美国于1994年颁布的《雅各伯威特灵法案》（The Jacob Wetterling Act）就设立了性犯罪者信息登记制度，要求各州为性犯罪者建立信息登记册，记录其基本信息。该制度为美国预防性立法的完善奠定了基础。②协调统一的惩罚性立法。美国的惩罚性立法从罪行界定、性同意以及量刑结构等三方面对性侵害未成年人的定罪量刑问题进行系统的规定，不同内容之间协调统一，总体倾向为严惩对未成年人的性

① 原文正式名称为「公衆に迷惑をかける暴力的不良行為等の防止に関する条例」，其内容参见东京都警视厅网站 http://www.keishicho.metro.tokyo.jp/seian/gujourei/image/meiwaku_jorei.pdf.[2019-01-10].

侵。③全面具体的救济性立法。救济性立法是美国学者对以往过度重视对性侵者的追诉，忽略对被害人的保护的失败教训进行反思后不断完善的成果。[①]总体来看，在惩罚性立法方面，美国许多州都将侵犯儿童列为高危险犯罪者，多个州法律规定，只要与 14 岁以下的儿童发生性关系，无论其是否出于自愿，一律按强奸罪处理，甚至有 5 个州允许对强奸幼童者判处死刑。[②]

同时，美国是一个十分注重效率的国家，在力图减少案件发生，或有效惩治犯罪嫌疑人方面，其抛开了许多大而空的条文，直接说明惩戒标准。美国作为一个年轻的国家，能够在短时间内发展成为世界瞩目的资本主义大国，与其随时随地检讨自己、不断进步的精神是分不开的。这也体现在了其对法案的颁布或修改上。每当发生了影响十分严重的案件，或者当已有的法律无法有效惩治犯罪时，美国联邦政府便会立即对法律进行修改，且条款十分具体明确，减少了“假大空”的现象。

例如，前述的《雅各伯威特灵法案》就规定各州要对性侵儿童的犯罪嫌疑人及高危险的性犯罪者建立档案，并要求登记其中的性犯罪者定期到有关部门登记并作住址变动报告，更进一步要求各州对于性犯罪者的信息（包括个人基本数据、犯罪行为、住所），必须对社区民众公开或主动公告。这样一来，虽然会在一定程度上增加法院和政府、社区工作人员的工作内容，但却使儿童的家长找到了有效防范的方向。同时，这样的做法对已有前科的犯罪嫌疑人也能起到一定的震慑作用。

此后，美国走上了以严峻而切实有效的方式防范性侵儿童犯罪的道路。2005 年，美国出台了相关法案，规定猥亵 12 岁以下的儿童要被定为重罪，最低刑期为 25 年，最高为终身监禁。犯罪嫌疑人刑满出狱后还要被强制佩戴电子监视器，受到终身电子监控。如果成人对 12 周岁以下儿童实施性侵害，一律重判，至少 25 年有期徒刑或终身监禁，不得假释。

可以说，美国在对于性侵儿童犯罪嫌疑人的惩戒上，一直秉持着从严处理的原则。在量刑方面，美国立法以年龄为主线，将未成年被害人分为 12 岁以下和 12 ～ 16 岁两类，并在此基础上综合具体犯罪情节对性侵害未成年人的量刑问题作出如下规定：①将与不满 12 岁的未成年人进行性行为以及以威胁、胁迫、引诱的手段与已满 12 岁不满 16 岁的未成年人进行性行为界定为“严重性侵”，规定应判处不少于 30 年的监禁。②将与已满 12 岁不满 16 岁的未成年人进行性

---

① 何挺，林家红．中国性侵害未成年人立法的三维构建．青少年犯罪问题，2017（1）：60-69.

② Roffman A H. The evolution and unintended consequences of legal responses to childhood sexual abuse：seeking justice and prevention，Children’s Legal Rights Journal，2014，34（3）：6.

行为界定为“对未成年人实施的性侵”，规定应判处不多于 15 年的监禁。③将未经他人同意故意触摸对方臀部、胸部、大腿内侧、性器官等隐私部位的行为界定为“不当性接触”，对 12 岁以下的未成年人实施“不当性接触”的行为人就该罪行判处的最高监禁刑期应当翻倍。[①]这样严苛的规定使得美国性侵儿童的犯罪嫌疑人面临着极大的犯罪代价，承担着极高的犯罪成本。其实，性侵儿童本就是危害性很大的事件，无论其背后有着怎样的原因、动机，其对儿童的伤害已然造成，对被侵害家庭的伤害也难以复原。说一不二、从严治理能够体现国家保护未成年人、惩治犯罪嫌疑人的决心，也能对犯罪嫌疑人进行有效震慑。

2. 在实践层面，应对迅速、完善、细致

相对于颁布有待各个部门逐渐实施的条文，美国在实践上可谓十分迅速。可以说当政策出台时，相应的措施方法也已经在逐步实施了。例如，当 1994 年颁布《雅各伯威特灵法案》，1998 年就创建了“全美性侵信息数据库”（National Sexual Invasion Information Databasc），对有性侵幼儿犯罪史的重点人物实行强制性信息登记，包括照片、指纹、住址等，这些人的信息会被警方用通告的方式告知社区，用当地常用的媒体进行播报，并将其带有照片的资料张贴到人流量较大的超市、社区中心公告栏，同时整理上传至专门网页，供大众防范。另外，对于学校这样一个学生最为密集却又脱离家长陪同的场所，美国布置了数量庞大的监控器材，一旦校园内出现问题，学校即可调取录像材料，必要时甚至可以送至司法部门。

另外，为了避免这些罪犯出狱后再危害社会，1996 年 5 月 17 日，克林顿总统签署了《梅根法案》（Megan’s Law），随后该法案在美国各州普及开来。《梅根法案》规定：性侵儿童的犯罪者在刑满释放后，不得居住在幼儿园至高中校园半英里以内，而且无论其迁居到美国任何地方，都要到当地警察局注册备案。目前美国约有 35 个州设立了性犯罪名单的网站，大部分有性犯罪者的照片和个人信息，并向社会披露。警方会录取强奸犯的指纹、气味和 DNA 等资料，并永远存档保留。当强奸犯出狱后，他所在社区的警方还会将其照片、住址、外貌特征等个人信息放到网上以供读取，提醒公众留意防范。2004 年，国会又通过了《梅根法案》的修正案，要求性侵儿童的罪犯在假释期间须佩戴手腕警告，包括标志和电子追踪器，并规定若一个人曾经犯案两次以上，出狱后还必须每 3 个月前往警方接受一次问询，甚至胡须、发型等体貌特征有所改变时，也必

① 何挺，林家红. 中国性侵害未成年人立法的三维构建. 青少年犯罪问题，2017（1）：60-69.

须及时向警方报告。

3. 在教育方面，重视普及防性侵知识

为了践行所颁布的各种防范措施，美国在社区和学校的防范机制上也相当完善。社区明确对儿童进行防范教育指导，教会他们如何避免性侵害的发生。学校教育在对学生进行性教育方面从不避讳，这能让学生更快、更早地接触到保护自己的知识，掌握保护自己的技能，更重要的是能够培养学生保护自己的意识。危险并不是逃避谈论就会消失的，直面危险，采取措施，才是正确的防患于未然的办法。基于这样的理念，美国在公共教育系统方面，非常注重强调普及防性侵知识，在入园、入学的时候，校方都会给每个学生一个书面材料，其中就包括涉及性侵防范方面的知识。另外，还针对不同年龄阶段的学生制定了不同的性侵防范应对课程。与此同时，校方对于老师等教育工作者的规范更为严格，甚至明令老师不能跟学生有任何的肢体接触。

（三）德国

德国关于儿童性侵的状况同样不容乐观。根据联邦刑事警察局公布的数据显示，2012 年，德国共有约 15 000 名儿童遭受性侵，其中 2000 多名未满 6 岁。[①] 据警方介绍，大部分的儿童性侵案件发生在被侵害者日常生活空间中，如家庭、邻居、学校等。在各方的努力下，德国近十年被性侵儿童数量逐年减少，但是未满 6 岁儿童受性侵数量却仍在逐年增加。

1. 严厉的法律制裁和“化学阉割”

近半个世纪以来，德国刑事立法中变更最大、修改最为频繁的领域非性犯罪莫属。截至 2016 年，德国已先后颁布了两部改革法案和六次修正法案来完善性犯罪立法。2016 年，德国科隆性侵事件的发生引发了社会对性犯罪的极度恐惧，人们强烈要求性权利保护的全面化、严格化。在此历史契机下，德国立即展开对刑法的修改，于 2016 年 11 月 10 日颁布了《第 50 次刑法修正法：改善对性自主权的保护》。这一法案吸收了英国、美国、法国的经验和理论，对德国性犯罪的构成要件进行了改造，被誉为对性权利的最严格保护。[②]

在惩治强奸女童犯罪者上，德国应是欧洲最为严格的。

---

① 盘点世界各国对性侵儿童案件的法律规定和管制方法 . http://news.cri.cn/gb/42071/2013/06/22/6071s4156765.htm[2018-12-21].

② 华忆昕 . 德国用修法回应科隆性侵事件 . 检察风云，2016（17）：34-42.

首先，德国法律对于性侵儿童的定义，不仅指成人与儿童身体私密部位发生直接接触，而且非身体接触的行为同样属于儿童性侵范畴，如向孩子裸露性器官，展示或者与其一起观看色情书、色情片，拍摄和传播儿童色情片等。《德国刑法典》中共有8条与未成年人有关的性犯罪的规定，其中有6条直接针对未成年人，不但规定了与未成年人发生性行为是犯罪，还规定了促成未成年人与他人发生性行为，在未成年人面前实施性行为，向未成年人展示淫秽图片、录像、录音等都是犯罪。[①]

其次，法律规定，14岁以上的成年人或青少年对未满14岁的儿童有上述行为，无论是否自愿均属于性侵，均要受到刑法制裁。德国第50次刑法修正案第1条便开宗明义地指出将原刑法第177条与第178条合并为第177条（性侵、性强制、强奸），将该条重新表述为：违背他人的明显意志，对该人实施性行为或者让该人对其实施性行为，或者迫使该人对第三人或忍受第三人对其实施性行为。该法第2条规定，当存在以下情形时也应依照前款处罚：①行为人利用被害人处于无法形成或者表达反对意志的状况；②行为人利用被害人基于其自身或心理状态，在形成或者表达意志方面的重大限制，除非行为人得到了被害人的明确同意；③行为人利用了一个“惊恐时刻”，即行为人利用了被害人因明显的暴力威胁而不敢反抗的处境；④行为人利用了被害人的反抗被以明显的恶害相威胁之情形；⑤行为人以暴力或明显的恶害相威胁而迫使被害人忍受或实施性行为的。[②]这5项条款是对违背被害人意志的细化规定，从这些规定中可以看出，对违背被害人意志的认定，除非被害人明确同意的性行为，其他情况下发生的不正常性行为一般都应推定为违背被害人的自主意愿。德国刑法会根据情节轻重对实施性侵的罪犯处以半年至10年有期徒刑，情节十分严重的将被判处10年以上监禁。

最后，心理学研究证明，很多性罪犯在被释放后没有真正改过自新，还会第二次、第三次走上同样的犯罪道路，单靠刑罚，难以阻挡犯罪。鉴于此，德国允许性罪犯自愿选择是否通过外科手术进行“化学阉割”。

2. 政府和民间组织发起的大规模宣传活动

德国政府非常重视如何防范儿童遭受性侵宣传活动，德国联邦刑事警察局就曾携手州级警方和民间被侵害人协会，一同发起了预防儿童性侵的大型宣传活动。通过宣传，进一步引起社会各方对儿童遭性侵的关注，让父母、其他监护人和每位成年人，包括老师、教练、邻居和朋友，都具备一定的预防儿童性侵的常

① 徐久生，庄敬华．德国刑法典．北京：中国方正出版社，2004：93.

② 汉斯-约格·阿尔布莱希特．德国性犯罪刑法的改革与成果．周子实译．刑法论丛，2013，（3）：12-28.

识，共同保护未成年人。同时，政府也鼓励被侵害人起诉，用法律手段将罪犯绳之以法，并告诉他们如何防范、觉察儿童遭到性侵，如何帮助遭到性侵的儿童，如何对其进行心理辅导，如何报案，以及如何进行起诉程序。

3. 幼儿园与学校的启蒙教育

在德国幼儿园，从孩子 5 岁开始，老师就通过讲故事的方式对其进行最初的启蒙教育。老师向孩子介绍一些最基本的概念，告诉孩子各个身体部位的名称，人有哪些喜怒哀乐，教育孩子不能跟着陌生人走，不能告诉陌生人自己的姓名，更不能相信他们的花言巧语，并告诉孩子坏人有哪些惯用的伎俩。

德国小学在四年级的时候对学生进行生理卫生教育，涉及性的相关知识。联邦教育局有统一的教材，共三本：一本用于讲解专业词汇的书、一本故事书和一本小册子。老师还在课堂上分发阅读材料，学校还设有讨论课和课后作业，请当地医院的助产士和女士谈“月经”“生产”等题目，解答学生的提问。

4. 家庭及无处不在的对幼童的教育

类似的教育也可以在家庭里进行，德国的书店、官方网站都能找到相关的文章，非常详细，有对各个条目的具体解释，有给家长看的，也有给孩子看的。这些浅显易懂的儿童画册如《德国儿童玩与成长系列・我的身体》《我是从哪里来的》，很受家长青睐，有的再版十多次。这些画册图文并茂地告诉孩子，人类有着丰富的情感，会与自己喜欢的人有肢体接触。每个孩子都是独立的个体，应该有自己的直觉、感受和判断，可以欣然接受，也可以拒绝任何的身体接触。无论对象是陌生人、长辈、亲戚、朋友、客人，还是老师和教练，孩子有权利对任何人说：“不，我不喜欢你亲近我。”这与礼貌和教养无关，每个人的身体只属于自己。只要自己感觉不舒服，都有权利对一个看起来很友善、很关心自己，对自己很重要的人保持距离，甚至大胆清楚地告诉对方：“我不愿意。”

这些画册很生动，有的上面还有练习题，设置不同的场景，让孩子从三种选择题里自己先做判断，书后有正确答案和解释可供参考和学习。这种读物意在培养孩子的自信和独立。胆量是练出来的，远离觉得不安全或者感觉怪怪的人和事，是儿童保护自己的第一步。德国有专门机构提供免费的热线电话，由专家提供咨询并给予讲解，也有机构提供有关的培训课，鼓励母女一起参加，系统地训练孩子和母亲大胆说“不”，以及如何解决尴尬的场面，如何培养胆量和自信等。

此外，对儿童的教育和指引不仅仅来自家庭，甚至可以说是无处不在。比如，一个小女孩去例行检查身体，和蔼可亲的医生伯伯会对她说："我现在要检查你的小肚皮了，你的小裤裤可以穿着，别的衣服要脱掉。记住，这种检查只能医生做，并且得当着你妈妈的面才能做，换个人或者换个地方，都不可以，懂了吗？"

（四）英国

在英国，女孩性侵案件也时有发生，近年来最为轰动的莫过于2012年曝出的英国广播公司（British Broadcasting Corporation，BBC）儿童节目主持人吉米·萨维尔性侵案（Jimmy Savile sexual abuse scandal）。曾主持儿童节目多年的萨维尔在英国家喻户晓，2011年10月去世，终年84岁。他被控在长达半个世纪时间里性侵了几百人，其中大部分事发时是未成年人，不少被侵害者案发时还不满16岁。[①]而就在萨维尔性侵案爆出不久之后，BBC再度遭到性丑闻的打击——同样是知名主持人的斯图尔特·霍尔（Stuart Hall），也遭到14项性侵指控，其中包括强奸一名22岁的女性、性侵10名未成年女孩。[②]根据英国全国防止虐待儿童协会公布的数据，在英格兰和威尔士地区，大约每4名青年当中就有1人曾经在童年时期遭到过同龄人或年长者的性侵，近一成11～17岁的未成年人在过去一年里遭到过性侵，其中比例最高的是15～17岁的少女。[③]英国关于女童保护的措施主要有以下几点。

1. 出台明确的法律法规

英国政府在保护儿童方面出台了明确的法律法规，十分细致，并随时代发展不断更新。首先对性犯罪作出专门规定的是1861年的《侵犯人身罪法》。该法除保留普通法中的强奸罪外，还增加了许多新的性犯罪，如第50条的非法性行为重罪（felony）（即与不满10岁的女孩发生性行为，可处终身监禁）、第51条的非法性行为轻罪（misdemeanour）（即与10岁以上12岁以下的少女发生性行为，可判处不超过3年的监禁）、第52条的猥亵攻击罪（indency assault）（即针对任何女性的猥亵攻击行为，最高刑可达两年监禁刑）。[④]1956年的《性犯罪法》

① Jimmy Savile sexual abuse scandal. https://en.wikipedia.org/wiki/Jimmy_Savile_sexual_abuse_scandal[2018-12-21].

② 贵族社会陋习致英国沦为娈童案重灾区.http://ihl.cankaoxiaoxi.com/2016/1208/1502395.shtml[2018-12-21].

③ 国际在线.盘点世界各国对性侵儿童案件的法律规定和管制方法. http://news.cri.cn/gb/42071/2013/06/22/6071s4156765.htm[2018-12-21].

④ Mitchell S. Archbold Pleading Evidence & Practicein Criminal Cases（fortieth edition）. London：Sweet & Maxwell Press，1979：524.

第 23 条规定，“在任何地方引诱不满 21 岁的少女与第三者发生非法性关系，属犯罪”，另外它还规定建筑物的所有者、控制者诱使、容忍他人或特定的人与未成年人进行非法性交的也是犯罪。2004 年新修订的《性犯罪法》规定，不论是通过互联网，还是亲自与儿童接近，成年人为与儿童发生性行为而对其进行所谓的“准备工作”都是犯罪行为。[①] 1960 年，英国出台了一个专门保护儿童的《猥亵儿童法》。该法第 1 条规定：“任何对不满 14 岁儿童进行猥亵或者引诱一个不满 14 岁儿童同他或其他人实施上述行为的应当处以不超过两年的监禁或不超过 6 个月的即决监禁刑并可单处或同时处以不超过 2000 英镑的罚金。”这种猥亵不要求有攻击（assault）行为，如果有攻击行为的话则构成 1956 年法案的猥亵攻击罪。

总体来看，英国法律对性侵害罪的处罚相当严厉：凡是对 13 岁以下儿童实施强奸行为的将被处 6 ～ 19 年监禁，情节严重者甚至会被处以终身监禁；对 13 岁以下儿童实施性骚扰行为的将被处以警告并最高被判处 14 年监禁；教唆 13 岁以下儿童参与性行为的将被判处 1 ～ 17 年监禁；在有儿童在场的情况下进行性行为或强迫儿童观看到性行为的一般将处警告至 6 年监禁，情节恶劣的最高可处 10 年监禁。其中还规定了对儿童施行的强迫性行为不得辩护为经过儿童的允许。为达到个人目的与儿童进行性行为、“建议”或怂恿儿童参与性行为者将被起诉。

2. 把性教育排进课程表进行强制教育

英国把性教育排进课程表，根据“国家必修科学课程”的具体规定来进行教育。性教育不仅仅讲述男孩和女孩青春期身体和心理的变化，还着重普及预防性侵的保护教育，并将其纳入教育计划中。这方面的教育主要是面对性骚扰和性侵害时的对策、技巧，以及在危急关头如何自救或寻求帮助。另外，女孩从 5 岁开始，就在学校接受有关防范性侵害的课程。

3. 对色情网站进行限制

此外，英国政府还着手对网络色情，尤其是对性虐待儿童的内容进行限制。英国政府组织了包括雅虎、谷歌、微软、脸书、推特、英国电话公司等互联网服务商的代表在首相府开会，讨论限制网络性虐儿童图像和限制儿童浏览网络色情内容的问题。

---

① J. C. 史密斯，B. 霍根 . 英国刑法 . 李贵方，马清升，王丽，等译 . 北京：法律出版社，2000：507.

（五）法国

法国关于性侵防范主要包括以下做法。

1. 制定了相关的法律法规

1994 年的《法国新刑法典》规定："以暴力、强制、威胁或趁人无备，对他人施以任何性行为，无论其为何种性质，均为强奸罪。"[①] 2002 年在该刑法典中的第五章"侵犯人的尊严罪"中又增设了"利用未成年人卖淫罪"一节。在法国，发现有未成年人受到猥亵或性侵的情况下，任何人都可以向司法机关申请对当事人实施司法保护。如果被侵害人不到 15 岁，知情者甚至必须向司法机关举报。知情不报也是犯罪，会被处以 3 年监禁和 4.5 万欧元的罚款。

在受到猥亵或性侵的情况下，未成年人本人也可以起诉。在未成年人申请司法保护或提起诉讼之后，法官会采取必要措施从身体、心理和感情等方面保护当事人的安全，避免其受到更多伤害。

性侵案件的量刑从 1 年到 20 年不等，比如裸露癖可获刑 1 年，强奸罪则要被判 20 年监禁。鉴于被侵害人是未成年人，量刑会加重。

2. 出台了相关的性教育制度

近年来儿童成熟得越来越早，性发育方面当然也不例外。所以对其进行性教育刻不容缓。为此，法国法律不仅严禁对未成年人进行各种形式的性侵，同时也对中小学校规定了有关性教育的制度。为了尽可能地避免小学生在校受到不同程度的性侵害，法国国家政策早已规定每所中小学每年必须安排或多或少关于性教育的课程，目的就是让广大学生尽早地接触相关知识和创建自我保护意识。法国不会认为这是未成年人不应该接触的信息，而是针对每个年龄段的孩子寻找与他们最适合的沟通方式及方法。因而参与这项工作的人员职业由生物老师（不一定是本校在职老师）、学校医护人员、校长、幼儿心理学专家、专业儿童性教育人士（通常是公益组织）以及家庭代表共同组成，由他们负责以孩子们懂得并理解的方式展现有关知识与必要拥有的自我保护意识。因此，年龄越小的孩子越需要用非文字的形式来展开话题，他们对这方面的理解还很模糊且不感兴趣，有关部门必须先抓住儿童的兴趣点，才能够有效地传达消息。通常的做法是把有关知识简易化同时卡通化，这样能够引起孩子们的关注也便于他们理解。然而在此阶段，重点并非让儿童懂得里面的具体知识，而是增强

① 罗结珍．法国新刑法典．北京：中国法制出版社，2003：65.

他们对此事的认知，知道如何判断什么是伤害。整个过程在非常有娱乐性的气氛下创建了一种互动关系。

另外，在法国，人们随便进入一家书店，几乎都可找到有关性教育的书籍。根据所针对的对象是家长或者不同年龄的孩子，其内容也不同，从而方便家长对孩子进行性教育。

（六）韩国

1. 提高针对儿童性侵害罪行为的惩戒力度

在韩国，近年来多次出现儿童遭受性侵害并严重受伤的案件，甚至出现过一名罪犯连续性侵多名儿童并散布被侵害者照片和视频的事件。因此，韩国政府不断提高针对儿童性侵害罪行的惩戒力度。2009 年，韩国宣布将儿童性侵害罪的最高刑期从 15 年提高到 30 年，此后更进一步提高到 50 年。2013 年 3 月 25 日，韩国大法院量刑委员会审议并议决了《杀人罪及性犯罪修订量刑基准案》。该法案新设向 13 岁以上的青少年实施的强奸杀人罪，将强盗强奸罪的基本建议量刑上调至 9 ～ 13 年，有加重因素时，可判处 12 ～ 17 年徒刑。而从 2013 年 6 月 19 日开始，针对儿童和青少年的强奸犯罪最高刑期进一步升级到无期徒刑，同时不得假释，这在已经实际废除死刑的韩国来说已经是最高刑罚。[①]

2. 引入“化学阉割”

除量刑从重之外，韩国还是亚洲第一个引入“化学阉割”的国家。“化学阉割”是对男性强奸罪犯注射一系列雌性激素药物，致使其失去性欲。2008 年，韩国首次提出《化学阉割法案》。2010 年 6 月，韩国国会举行全体会议，通过了“对于以儿童为对象进行性犯罪者，为了防止重犯或习惯犯罪的预防和治疗法案”。2011 年 7 月 24 日，韩国《化学阉割法案》正式生效。该法案规定对性犯罪者采用投入药物的同时进行心理治疗，在一定时期内减弱性欲的措施。

《化学阉割法案》自实施以来，受鉴定委托的共有 34 例。对此，韩国法务部保护法制课长李哲熙表态，扩大“化学阉割”可以预防性犯罪，以此更好地保护国民安全，因此法务部将积极协助进行精神鉴定并下达治疗命令。

首例“化学阉割”于 2012 年 5 月 25 日实施，韩国一名朴姓强奸惯犯在庆

---

① 韩国性犯罪启示录：社会从奇案中集体反思 . http://world.people.com.cn/n/2015/0713/c1002-27293605.html[2018-01-18].

尚北道一所监狱内被执行该项惩罚。[①] 该名男子于 1984—2002 年，对 4 名未成年少女实施性暴力或性侵害，即使入狱也不知悔改，每次出狱后两个月就会再次犯案。经医学鉴定，该名男子有性癖，性意识长期扭曲，为了根治其娈童癖犯罪行为，韩国法务部决定对其执行“化学阉割”。

扩大“化学阉割”实施对象也被视为韩国政府近年来打击性犯罪的重拳之一。2013 年 3 月 19 日开始施行的《性暴力犯罪者的性冲动药物治疗相关法律》修订案将“化学阉割”惩罚范围扩大到所有年龄，之前只适用于侵犯不到 16 岁的未成年人的罪犯。

尽管实施“化学阉割”不会以物理切割的方式除去人体的任何器官，也不会让男性终生丧失生殖功能，但这项惩戒措施依然引发了争议。调查显示，韩国很多女性欢迎实施“化学阉割”，并对扩大到全部年龄性罪犯行为表示赞同。但社会心理学家认为，“化学阉割”违反自然规律，更涉及人道、人权等问题，这可能会对罪犯造成永久的心理创伤，让他们产生反社会的心理倾向。

3. 惯犯被强制佩戴电子脚环

2010 年 7 月，韩国修改了《电子脚环法》，此前电子脚环仅供假释罪犯佩戴，修改后的法律规定，性侵未成年人或有多次性侵害罪史的罪犯即使刑满释放，也要佩戴电子脚环接受监控。此举是韩国法务部研究出来的高科技手段，以此加大预防惯性犯罪的力度。

2012 年，韩国朴姓强奸惯犯被判 15 年有期徒刑，出狱后还要佩戴可识别行踪的电子脚环生活 20 年。电子脚环是韩国对暴力罪犯采取的强制手段，罪犯即使刑满出狱，也须佩戴电子脚环，以便受到跟踪管制。在韩国，对于性暴力罪犯佩戴电子脚环的年限最长达 30 年。

2013 年 4 月 10 日，韩国首尔西部地方法院开庭审理了韩国艺人高某旭性侵未成年少女案，以强奸未成年人、对未成年少女实施性骚扰等罪名，判处高某旭有期徒刑 5 年，并佩戴电子脚环 10 年。高某旭被强制佩戴的电子脚环是“位置追踪电子装备”的一部分。

通过对电子脚环的监控，在韩国位置追踪中央管制中心的监控平台，观察员即可对被监督者的位置和行踪进行定位。当佩戴者进入敏感区域，电子脚环就会产生强烈震动，随即监控中心屏幕弹出提示，观察员即刻通过专用手机通知当事人。如果佩戴者对电子脚环进行破坏、未携带专用手机或不接听专用手机，都

① 媒体：未成年人遭性侵 世界各国如何严防死守？ http://news.china.com.cn/2016-11/06/content_39645029.htm[2018-01-18].

会接到警报。如果佩戴者擅自分离、损坏、拆解电子装置，导致数据信息无法及时传输，将被处以 7 年有期徒刑或 2000 万韩元（约 11.5 万元人民币）的罚款。

2017 年，韩国位置追踪中央管制中心计划投入使用智能型电子脚环，弥补当下电子脚环只能监控其位置的缺点。智能型电子脚环可以对佩戴者实施生命体征信息的监控，通过系统收集佩戴者的体液分泌、呼吸、心脏搏动、运动速度、周边环境等信息，更及时地掌控佩戴者的异常变化，防止暴力犯罪再次发生。

据韩国刑事政策研究院统计，自《电子脚环法》实施以来，最为突出的效果是犯罪复发率下降。2004—2008 年，韩国性暴力犯罪复发率为 14.1%。该制度正式实施后，即 2010—2016 年，性暴力犯罪复发率骤降为 1.7%。在电子脚环佩戴人员中，85.4% 的人为性暴力犯罪者，在性暴力犯罪者中，72.5% 的佩戴者表示“强化了再次犯罪会遭逮捕的威慑意识”，其他佩戴者表示“佩戴电子脚环后会对不法行动进行自制”。①

4. 利用社区体系，将社区制度与女性、幼儿保护融合到一起

以 2013 年 3 月世界妇女节时发表的“女性安全特别市综合对策”为开端，首尔市先后推出了低收入女性家庭防范服务、安心回家护送服务、任命快递员做村庄把守员、女性安心送货、没有女性暴力的安全村活动等一系列举措。②根据这些政策，首尔的单身女性不仅可以在家享受安保服务，深夜回家也可享受保镖的贴身护送。

首尔将便利店指定为“女性安心守护之家”。而之所以把便利店指定为女性避难所，是因为与住宅和旅社相比，性侵更多发生在道路上。而便利店随处可见，比较好找，而且全部设有监控录像，可以有效利用便利店内设置的自动报警器。女性在遭遇性侵时，只要躲进便利店，就会有职员向警察报警，从而得到帮助，安全回家。

此外，首尔市还利用邻居网络，通过“安心归家援助”为晚归女性提供配备保镖的服务。女性市民在晚 10 时至凌晨 1 时回家时，只要提前 10 分钟提出申请，就可得到两人一组的保镖服务。之所以是两人，是因为韩国这套法案深知人性之恶。只有一人的话，自然很难保证护送的保安究竟是否有非分之想，而两人除可以增加护送安全度之外，更重要的是可以相互监督。

---

① 媒体：未成年人遭性侵 世界各国如何严防死守？http://news.china.com.cn/2016-11/06/content_39645029.htm[2018-01-18].

② 韩国首尔设女性避难所　女性遭侵犯可躲进便利店 . http://world.people.com.cn/n/2014/0227/c157278-24484768.html[2018-01-10].

（七）瑞士

在瑞士，约有 1/4 的女性和 1/10 的男性在童年时期有过受到性侵害的经历。2/3 的被侵害者是女童，1/3 是男童。涉案最多的被侵害群体在 7 ～ 12 岁。[①] 为防止未成年人遭受性侵害，瑞士政府采取的主要措施有：

1. 普及知识和提前预防

瑞士注重通过普及知识和提前预防对儿童进行保护，避免他们受到性侵害的伤害。例如，瑞士儿童保护协会发起过一项针对小学生的防止性侵害教育活动。这项活动的主题是“我的身体属于我”，主要以互动展览的形式向孩子们说明什么是性侵害，与异性接触应该掌握的分寸等问题，同时让他们知道在遭受性侵害的时候应该怎样求助。这项活动的教育对象除小学生外，还包括老师和家长，因为他们对小学生的健康成长发挥着至关重要的作用。

2. 在法律制定上给予受性侵儿童相应的关照

瑞士在法律制定上也给予受性侵儿童相应的关照。在 2013 年以前，瑞士联邦法律规定，一旦年满 25 岁，性侵被侵害人就丧失了拿起法律武器捍卫自己权利的机会。然而，据统计，相当大比例的儿童性侵事件来自儿童身边的成人或家庭内部的成人，出于对这些成人在精神和经济上的依赖，这些无助的儿童往往不敢说出真相。不过，2013 年 7 月 1 日修订生效的《瑞士民法典》规定，对不满 12 岁儿童进行性侵或者色情犯罪的诉讼，将不再有时限约束，他们可以随时将犯罪者绳之以法，让被侵害儿童永远都有开口的机会。[②]

总体而言，各国女童遭受性侵的比例是上涨的，这与社会的迅速发展、价值观呈现多样化有密不可分的关系。但各国的法律也在不断健全，保护女童的机制也正在不断完善。法律是死的，人是活的。法律不应僵化固定，而应该像其他领域的发展一样，顺应社会的变化和需求不断进步。当法律已然约束不了一些行为，或者某些惩治力度已落后于犯罪案件在当今社会的影响力时，法律也应该及时作出调整和修改，力图防患于未然，或者有效惩治那些伤害女童的犯罪嫌疑人。

---

① 盘点世界各国对性侵儿童案件的法律规定和管制方法 . http://news.cri.cn/gb/42071/2013/06/22/6071s4156765.htm[2018-12-21].

② 国际在线 . 盘点世界各国对性侵儿童案件的法律规定和管制方法 . http://news.cri.cn/gb/42071/2013/06/22/6071s4156765.htm[2018-12-21].

中　篇

女童性侵害的防范

对女童实施性侵是对女童权利的一种全面侵犯，是普遍存在的社会问题，冲击着社会责任、社会规范、法律政策和制度。因此，预防女童性侵害的发生并减少其所造成的负面影响，是减少或终止针对女童的暴力伤害、保护女童权利和公共健康的重要措施。近年来，女童性侵问题在我国得到社会的广泛关注，说明我国预防女童性侵害的公众意识正在提高，这是社会进步的表现。然而，直接面对性侵害的依然是女童自己。

本篇主要立足于女童自身，从防范内容、防范理念、防范技术三个方面阐述女童应如何防范性侵害。

第三章

防范有知：女童性侵害的防范内容

美国著名作家卡森·麦卡勒斯（Carson McCullers）在《伤心咖啡馆之歌》中曾说过，“儿童幼小的心灵是非常细嫩的器官。冷酷的开端会把他们的心灵扭曲成奇形怪状。一颗受了伤害的儿童的心会萎缩成这样：一辈子都像桃核一样坚硬，布满深沟。也可能，这样的一颗心会溃烂胀肿，以至于体腔内有这样一颗心都是一种不幸，连最普通不过的事也会轻易使这个人烦恼、痛苦”①。性侵害事件的发生无疑是儿童心灵遭受创伤、布满沟壑的一大原因。近年来，中小学生遭受性侵害事件不断增多，人们不禁在想，为什么中小学生会容易受到性侵害？难道仅仅因为他们是社会的弱势群体吗？其实，还有另一个重要的原因，那就是他们的防范意识过于薄弱，使侵犯者有了很多的可乘之机。尤其是女生，由于生理上的差异，女生一般在体力和耐力等方面都差于男生，这也导致了中小学女生成为性侵害的主要对象。因此，预防和打击女童性侵害行为，除了加强社会治安防范、严厉打击违法犯罪外，增强中小学生自我防范意识和提高自我防范能力显得尤为重要。②本章主要教授她们如何进行自身安全防范，并提高她们自身防范的意识，以便她们能够健康、快乐地成长。

女童性侵防范系统可以根据防范的目的、对象或状态等，将防范内容分为不同的类型。例如，以防范目的为依据，防范的内容可以分为健康防范、安全防范和风险防范等；以防范水平或能力层次为依据，防范的内容可以分为初级防范、中级防范和高级防范等；以防范目标状态为依据，防范的内容可以分为动态防范、静态防范和动静态交替防范等；以防范对象为依据，防范的内容可以分为人的防范、物的防范和环境的防范等。防范内容的细化细分是提高防范效率、增强防范效能的基础，应予以关注和重视。本章重点从防范的对象来讲解，女童性

① 麦卡勒斯．伤心咖啡馆之歌．李文俊译．北京：中国和平出版社，2005：18.

② 郝言言，陶红亮．防范性侵害．北京：人民卫生出版社，2012：7.

侵防范内容主要包括三个子系统：人的防范、物的防范和环境的防范，如下图所示。

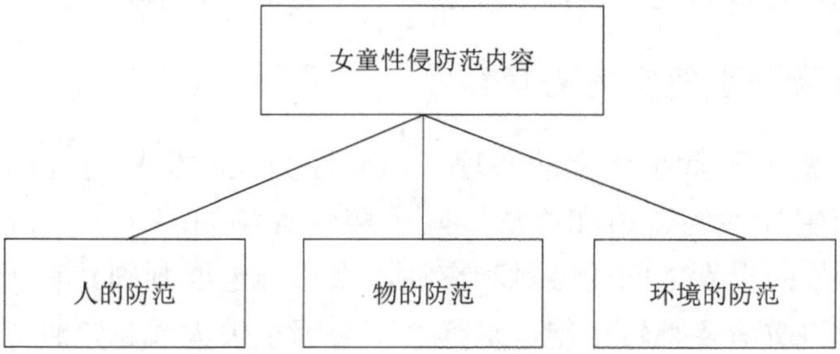

女童性侵防范内容框架图

其中，关于人的防范主要是指防范自己和防范他人；物的防范主要指对他人物的防范和对周边物的防范；环境的防范主要指人与人、人与物等各种关系的防范。显而易见，这是开放性的系统，既能吸收别的内容为已所用，也能被别的内容吸收为它所用。不过，其三个子系统虽能各自独立运行，但在具体事件的大多数情况下，还是保持“三位一体”的形式、以整体运行为主。换言之，在事件或案件中的女童自我防范，很难把人的防范、物的防范和环境的防范完全地隔绝开来，不能单纯地只防人、只防物、只防环境，而是在防人的时候要防物、防环境，在防物的时候要防人、防环境，而环境防范的本身就是对人和物等的综合防范。这也正是女童性侵防范内容系统的主要特点之一。

第一节　人的防范

在日常生活中，我们常常听到“害人之心不可有，防人之心不可无”这样一句话。这也是在告诉我们，凡事要多留意，不能光看别人表面上的好，就过于轻信别人而失去了该有的自我防范的意识，最终使自己上当受骗而后悔莫及。人的防范在此主要是指防范自己和防范他人。

一、防范自己

关于防范自己或自己防范，主要包括三个方面的内容。

（一）消除贪小便宜的心理

女童首先要消除贪小便宜的心理，与异性交往时保持适度的距离，特别是不轻易接受陌生异性的邀请和馈赠。除了接受真挚的感情、真诚的朋友的帮助外，对非亲非故的男女之间的接触和交往，女童一定要判别其真正的目的，对一般异性的馈赠和邀请要婉转拒绝，这样才不会因小失大或越陷越深。

案例：

2010年7月中旬，一名来自边远山区某中学的女生小梦，十分羡慕城市女生小珍的时髦打扮，暑假期间在与同学结伴郊游时，偶遇一位派头十足的广州富商。此后，这名女生便与富商频频约会，逛商店时，广州富商不断买漂亮衣物送给小梦。不久后的一个晚上，广州富商将其灌醉后带到预订的宾馆房间并实施强奸。[①]

（二）保持谨慎的交友态度

在与人交往的过程中，女童既要热情友好，又要保持分寸，千万不要盲目陷入情网，不要轻率地交“朋友”。交友不慎往往是性侵害的“序曲”，女童在任何时候都应从自身的安全着想。另外，在男女生交往中，女生要正确区分友谊与爱情，把握好自己的感情，爱惜自己的名誉，维护人格尊严，做到自尊自爱、自强不息、自警自律。

案例：

2013年8月，李某（55岁）通过QQ聊天，认识了丽丽（化名，2000年10月生）。无聊的李某在聊天时谎称自己只有22岁，想找对象，丽丽则告知对方自己只有13岁。李某多次在QQ里挑逗丽丽，用花言巧语骗取了丽丽的信任。

2013年9月底的一天夜里，李某驾车来到丽丽所在的小区内，在车上掏出自带的安全套，和丽丽发生了关系。此后李某又先后在不同地点和丽丽发生了5

① 郝言言，陶红亮．防范性侵害．北京：人民卫生出版社，2012：6.

次性关系。为了讨得丽丽的欢心，李某先后给了丽丽100元现金，买了一部杂牌手机，送了一条假项链。丽丽爸爸发现女儿莫名其妙有了一部手机，学习也心不在焉，一再追问下，丽丽讲述了前面的经过。愤怒的丽丽爸爸于2013年12月7日报了警，李某当日被公安机关刑事拘留。

案发后，李某家属自愿赔偿被害人经济损失18万元，取得了其家属的谅解。

当地法院经审理后认为，李某明知丽丽不满14周岁而与其多次发生性关系，其行为已构成强奸罪。依法判处其有期徒刑四年六个月。[①]

与人交友要慎重。俗话说，“近朱者赤，近墨者黑”，女童不能随随便便就和一些人交朋友，更不能“遍地开花”，和什么样的人都去结交。交友时应当注意以下几个方面。

（1）学会观察。女童交友时可以参考以下建议：观察对方的着装、礼仪、言谈举止，注意对方有无不良嗜好。对那些向自己施以小恩小惠、口头称赞、不停吹捧的人，千万要小心，这些人可能对你别有用心，要避免掉进他们的陷阱中去。

（2）学会说“不”。要拒绝“损友”但其又是自己认识的人的邀请时，女童可以采用以下技巧：问清楚他找你到底是要做什么、邀请的时间和地点、邀请了哪些人等，对那些不合理的邀约、不合法的活动，拒绝时的语气要坚定，要勇敢地对他们说“不”，或建议他们做点别的事儿，并找借口离开。过后，对于这些朋友，女童更要主动回避，尽量疏远他们，避免和他们接触或交往。

（3）学会保护自己。当面对紧急状况时，女童首先要权衡利弊，最重要的是要保护好自己不受伤害，其次才是找借口拖延并寻求脱身的机会；同时要牢记加害自己的人的姓名、相貌、特征，事件发生的时间和地点等，以便在逃脱后迅速地向老师、家长、警察等报告。

（三）注意自己的衣着和举止

一个人的人生观、世界观、价值观、幸福观是其行为的主要精神支柱，决定着一个人的行为举止、精神面貌。女孩喜欢把自己打扮得漂亮些没有错，但是不建议走性感路线。女性穿着过分暴露，会被社会不良分子视为“容易侵犯的”目标，甚至被视为一种性暗示，这其实就已把自己置于危险之中。

① 老干部多次与13岁幼女发生性关系 临退休被判强奸罪. http://www.chinanews.com/fz/2014/04-08/6038283.shtml[2018-12-20].

案例：

俗话说：爱美之心，人人有之。16 岁的安某自然也不例外。为了让自己变得时尚漂亮，安某总是吵着家人给她钱买衣服。但爸爸妈妈只是外出打工一族，哪来那么多的钱给她呢？因此，安某经常感到苦恼不已。

一天放学，安某和同学丽丽走在一起。路过一家服装店，安某被模特身上的衣服吸引，但一听到服装的价格，安某的心情又低沉下来了。

"要是能找到一个赚钱的法子就好了。"

"难道你没听说过美貌也是一种生产力吗？你这么漂亮，赚钱对你来说那真是轻而易举啊！"丽丽在一边说道。

"真的吗？怎么个赚法？"安某顿时好奇起来。

"就是你陪那些有钱人玩一下，他们便会给你很多钱的。"

"啊，这样不太好吧？"安某听完，有点犹豫。

"世界上最痛苦的莫过于一件漂亮的衣服摆在你面前，而你不能穿。"丽丽的话看似在开玩笑，却撩拨着安某的心。

"好！为了赚钱买衣服，我试一下！"爱美的心理占了上风。

于是，在丽丽穿街过巷的带领下，安某见到了一位打扮得非常时髦的大姐姐。这位大姐姐一看到安某，立刻就笑得合不拢嘴，安某本能地感到害怕，刚才想买衣服之类的念头也随之打消。正当安某想迈步离开时，有人关上了门，前一刻还笑呵呵的大姐姐此时却变成狰狞的魔鬼，安某顿时浑身颤抖起来。此时，丽丽早已不见了踪影。在大姐姐的威胁下，安某只能一次次面对满脸横肉、面目狰狞的"客人"。

天网恢恢，疏而不漏。大姐姐组织和强迫少女卖淫的罪行败露，最终被公安机关一举抓获，安某也终于被解救了出来。然而，安某的身体虚弱了许多，心里也留下了不可磨灭的阴影。①

女童要学会自尊自爱，不抽烟、不喝酒，尽量不去歌厅、酒吧、网吧、游戏厅等场所，要注意自己的形象，不要做一个追求享乐、贪小便宜、意志薄弱、作风轻浮的人，要树立正确的价值观、人生观、世界观，做一个自尊、自爱、自信、自立、自强的人。这样就能避免自己陷入危险之中。

---

① 王运华，张鸿巍．儿童性侵预防教育读本．北京：中国民主法制出版社，2016：189-190.

二、防范他人

这里所说的防范他人既包括对陌生人的防范，也包括对身边的好友、街坊邻居、学校的教师，甚至是关系熟悉密切的家中长辈、亲戚等的防范。

（一）陌生人的防范

陌生人的防范主要是指当父母或监护人不在女童身旁的情况下，女童自身如何应对陌生人并保护自己的策略。例如，当女童发现自己被跟踪时；独自在家，有陌生人敲门时；当遇到陌生人求助时；当陌生人要送东西时；当陌生人说女童父母在某某地方等她，或者父母在忙走不开，让他来接你，让你和他一起走时，女童该怎么办？这些问题如果平时没有和女童说过，没有教会她们应该怎么应对，到真正发生的时候，她们难免会一下子慌了手脚，不知所措。因此，在平时的生活和学习中，父母和教师要多注意教授孩子一些应对陌生人的方法和技巧，让她们学会在特殊情况下随机应变，能够机智灵活地保护好自己。

1. 骗子惯用的招数

（1）假冒熟人诱惑法。骗子能叫出孩子的名字或者知道孩子家长的名字，这时候他们可能会和儿童说，自己是受孩子的爸爸、妈妈或家里人的委托，来带她回家或者去别的地方的，并不断通过与儿童的对话来骗取儿童对他们的信任感，最后达到骗走儿童的目的。

案例：

最近王女士收到幼儿园一张要求监护人签名的通知单，内容为要求家长配合幼儿园做好安全防范工作，严格接送制度等。王女士一打听，原来近期媒体报道了西乡街道某幼儿园在接放园时间，一名幼儿险些被陌生人带走的情况，引起了各幼儿园的重视。

虽然陌生人带走儿童不一定与性侵事件有关，但谨防陌生人通过冒充或欺骗等方式拐骗儿童，这也是值得学校及家长们警惕并加以防范的。

（2）帮忙带路法。骗子往往会利用儿童单纯、善良、乐于助人的心理，引诱儿童。比如骗子会说："小朋友，你知道去某某地方的路怎么走吗？"如果儿童说，知道，就在哪里哪里呀。骗子就会顺势说："反正也不远，你能不能带我去啊？”或者骗子利用其他小孩子迷路、在路边哭等方式，来骗取女童的同情，然后借口帮小孩子找回家的路，最后使女童上当受骗。

案例：

10岁的蕾蕾（化名）在亲戚家吃过午饭后，一个人回家。中午1时左右，当蕾蕾走到乡镇敬老院附近时，遇见一名骑着三轮摩托车的40岁左右的陌生男子。陌生男子向蕾蕾问路时，热心的蕾蕾告诉了他。陌生男子又问蕾蕾是否一个人出行，得知蕾蕾独自一人后，陌生男子称自己不知道路，让蕾蕾上车带他去。蕾蕾没有怀疑和防备，就上了陌生男子的车。

办案民警介绍，上车后，陌生男子见四下无人，将蕾蕾带到一偏僻处，将其强奸。事后，男子让蕾蕾待在原地不准出去，过了一会儿，蕾蕾看见男子走了，边哭边往回跑。她跑到亲戚家，将这件事说给了亲戚，亲戚向派出所报了案。

派出所民警立即在附近路口进行围追堵截。经过近3个小时的侦查，终于在距离案发地10公里的一条土路上，将犯罪嫌疑人刘某（化名）抓获。①

这个嫌犯能得手在很大程度上是由于蕾蕾对陌生人缺乏警惕与防备之心。

（3）假扮身份法。例如，不法分子会在医院扮成护士或医生，说带儿童检查身体，然后趁着儿童的父母不注意的时候抱起孩子迅速离开医院；或者扮成查电表的、送快递的等，瞅准大人不在家便诱骗儿童开门，比如骗儿童，“你不给开门，今天晚上你们家就没电了”或“你们家的快递，再不出来拿我就要走了”之类的话，儿童一听，往往不加思索地把门打开，最后被骗子掠走。

以上这几种是骗子惯用的拐骗儿童的方式，随着时代的不断进步，骗子的骗术也在不断升级或者变换新的花样。但只要父母和学校做好了提高儿童自我防范意识的工作，通过日常生活教导、课堂教学、情景演练，不断加深儿童对骗术的认识并学以致用，就能够加强对陌生人、对不法分子的防范。

2. 日常防范陌生人小常识

（1）不要和陌生人乱搭腔。一旦儿童和陌生人搭腔，他们可能不断地和儿童聊天，等儿童逐渐放松了对他们的防范意识以后，他们就会寻找机会下手。

（2）对陌生人不要“热心”过度。对于陌生人的问路、求助，如帮他找

① 四川一10岁小女孩好心给陌生男子指路 却被其强奸. http://www.chinanews.com/sh/2015/06-15/7343365.shtml[2017-01-21].

丢失的宠物之类的事情时要保持警惕，因为这些都是犯罪分子诱骗儿童的常见伎俩。

（3）不随意接受陌生人的东西或食物。谨防陌生人在食品中投放有麻醉作用的药物。

（4）外出时要随时与家长保持联系，并尽量避免到荒凉、偏僻、人少的地方去。

（5）独自在家时，注意关好门窗，拒绝陌生人进屋。对自称上门服务的维修人员、快递员等，儿童应让其等家长回来再说。

（6）儿童能说话时，父母应该教会其背诵家庭电话号码、所住城市和小区名、家庭成员的名字等，以便一旦走失，可以在警察等的帮助下安全回家。

3. 被陌生人跟踪、尾随时的自救

犯罪嫌疑人在对女童有不良企图、想要实施不良行为时，通常会先在暗中观察目标一段时间，当确定女童身边没有大人陪同时，他们就会慢慢地接近目标。当摸清女童的去向或意图后，他们可能会上前搭讪，邀请或要求与女童同行。遇到这样的情况时，女童要提高警惕，积极寻求脱身的方法，千万不要与坏人纠缠，更不要出现打骂的情况，这样最后吃亏的还是女童自己。最好的应对方法就是走向人多的地方寻求帮助，或者可以将情况告诉任何一个遇到的成年人，多跟几个人说说，他们通常会给予帮助。如果周围确实没有人时，就尽量快速往建筑物多的方向走。

案例：

王某和陈某是北京某小学六年级的学生，两人早就约好，考完试后要去公园痛痛快快地玩个够。那天不是假日，公园里很清静。两个女生手挽着手，一边走一边观赏四周的景色，心情非常愉快。不知不觉，她们来到了湖边。王某说："我们去租条船来划吧。"陈某迟疑地说："租金很贵的吧？再说，还要交押金，咱俩的钱也没带够呀。不如我们去照张相，算是我们俩的小学毕业留念好了。"正当两个女孩犹豫不决的时候，旁边就有人插话了："小妹妹，我们也要去划船，一起来吧，只要你们能高高兴兴地陪我们玩，租船的费用我们全包了。要照相也可以，对岸大柳树下那里风景就很好，而且我们还有相机。"王某和陈某这才注意到身边就站着两个年轻人，正笑嘻嘻地打量着她俩。

这时陈某警惕地说："我们不认识你们，凭什么要跟你们去划船？"说完，

拉着王某转身就离开。"不认识不要紧呀，现在不是认识了吗？交个朋友嘛。""不去划船，去看动物杂技表演，好不好？我请客。"两个家伙死皮赖脸地跟在后面，一唱一和地纠缠不休。王某忍不住回过头来，骂道："老跟着我们干什么？真是讨厌。""别搭理他们，快走。"陈某拉了王某一把，两个女生加快了脚步。

那两个人并不觉得生气，依然笑嘻嘻地跟在这两个女生的后面，有一句没一句地逗她们玩。陈某心想，这两个家伙怎么老缠着我们呀？得想个什么办法才好。这时，她抬眼望见远处有个男人的背影，灵机一动，对王某说："王某，瞧，好像是你爸爸来了。"王某也很机灵，马上接过话说："对，他说好中午要来接我们去吃鱼排的。爸爸！爸爸！我们在这儿呢！"一面喊，一面拉着陈某朝着前面跑去。跑呀跑，跑到人多的地方了。两个女生回头看看，那两个男人没有跟上来，她们这才松了口气，找了张石凳坐下来休息。①

这个案例正是女童遇到陌生人跟踪、尾随时，机智应对、自我保护的一个例子。

4. 无法确认是否有陌生人跟踪时的自救

上面的这种情况是在女童发现有跟踪者的情境下的应对方式，而在很多情况下，跟踪者常常隐匿在暗处，等待或寻求着作案的最佳时机。当面对这种情况时，女童又该如何应对呢？

首先，女童要判断是否有人跟踪。那该如何判断呢？当觉得有可疑的人跟踪时，女童可以走走停停，假装看热闹，或者停下来假装买东西，走路时快时慢，如果那个人还跟着，就说明这个人确实有问题。当有十字路口、马路、玻璃窗时，也是个判断是否被跟踪的好机会，女童可以走向马路对面，如果那个可疑的人还跟着，就可以基本断定，自己被跟踪了。

这个时候千万不要慌乱，想办法脱身才是女童最该做的事情。被跟踪时千万不要往回走，而应往人多的地方走，或者走向熟悉的环境，寻求大人帮助，还可以找一些机关单位的值班室、派出所、治安岗亭等寻求帮助，或者直接打电话让大人来接。为防范被人跟踪，在平时的日常生活中，在上学或者放学的路上，女童最好不要单独行走，而应与同学结伴而行，这样在遇到意外时可以互相帮助。另外，女童也不要到荒凉、偏僻、灯光昏暗的地方玩耍。

总之，除了警惕被陌生人跟踪，还有很多方面需要防范。比如儿童独自在

① 郝言言，陶红亮．防范性侵害．北京：人民卫生出版社，2012：7.

家的时候，也是要谨防陌生人的。“小兔子乖乖，把门开开，我要进来。不开，不开，我不开，妈妈没回来，谁来也不开……”这首童谣多年来一直是家长教孩子独自在家时的法宝，他们认为这种方法简单易行、万无一失，只要孩子完全遵守，就能在大多数时候保证孩子的安全。然而随着骗子的手段越来越高明，儿童稍不留神就会上当受骗，甚至被侵害。因此家长教授孩子安全防范的方法也需要与时俱进，仅仅向孩子讲述一些自护自救的方法是远远不够的，因为说不定在讲授的当时她们记住了，但是过后她们很快就忘记了。能让低龄儿童深刻掌握这些知识的途径就是角色游戏和角色扮演。经过多次反复的演练，她们就能够逐渐掌握其要领，在家庭、学校中，家长和教师可以设计多种可能与陌生人相遇而发生的情境，向孩子提出问题，以测试她们的应变能力。

（二）熟人的防范

大多数人认为性侵罪犯中以陌生人居多，殊不知由成年亲属或其他相熟成人（如学校老师、家庭的朋友）实施性侵的比例最高。美国全国妇女研究（National Women’s Study）的调查报告显示，只有 24.4% 的强奸犯是陌生人，强奸犯与被侵害者的关系通常是丈夫、前夫、男友或前男友，以及亲戚和邻居等[①]。我国学者李长山等对 701 名成年女性儿童期性侵害发生情况的调查显示，侵犯者中熟人占 47%，其中亲戚占 21.3%。[②]而父亲对女儿的性侵害在已知所有亲属施加的儿童性侵害案件中发生比例最高。[③]侵犯者与被侵害者之间的独特关系也令这种伤害比其他类型性侵害对被侵害者造成的伤害更加复杂、严重。侵犯者往往利用女童对他们的充分的信任，以达成他们内心邪恶的目的，采用一系列手段威逼利诱，使女童一步步地走进他们的魔爪。在一些案件中发现，有些侵犯者甚至对女童进行长达七八年的侵犯，有些女童由于处于弱势地位，不敢将被侵犯的事情说出来；有些女童甚至不知道自己已经被侵犯了。这样长期遭受侵犯，尤其是遭受自己十分熟悉的人的侵犯，给她们带来的创伤是无法想象和弥补的。因此，对于人的防范，除要教会女童防范陌生人之外，对熟人的防范也切不可疏忽大意。

---

① Lee A S. The effect of prior police contact on victimization reporting：Results from the police-public contact and national crime victimization surveys. Journal of Quantitative Criminology，2018，34（2）：535-589.

② 李长山，段亚平，孙言平等 .701 名成年女性儿童期性虐待发生情况及危险因素分析 . 中国性科学，2004，（10）：23-28.

③ Ansermet F，Lespinasse J，Gimelli S，et al. Mild intellectual disability associated with a progeny of father-daughter incest：genetic and environmental considerations. Journal of Child Sexual Abuse，2010，（3）：337-344.

1. 三个真实的案例

案例一：可怕的秦叔叔

发现女儿内裤屡有污渍，刘女士带着9岁的女儿小琪（化名）到医院检查，竟被诊断为处女膜陈旧性破裂，并患有盆腔炎、阴道炎等妇科炎症。在母亲追问之下，女儿和盘托出，原来“恶魔”竟是离家一步之遥的相熟邻居老秦！更令母亲刘女士悔恨不迭的是，女儿小琪迫于对方的淫威，3年来每个周末都会“乖乖”地主动上门，而小琪父母竟对此一无所知。

刘女士报了警，随后，该男子被拘留，但警方称事件搁置时间太长，取证难度较大。

刘女士家门口的监控录像显示，报警当天，一辆警车开到邻居门口将老秦带走。当时，小琪正在家门口，把一切都看在眼里，她紧紧地拉住妈妈的衣襟说：“妈妈，我怕。”

直到看着“恶魔”被带上警车，好几天都没回来，小琪才“放胆”向母亲吐露真相。在女儿的描述中，老秦命令小琪，每个周末都要准时到他家，有时两人一起看电脑，有时老秦会“摸”她。

听完女儿的描述，刘女士调出家门口这半年来的监控录像，一帧一帧地回看。在监控中，几乎每个周末早上9点多，女儿一起床就往邻居家跑，每一次她都蹦蹦跳跳地过去。“小睿爸爸告诉我一定要蹦蹦跳跳、开开心心地过去。如果不遵守命令，就会把我打得很惨。”女孩告诉母亲。但老秦几乎从来不出现在监控中，一直都是小女孩自己过去。“看到孩子每次都蹦蹦跳跳地过去，我们以为她去找同学玩，我们怎么想得到会发生这种事？”

“如果起床了，不准时过去，他就要打我。”小琪告诉母亲。3月2日的监控显示，小琪起晚了，直到10时50分才往邻居家走，小琪穿一身粉色裙子，连头发都没梳好，步伐不稳，显得很紧张。小琪说，她害怕那个男人拽她头发、用凉席篾子扎她，她想叫，对方就用毛巾塞住她的嘴。

老秦唯一一次出现在监控中是在3月15日，那是个周六。女儿一早就和班上的同学出去玩。等不到女儿的老秦终于按捺不住，15时39分，老秦走出家门，在经过刘女士家时，他没有多做停留，却迅速向屋内瞟了一眼，就匆匆离开。“他知道我们家有监控，平时都很谨慎。”

当记者来到小琪家中，她正和弟弟做着中秋节的手工作业，小琪的手很巧，很快就做好了一只月亮船。

母亲说，平时女儿并没有什么，但每逢夜深，就会没来由地突然号哭。前几天晚上，小琪和弟弟在房间里玩，两人不小心将凉席拆散了，篾子刺出来，小琪突然爆发，一个劲儿要赶弟弟出门，嘴里边骂边哭。小琪扑在母亲怀里说，她怕那个人用篾子扎她。“现在只要看到想到类似的场景，都会刺激到她。”

女儿说，老秦第一次这样对她，是几年前母亲赌气离家出走之后。刘女士清楚地记得，那是2011年的4月，也就是说小琪的噩梦从4年前就开始了。对于女儿的遭遇，刘女士总想问出个所以然来，女儿却怎么也不愿说。

刘女士说，有时候她逼急了，女儿也会发脾气。“你要我从哪里说起，都这么多次了，我记不得了，反正现在也不疼。”

刘女士不断自责。“都是我，那时候一天到晚想着赚钱还钱，根本没想到会发生这样的事情。”身边的丈夫则在采访中始终一言不发。①

可见，熟人对女童的侵害给女童及其家庭带来的伤害是多么的巨大。

在这个案例中，性侵害的发生是由隔壁邻居熟人作案而引发的。然而在熟人侵害中，除邻居外，甚至连女童的家人有时也会侵害女童。

案例二：新爸爸的爱

2008年10月，39岁的牛某与离异妇女余某结婚，余某带着8岁的女儿婷婷（化名）来到牛某家共同生活。开始一家人生活还好，2011年夏天的一天晚上，牛某以与其母亲离婚为要挟奸淫了婷婷，并在婷婷懊恼之际对其进行打骂。2013年，余某外出打工，牛某更是多次强奸婷婷，就连每周的住校回家都不放过，每次婷婷反抗都会遭到殴打。原本开朗的婷婷变得沉默寡言，直至后来辍学。2014年年初，婷婷感到下身发痒，才将实情告诉了姨妈，并表示再也不愿回到继父家生活。姨妈领着婷婷报警，遂案发。②

在熟人作案中，除邻居、亲戚、家人外，还有一类人对女孩的侵害所占的比重一直较高，那就是学校的教师。自小孩入学起，父母就会不断地叮嘱孩子“在学校一定要好好听老师的话，只有听老师的话的孩子才是好孩子，老师无论做什么都是为了你好”之类的话。经过长期不断的灌输，女童往往形成这样一个观念：老师都是对的，只要按照老师的意思去做，就是个好孩子。正是摸清了学

---

① 9岁女童疑被邻居叔叔性侵3年 父母一无所知. http://news.cntv.cn/2014/09/03/ARTI1409712283026668.shtml[2017-01-21].

② 男子多次奸淫留守继女获刑十四年. http://www.legaldaily.com.cn/index/content/2014-08/17/content_5721742.htm?node=20908[2017-01-22].

生家长和女童这样的想法，一些师德沦丧的教师就开始哄骗、引诱甚至强迫女童，一次次地对其实施猥亵和奸淫。

案例三：衣冠禽兽成老师

2007年5月23日，定西市中级人民法院在通渭县公开宣判：罪犯成某，男，现年51岁。于2005年3月13日被刑事拘留，同年4月24日被逮捕，被捕前系通渭县常河镇高庄小学教师。罪犯成某在高庄小学任教期间，于2001年下半年至2005年3月11日，对该校18名女生（其中16名为幼女）以暴力、胁迫、诱骗等手段，在自己的宿舍、教室等场所实施70余次强奸，公诉机关定西市人民检察院对成某指控的犯罪事实成立，其行为已构成强奸罪，且作案时间长、被侵害人多、犯罪情节特别严重、社会危害大，应予严惩。经案件合议庭不公开审理、审判委员会合议，决定判处成某死刑、剥夺政治权利终身。

成某兽行的暴露来自一名四年级小学生花花（化名）及其家长的勇敢揭发，2005年3月11日晚，花花的家长发现放学回家的花花躲在房间里哭泣，家长询问得知，当天下午，成某将花花叫到办公室背课文，进办公室后成某对其实施强奸。花花的母亲查看后发现花花下身红肿。第二天上午，花花的母亲带花花到镇卫生院检查，结果发现花花由于受到暴力侵害，阴部严重受伤。检查结果出来后，花花和家长立即报案。通渭县公安局接到报案后，立刻派刑警到常河镇高庄小学将成某抓获，同时派调查组进驻高庄小学，对该校女生进行调查。经调查，成某对小学女生实施强奸竟然有3年多时间，被成某侵害过的女生多达18名，由于受到成某的威胁，在花花报案前被强奸的其他女孩竟然没有一个报案，有些家长虽然知道自己的孩子被成某“糟蹋”了，但为了孩子的名声竟然选择了让小孩退学或者转学的做法。

据被侵害女生讲，成某对学生性侵的借口一般是让女生到自己办公室辅导课文、背诵课文或者补作业，有时他竟然将其他学生赶出教室，将被侵害的女生留在教室里进行强奸。在该校，许多女生知道成某会“欺负女生”，大多数学生采取如果被成某叫去，便以结伴而去的办法进行躲避，但还是有不少女生没有躲过他的魔爪。①

然而，禽兽教师成某给她们带来的不仅仅是身体方面的伤害，这段记忆更是她们这一生的梦魇。

① 小学教师糟蹋18幼女被处死刑 . http://lzcb.gansudaily.com.cn/system/2007/07/11/010407289.shtml[2017-01-22].

熟人的性侵给女童带来的伤害往往比陌生人给女童带来的伤害大得多，熟人对女孩的性侵常常是长期性的，有些甚至长达10多年，这给女童带来的身体和精神方面的创伤是不敢想象的。从上述三个熟人性侵女童的案例来看，除了有邻居的无耻、继父的禽兽、一些教师师德的沦丧，以及监护人的粗心大意、监管不力等原因，很大程度上还在于监护人及学校对女童关于性知识方面教育的匮乏——家长没有明确地和女童说过关于性方面的知识，甚至根本就没有对女童进行过相应的性教育；学校也没有统一的对儿童防范性侵害教育的课程、班会或者相关活动形式的开展，致使女童在关于性的知识方面几乎处于一个空白的状态。正如很多女童在事后说道："虽然不愿意被侵犯者这样对待，但是当时并不知道发生了什么事。"因此出现很多这样的现象：在侵害事件发生以后，女童都还不知道自己已经被侵犯了，更别说在自己被侵害时或者事件发生后，学会如何自我保护了。由此可见，对女童进行相关的性教育是十分紧迫与必要的。这需要发挥父母或者监护人及学校的作用，尤其家庭教育是对女童进行性教育的关键。

2. 家庭中的性保护教育不可缺失

性教育其实从3岁就应该开始了，因为这时候儿童就已经对性有朦胧的意识，即弗洛伊德所谓的"性器期"。此时的儿童会对自己和其他人的性器官感到好奇，而且他们也会经常追问父母自己是从哪里来的，为什么会分为男人和女人等之类的问题。这正是一个父母向孩子进行性教育的很好契机，父母不要欺骗甚至责骂他们。父母在向孩子进行性教育的同时，除要事先做好准备、查阅相关资料和书籍以更好地回答孩子所提的问题外，父母也要先端正自己的态度，因为如果用勉强的态度开启与孩子的谈话，那么孩子也会受到这种态度的影响而排斥这次对话。这种情况下，谈话也是需要技巧的，父母既要照顾可能会感到尴尬难堪的孩子，还要明确地传达教授他们这些知识的真正意义和目的。如果连父母都觉得和孩子谈性是一件难以启齿的事情，更别谈该如何教育他们了，这只会让孩子觉得"性"是十分神秘的，父母越是轻描淡写或者含糊地回答他们，反而越加重他们的好奇心，使他们对自己所提的问题念念不忘。

关于"性"这个话题，依当前信息的开放程度，就算父母对孩子隐藏得再好，他们也会从别的方面如影视、书籍、报纸、杂志、网络、歌曲等，接触到关于性的相关内容。甚至是偶尔家长与孩子走在大街上，孩子还会冷不丁地问："妈妈/爸爸，你看那两只狗在做什么，怎么有一只狗趴在另一只狗的背上？"因此，与其对孩子关于"性"这方面的提问支支吾吾、遮遮掩掩，倒不如坦诚大方地选择恰当的时机告诉他们相关的知识。例如，以上这个情境也正是一个向他们进行性教育的好机会。父母怀着对生命的奇迹、爱和情感的尊重去告诉孩子关于动物或者人类繁衍后代的现象与生理原理，告诉孩子这种现象也许就和肚子饿了就吃早饭、午饭一样正常和纯洁。而这时候，父母也不必担心孩子会不会变“坏”，因为“在爱和尊重的情境中了解什么是性并不会夺走孩子的天真和纯洁”[①]。在平时生活中，对孩子进行性教育的机会也并不少。例如，在给孩子洗澡的时候，可以适时地告诉她们关于人的身体、生理结构；在给女童穿衣服、扎辫子的时候告诉她们男孩和女孩的区别；在带她们上厕所时，告诉她们男孩和女孩的生理差异；在她们长到一定年龄要和父母分开睡时，告诉她们男孩和女孩之间要注意保持该有的尺度和界限等。

3. 家长要教会孩子免受熟人的性侵害

当女童对性知识有了一定的认识和了解后，父母接下来就要教会女童一些基本的性侵防范方法。在教女童相应的防范技能时，首先父母要告知女童有对自己的身体、行为的主导权，即当她们面对自己喜欢或者不喜欢的身体的亲近行为时，有向熟人或者陌生人说“可以”或“不”的权力，父母要明确地告诉她们：身体的接触必须经过双方的同意，而不是单单地满足一方的愿望而已，只要她们觉得不喜欢或者感到不舒服，就有权拒绝这种接触的行为。在日常生活中，父母千万不要强迫孩子主动去拥抱、亲吻她们不认识或者不熟悉的人，因为这样不仅不尊重孩子的人格，而且会误导孩子把身体亲近当作一种义务。[①]

另外，父母教育女童学会自我防范和保护自己是非常有必要的。学会保护自己，也是保障自身安全最好的措施，不能指望“陷于险境时的机智应对与聪明的解围技巧”，而应“尽量避免使自己置身于险境之中”。因此，父母要告诉女童，不管他是你的同学、朋友、邻居、亲戚还是老师，只要是男的，不管对方年纪大小，如何熟悉，也绝不能和他长时间单独地待在一个屋子里，要是他已经进到自己的房间里，就一定要把门开着，或者女童坐在门口附近以便应对他。这样，父母 / 监护人可以很容易就看到孩子在干什么，或者当遇到突发事件时，女童可以立刻逃走。

其次，在允许女童说“不”的同时，父母也要教会女童随时做出反抗。在性侵案例中，很多悲剧其实是可以避免的，但父母没有教会她们如何正确地反抗和自我保护，最终导致了悲剧的发生。例如，父母 / 监护人经常听到孩子放学回家后和他们说某某男生和女生谈恋爱，某某男生经常抓我的头发，某某男生说喜

① 莎伦·麦克维尔 . 如何让女孩不被性伤害 如何让男孩不被性教坏 . 幸敏译 . 北京：北京联合出版公司，2013：8.

欢我，某某老师经常让我到他办公室去，某某老师经常摸我的脸……很多父母/监护人不把女孩和他们说的这些话当一回事或者放在心上，而总是和女孩说“他们都是和你闹着玩的，没什么大不了的”，“老师那是喜欢你或者觉得你聪明才让你到他办公室去/摸你的脸”……长此以往，女孩也就不把这些事和父母/监护人说了，而是自己已经习惯了忍受对方的这种做法，不去反抗，以至于被侵害。所以，家长在孩子小的时候就要对其进行教育，如果有人摸孩子的脸或者触碰孩子的身体，让孩子感到不舒服时，可以对他说“不”，对他的行为要进行反抗，也可以用最大的声音去警告他。如果他还是不听，继续实施侵犯，孩子可以把他推开，或者给他一个耳光，然后跑开，去找父母或者他人求救。

再次，虽然对女童进行过性教育，但还是要着重并反复和女童强调要学会保护好自己的隐私部位，哪怕是面对家里的异性也不能对他们随意地暴露自己的身体，更不能让他们触碰。

最后，对适当年龄的孩子，父母要叮嘱他们，不要随随便便地就为他人保守秘密，如果真的碰到，可以选择和父母商量商量。父母要告诉孩子，如果有人经常跟她说“这是我们的秘密，不要让你的爸爸妈妈知道”这种话的时候，女孩在当时可以先答应他，回家后第一时间就和父母说说，告诉女孩任何时候都不要因为害怕坏人的恐吓、威胁或者担心说出来后被责骂而不敢说，告诉女孩遭受威胁或者欺负都不是她的错，她要做的就是把她不喜欢或因被威胁而感到害怕的事情告诉父母，让父母来帮他们对付这些坏蛋，而不是选择自己默默地承受。①

要想更好地预防孩子被性侵害，父母还要善于经营与孩子之间的关系，要学会与孩子交朋友，才能使孩子更信任父母，并愿意将自己的心里话、想法告诉父母。同时，父母也要多注意观察孩子的日常生活、精神状态，当孩子有异常情绪时，要多向孩子询问情况，并告诉孩子，父母会始终与他们在一起，共同去面对问题、解决问题。只有这样才能更好地避免性侵害事件的发生，才能更好地解救孩子于水火之中。

第二节　物的防范

当前我们所处的大千世界缤纷多彩，因此，每个人的身边都存在很多的诱

① 李春漫．怎样预防儿童性侵害．北京：中国青年出版社，2014：75.

惑和危险。很多性侵案件的发生正是由于一些不法分子利用这些诱惑，将女童一步步地骗入他们的魔爪当中，并对她们实施性侵害的。性侵者对女童进行诱惑的方式多种多样，常见的手段就是利用物品的诱惑来实现其对孩子不轨的企图。本节所讲到的关于物的防范的内容，主要是指教会女童如何识别或防范性侵者通过物品诱骗，并抵制诱惑，以避免自己上当受骗的一些自我防范的内容。

根据女童的年龄大小、认知能力、水平的差异，物的防范在此又有不同的划分。首先，对于低龄阶段（7 岁以下）的女童，防范的重点在于那些有诱惑性的具体物件，如玩具、布娃娃、漂亮的鲜花、零食、零花钱、小动物等物品的引诱。其次，对于年龄稍大一些（7 ～ 13 岁）的女童，防范主要在于教会女童对陌生人提供的香烟、饮料、食品等，要学会婉言拒绝，同时要格外小心那些素不相识的却要与她们套近乎的人，以防被不法分子投放“麻醉药”造成伤害。另外，处于青春期（14 ～ 18 岁）的女生具有叛逆、爱慕虚荣、喜欢攀比等特点，有时候也会成为不法分子实施犯罪所瞄准的突破点。

一、低龄阶段女童关于物的防范

1. 防范“礼物”的诱惑

低龄阶段的女童由于心智与认知水平有限，抵制诱惑的能力较差，加之很单纯，她们往往对坏人的防备意识也较薄弱，因此很容易上当受骗。

案例：

某天下午，上小学二年级的宁宁（化名）放学回家后，跑到刘某（化名）家找他的孙女燕子（化名）和远房孙女红红（化名）玩，当她们玩得正高兴的时候，刘某从卧室里走出来，他打发燕子和红红到院子外边去玩，却留下了宁宁，说是要出几道题单独考考宁宁。宁宁没有多想，就和刘某走进了他的卧室。刘某关上卧室的门后打开电视让宁宁看。后来宁宁回忆称：电视画面上有两个外国女子和一名男子都光着身体，不断地发出时高时低的叫喊声。这时候刘某开始抚摸她的头和身体，并把她抱在怀里，还夸宁宁长得漂亮，学习成绩好等之类的话。其间刘某拿出 3 元钱给宁宁，说是对她的奖励，让她留着买糖果、买本子，同时让宁宁不要告诉任何人。宁宁收下钱后，刘某继续让宁宁和他一起看电视，还说要模仿电视上的人做游戏，对宁宁开始进行猥亵……

下午 6 时，宁宁的奶奶王某回家做晚饭时还没见到孙女，在得知孩子到刘某家玩后，王某继续做饭，然而过了半个小时后，还没看到宁宁回家，就到刘某家喊宁宁，而此时，宁宁正在院子里和另外两名小伙伴说话，见到奶奶来了就和奶奶回家了。然而和奶奶刚走出刘某家院子没多远，孙女宁宁就突然不走了，并显得很气愤，拼命地拉着她返回刘某家。奶奶一开始还以为宁宁和小伙伴闹矛盾了，还劝宁宁说有什么事儿明天再说。但是宁宁还是一个劲拉着奶奶到了刘某的卧室，她一把拉住刘某的胳膊撕扯起来，并哭着喊："就是你干了坏事，就是你干了坏事。"在奶奶的追问之下，宁宁将下午发生的事情全部说了出来。宁宁的奶奶知道事情的经过后，气得浑身哆嗦，最终选择了报警。①

从这个案例来看，诱骗女童的方法其实很简单，例如，一句赞美的话、一点零花钱就可能轻易地将女童骗住，所幸的是宁宁及时地将事情告诉了奶奶并报了案，避免了再次被侵害的可能，同时也给予了性侵者相应的惩罚。但通过这个案例，我们不得不说，对于低龄阶段女童关于物的防范以及心智、意识等方面的教育与训练还是有所欠缺的，甚至有的父母从来就没有对她们进行过这方面的教育或者培训，使得她们在真的面对这些"礼物"的诱惑时特别容易上当受骗，或者对于别人的一些话语信以为真。

另外，低龄阶段女童容易相信别人的话，主要受其心智发展水平的限制，或许成人随意说的某句话如一句吓唬她的话，她们都会觉得是真的。就如下面这个真实案例中的女童一样，虽然她不是遭受性侵者的诱拐和欺骗而走丢的，但这个案例也是低龄阶段女童心智发展不成熟或缺少这方面的训练、容易听信别人的话的一个典型的表现。

案例：

湖南省7岁的小女孩小姜（化名）弄丢了家里买肉的10元钱，她姐姐一句"看爸爸回来后怎么打你"吓唬她的话，把小姜吓得跑出了家。而她家门前正好是火车站，她迷迷糊糊地就爬上了一节货车车厢，结果火车开动了，也不知道过了多久，火车停了，下车后她找不到家，火车站的工作人员说要领她回家。她因害怕被爸爸打，转身就跑了，又爬上了另一列火车，这一次火车把她带到了一个有海的地方，她被人送到了遣送站。因为说不出自己家到底在哪里，辗转又被送到了福利院，从此，她就在福利院长大。多年以来她都记不起自己的家到底在哪里，仅凭着童年残存的记忆线索寻找。2014年，经过多方的帮助，她找到了一

① 48岁邻居性侵7岁女童3元诱骗称做游戏. http://www.221700.com/article//article_17062.html[2018-07-20].

对老夫妻，疑似她的父母，但是在没做 DNA 比对验证之下，也不敢确定这对老夫妻到底是不是自己的父母，而在亲子鉴定的结果出来前，她决定先去看一看这对老人，结果刚一见面，老太太就认定这就是自己走丢的女儿。最后鉴定结果出来了，真如老太太所说的那样，小姜正是这对老夫妻的女儿，而这时候，离她出走的时间，已经有 37 年了。①

在这个案例中，小姜只是因姐姐的一句吓唬的话，就被吓得离家出走，结果越走越远，找不到回家的路。

从以上这两个案例来看，不论是宁宁被邻居诱骗性侵还是小姜因姐姐一句吓唬的话而走丢，都说明了低龄阶段女童具有禁不住诱惑、自控能力较弱、容易相信别人的话、自我防范意识薄弱等特点。因此，本节中低龄阶段女童物的防范的目的就在于提高她们自我防范意识的训练，使她们不轻易拿别人的东西、不轻易地相信别人的话。因此，物的防范不只注重于教女童不要拿陌生人的棒棒糖，不要拿陌生人给的布娃娃、玩具等之类的表面工作，更是为了提高她们的自我防范意识以及遇事时的反应能力和应对策略。否则只是嘱咐女童不能拿别人给的小物品、小礼物等这样的防范方式，那些不法分子只要稍微变换或者改进一下欺骗手段，女童就仍可能上当受骗。

2. 多开展实际的情境模式演练

曾经有一家幼儿园做过这样一次诱拐小孩的实验②：在一场由民警和记者扮演的“坏叔叔”“坏阿姨”的诱拐实验中，不到半小时，零食、玩具、iPad 轮番上阵后，10 余名 2 ～ 6 岁的小朋友除 1 名外，皆被轻松“骗”走。这一幕，让在隔壁监控室的家长们看得心惊肉跳。

（1）记者扮演“坏阿姨”，道具还没用上，三句话就把儿童领走了。在某天的上午 9 点，记者跟随公安局的民警来到一家幼儿园。该幼儿园共有 2 ～ 6 岁的学生 400 名左右，为了让此次“诱拐”实验更加贴近真实，民警在跟园方沟通后，选择在儿童到幼儿园内的游乐场玩耍时进行。上午 9 点 30 分，100 多名孩子在不知情的情况下，被各自的老师带到游乐场玩耍。就在孩子们开开心心玩耍时，实验开始了。一个由记者扮演的“坏阿姨”走到一名正在跳绳的小男孩身边。“小朋友你好，我是某某妈妈的朋友。她让我给你带了一些零食，可是阿姨拿不了放

① 《那些丢失的孩子》之各种曲折离奇的案例 . http://mp.weixin.qq.com/s?_biz=MzAwNzAwNzA4MQ==&idx=1&mid=2649480561&sn=d596f2a6d1a31185ac32a15999af38f5[2017-02-01].

② 幼儿园诱拐实验：一个 iPad 骗走十余娃 . http://it.people.com.cn/n/2014/0711/c1009-25268598.html[2018-02-01].

在门口了。你能帮阿姨一起拿进来吗？"记者心想此招不行就用手中的棒棒糖"贿赂"，没想到这名小男孩听后直接扔下手中的跳绳拉着记者的手就走。这让幼儿园的老师们直呼："这也太好骗了吧！"

（2）警察装扮成"坏叔叔"，玩具让儿童着迷，跟出校门500多米。民警小徐（化名）对自己手中的道具"变形金刚"信心满满。"这是我儿子过生日时，他姑姑送他的生日礼物。平时儿子就对这个玩具爱不释手，用这个'骗'小孩，肯定有效。"果然不出小徐所料，当他拿着"变形金刚"走到游乐场时，孩子们的目光一下子就被吸引了过来。

小徐自顾自地往地上一坐，便开始拿着遥控器操控起了"变形金刚"，没想到这一玩，5名儿童立即凑了过来。"有没有人想玩？"小徐试探地问。听到小徐这么说，这5名儿童争先恐后地说："我要玩，我要玩！"这时，小徐顺势说："这个地方太小了，我车上还有好多玩具，咱们去外面玩好不好？"其中的4名儿童高兴得直呼"好"，然后手拉手跟着小徐走出了校门，一直走了500多米，直到小徐停下他们才停。不过令人欣慰的是，有个胖胖的小男孩一直拉着小伙伴说别去。看着同学们被带走了，他赶紧跑到老师面前告诉老师："那个人是个大骗子！"这个胖胖的小男孩儿叫宽宽（化名），今年5周岁，他也是这次"诱拐"实验中，唯一一个没被骗走的孩子。

（3）家长的客串也能轻易骗走儿童。在这次"诱拐"的实验中，也有10名孩子的家长代表参加了此次模拟实验。起初有一半的母亲表示对自己的孩子有信心，她们自称经常教育孩子不要跟陌生人说话等，所以坚信孩子不会上当。可当看到自己的孩子也被轻松骗出校门后，这些妈妈急得跳了起来："如果真的有不法分子来了，这样的后果，我都不敢想象。"看着孩子轻易就被骗走，一位家长按捺不住，临时决定下场客串"坏阿姨"。她拿了一个平板电脑，结果也如法炮制成功带走了5个小朋友。一位家长表示："我平时跟女儿说得挺多的，不许吃陌生人的东西，不能跟陌生人走。没想到她一个人独处时，这么容易就被骗了。这个活动让我知道孩子是天真的，不能指望他们单独面对诱惑，作为家长必须时刻不能放松。"①

在半个小时的模拟实验中，就有10多个小朋友被"骗"，这让幼儿园的老师们也很吃惊，说这个结果真是大大出乎意料。"我们每周都有三四节的安全教育课。这说明日常的说教，没能够让小朋友在遇到拐骗时有自我保护意识，单靠说教很多时候达不到教育的目的，虽然当时可能记住了，但过后一转眼又忘记

① 如何防止孩子被坏人骗走 . http://www.xnryj.com/html/2014/0217/256.shtml[2017-02-06].

了。一定要通过实际体验来让孩子们提高自我保护意识。”因此，我们可以很清楚地看出，低龄女童关于物的防范，其实质就是要提高女孩们的自我防范与自我保护的意识，而这些仅仅通过父母的日常口头叮嘱、教师的课堂教学还远远不够，要通过实际的情境模拟演练，才能够真正地加深孩子对这些知识学习的印象，达到提高他们自我防范意识的目的。

二、大龄阶段女童关于物的防范

年龄稍大一些的女童已经有了一定的自我防范和自我保护的意识，利用小物品、小物件、玩具等这种方法来诱骗她们已经不太实际了。对于这一阶段的女童的物的防范，主要在于教会女童在面对陌生人提供的饮料、食品等时要提高警惕，学会婉言拒绝。另外，也要格外小心那些素不相识却要与她们套近乎的人，以防被不法分子投放“麻醉药”给予加害。甚至有时候对自己认识的一些同学、朋友也要提高警惕，因为有些同学或朋友会有一些不良的嗜好或者有着复杂的朋友圈，如果女孩经常和这些同学、朋友一起玩，难免会受其影响，甚至会受到侵害。因此，对于这一阶段的女童关于物的防范，在这里主要分为两个方面的防范：他人的防范和自我的防范。

1.“麻醉药”或“迷药”的防范

主要防范不法分子对女童投放“麻醉药”或“迷药”的加害。很多女童觉得这也太可怕了、太不可思议了吧。但这绝不是在危言耸听，不法分子利用“麻醉药”或“迷药”方式实施犯罪行为离我们的生活并不遥远，因此对这方面的防范切不可疏忽大意。

案例：

小翠（化名）有一次乘坐公交车回家，当时她正在打电话，发觉有人轻轻地拍了一下她的肩膀，刚开始小翠以为是遇到认识的人和她打招呼呢，但当她转过身来时发现她的后边坐着一个40多岁的男人，而小翠并不认识他。小翠当时也没有太在意，心想可能是这个男人在坐下来的时候不小心碰到她了吧。打完电话后，小翠环顾了一下四周，发现有很多空位，但这个男人为什么偏偏要选离她这么近的位置来坐呢？这时候小翠心里开始有些警觉了。过了一会儿，这个男人开始和她搭讪了：“小姑娘，你还是个学生吧？”小翠没有理睬他。这个男人又说：“小姑娘，你的脖颈里有根头发。”小翠此时心想“八成是遇到色狼或者是变态了”，然后生气地对那个男人说：“什么头发，关你什么事？”一边说一边下意识地把衣服的领子拉好。安静了一会儿后，这个男人自称是某个大学的教授，最近在研究人的头发，并说小翠的头发很黑，发质很好，想和小翠交流一下，同时说自己出门时忘记带名片了，还让小翠记一下他的电话号码。小翠回答说：“没兴趣。”可这个男人并不死心，说能不能把头发给他看看。小翠刚想拒绝说“看什么看，我又不认识你”时，这个男人已经把手放在小翠的头上了。小翠这时候忽然觉得手脚和舌头都发麻，而且眼睛也有种看东西很模糊的迹象。她觉得不对劲，赶快喝了很多水（小翠曾看到过有关报道，喝大量的水可以使药性浓度变淡），然后远离这个男人，于是跌跌撞撞地走到靠近车门的地方。在那儿，小翠看到有个女孩子旁边有个空位，就走过去和那个女孩说：“我不认识那个男的，但是他刚刚摸了一下我的头发，我现在感觉很不舒服。”小姑娘听后也很紧张，赶紧让小翠坐下，然后和前边的一个男青年说了一下情况。小翠这时候已经感觉自己快要晕倒了，但她还是竭力站起来亲自和前面那个男青年说：“万一我真的昏倒了，请把我送到公安局，并说明我和后边的那个男人并不认识。”同时她还把家里人的电话号码告诉了那个青年，让他帮忙联系自己的家人。当这个好心的男青年帮小翠拨通家人电话，并把手机放在小翠的耳边时，小翠已经完全听不清电话里家人在讲什么了。最后车子开到了终点站，那个好心的男青年把小翠扶下了车，这时候小翠才感觉好多了，但手脚还是冰冷的，头还有些晕，但意识已经清醒了，而那个坏人在中途已经悄悄下车了。这位好心的男青年最后说：“还好你求救了，如果你晕过去了，那个坏人把你带走了，我们都不会帮忙，因为大家都认为你和那个坏人是认识的。”①

小翠自己也感觉到一阵后怕，万幸的是她在还有意识的时候赶紧远离了那个男人，并向人求救了，否则后果真的不敢想象。

从整个事件分析来看，案例中的犯罪嫌疑人首先是靠近小翠，然后通过与小翠搭讪的方式寻找对小翠“麻醉”的机会。虽然小翠有一定的警觉性，对这个陌生的男人并未给予理睬，但小翠并没有马上远离那个男人，而是还在与该男子靠近的座位上待了一小段时间，这使得那个犯罪嫌疑人找到了对小翠“下手”的机会。好在小翠在最后关头远离了该男子并向其他人求救并说明情况，否则真不敢想象后面会发生什么样的事情。

从这个案例我们可以看出，其实“迷药”离我们的生活并不是很遥远，例

① 女生自我安全防范手册 .http://www.docin.com/p-523998099.html[2017-02-07].

如，医院里的乙醚其实是一种麻醉剂，一些不法分子如果把乙醚放在手上或者手帕上，然后在大街上以"猜猜我是谁"的方式捂住人的鼻子，可能就会把人迷倒。因此在日常生活中，千万不要以为"迷药"那都只是在电影里演的假戏而已。江湖险恶，防人之心不可无，切不可疏忽大意。对陌生人的靠近、搭讪，或者你觉得形迹可疑的人，一定要提高自身的警惕，做好相应的防范策略，发现情况不对马上远离这类人，或者必要时马上找人求救。常见的不法分子利用"迷药"犯罪的手段主要有以下几种。

（1）下药。趁人不备时，将"迷药"下到饮料或食物中，不知情的目标对象服用后自然中招。

（2）递香烟。从不法分子手里递来的香烟，有"迷药"涂在其上，使抽烟者吸食后被迷倒。

（3）发传单。将"迷药"涂在传单上，借着发传单之际，将涂有"迷药"的传单递到目标对象手上，使其中招。

（4）试香水。假装推销香水，却在香水中混入"迷药"，目标对象一旦禁不起劝，皮肤接触了此类香水，很快就会中招。此类招数常见于地摊，对象大多数是年轻女孩子。

（5）拍肩。此类招数危险系数非常高，很难防备。他们抓好时机，从身后或侧面，拍打目标对象的肩膀或其他部位，再配合其他下药方式，就算被侵害者中招了旁人或许还以为其遇到了熟人。

（6）喷雾。此类招数经常与"拍肩"搭配使用。歹徒趁目标对象不备，突然以拍肩或其他动作引起其注意，在对方还没反应过来的一刹那，将"迷药"喷出。

（7）搭讪。不少不法分子惯用搭讪的方式接近目标对象，消除对方的戒心以后，再乘机下手。独自出行的老人、小孩和带着小宝宝出行的大人尤其需防此类招数。

2. 酒水饮料等的防范

酒的有效成分是水和酒精，酒精的化学名为乙醇。乙醇进入人体，能产生多方面的破坏作用：当血液中乙醇浓度达到 0.1% 时，人就会失去自制能力；达到 0.2% 时，人已到了酩酊大醉的地步；达到 0.4% 时，人就会失去知觉，昏迷不醒，甚至有生命危险。对于女孩来说，尽量避免过量饮酒，尤其是不要与不熟悉的男性在一起喝酒，即便是熟悉的异性朋友，也不要过多饮用。曾经有这样一件蹊跷的性侵案件：

案例：

一个女生自称被同学强奸后又遭到了多名陌生男子轮奸，而在这长达5小时的时间内，该女生竟然全无意识，而且事后竟然想不起来这段时间内发生了什么事，只能通过警察来取证是否被性侵。小珍（化名）和吴某是初中同学。他们俩的关系还不错，就像兄妹一样。有一天晚上，吴某打电话说要请小珍出来玩。小珍没多想，大概晚上8点的时候，小珍赶到了某某KTV赴约。当她进到包厢里的时候，她看到包厢里除了吴某，还有几名吴某的朋友，但这些人小珍都不认识。在玩的过程中，吴某让小珍喝了些酒，大约晚上10点后，小珍觉得有点头晕就提出要回家，但吴某和朋友竭力地挽留小珍，甚至其中一人还抢了她的包包以阻止小珍回家，小珍只好重新回到了包厢里面。回到包厢以后，小珍就坐在吴某的旁边，此时的她已经觉得意识很模糊了，迷迷糊糊地和吴某说了几句话后，就完全不记得之后发生了什么事情。直到第二天大约凌晨3点时，小珍才醒过来……而小珍失去意识的这5个小时里到底发生了什么事呢？从警方调取的监控中看到：23时许，吴某与另一名男性一起扶着小珍走出包厢，途中在楼梯口处，小珍还摔了一跤，但小珍回忆说完全记不起来了。23时17分，从另一处宾馆的监控录像中看到，此时是吴某一个人送小珍进入了宾馆的一个房间中。0时20分，吴某从房间中走出来。不一会儿，小珍也打开房门，身子的一半露在门外，正好背对着监控摄像头。视频中的小珍一丝不挂，手上拿着一条毛巾状的东西遮住胸前。又过了一会儿，从视频中看到两名男子从小珍房间的斜对面走出来，看到小珍赤裸着靠在门边上，便向她走过去，看了一眼后就走开下楼了。大概过了5分钟，又有另外两个男子从楼下上来，此时小珍已经进到房间，但是房门没有关上，此时的两个男子直接走向小珍的房间，而其中一个男子多次进入小珍的房间，每次20～30分钟，该男子从小珍的房间出来后，就回到了刚刚第一对男子离开的那个房间。此后，从那个房间中，还陆续有两名男子进入过小珍的房间，每次约20分钟，而且从小珍的房间出来的时候，他们都是光着膀子，穿着短裤的。而后来小珍看监控时说这些人她一个也不认识。①

我们并没有继续追踪事情的后续进展，只是从案例分析来看，除小珍自己的防范意识不足外，吴某也是一个不值得交的朋友，他利用与小珍的关系，把小

① 女生被同学下药遭轮奸5个小时记忆完全丧失，被性侵无意识靠监控回忆.http://4g.4hw.com.cn/showinfo-498-30937-0.html[2017-02-08].

珍约出来玩，还故意让小珍喝酒，而且不让她回家，可以看出他从一开始约小珍的时候就已经图谋不轨。因此，我们应告诫孩子们（无论是男孩还是女孩），在交朋友的时候一定要谨慎，尤其是异性朋友，并且在与朋友交往的过程中，要保持适当的距离，不要过于亲密，该有的防范还是要有的，否则在悲剧发生后愤怒、后悔、难过等都无济于事了。

同样也是由于交友不慎而被人灌酒，初中一年级的女生小花（化名）被朋友拉出去喝酒后，被两名男子强奸。事情发生的经过是这样的：

案例：

某天早晨，少女小花（化名）衣衫不整地从外面跑回自己的家。看到女儿失魂落魄的样子，小花的妈妈赶忙问小花到底发生了什么事，女儿哭着对妈妈说，自己在前一天晚上被两名男子强奸了。小花的妈妈听后十分震惊，带着小花到所在的派出所报了案。

在记者采访的过程中，13 岁的小花说：“我没想到他会这么卑鄙，我把他当成朋友，他却伙同他的哥们这么害我。我太傻了，希望同龄的女孩不要像我这样，不能乱交朋友。”小花告诉记者，事情发生的前一天晚上，她在一家游戏厅里打游戏，而当时与小花刚在一个月前认识的王某、刘某及范某也在那里打游戏。王某 21 岁，刘某和范某都是 18 岁。在他们认识的这一个月中，王某曾请小花吃过几次饭，小花觉得王某还不错，就把他当成了自己的朋友。在游戏厅里打游戏的时候，王某对小花说要带她出去玩，小花不同意，王某就一直缠着小花让她跟自己走，见小花不肯走，王某十分恼火。没多久，王某、刘某及范某 3 人就离开游戏厅了，然后在小花回家的路上等她。待小花从游戏厅里出来往家里走时，王某等 3 人将小花拦下，并用摩托车强行将小花带到了一个地方。之后，王某从外边买了 3 瓶啤酒回来，几个人一起喝酒，其间小花几次提出要回家，但是王某就是不同意。过了一会儿，他们喝完酒后，王某就将小花拉到一边强奸了，随后范某也要强奸小花，遭到了小花强烈的反抗，范某恼羞成怒抡起胳膊就往小花脸上打了两巴掌，并不顾小花的反抗，也将小花强奸了。事后，刘某又对小花进行猥亵。约凌晨 2 点的时候，王某等 3 人又将小花带回了王某的家，直到第二天天亮才将小花放走。最后小花狼狈地逃回了自己的家里，并哭着将自己被人强暴的事情告诉了母亲。[①]

---

① 澄迈初一女生交友不慎随朋友喝酒被 2 男子强奸 .http://www.hi.chinanews.com.cn/hnnew/2009-06-15/25746.html[2017-02-08].

从以上两个案例来看，女童要防范酒水饮料等物，更要洁身自好，谨慎交友，净化自己的朋友圈，对那些有不良行为和恶习的朋友或同学，要尽可能地避开或者远离，做自尊、自爱、自重、自强的人，让自己更加健康快乐地成长。

第三节　环境的防范

浙江省杭州市西湖区人民检察院的郑蕾、施倩曾经以浙江省杭州市172起案件为样本解析性侵未成年人犯罪案件的犯罪空间。[①] 以抽取的30件案件为例：9件案发地点在犯罪嫌疑人居住地，比重最大；7件发生在路边、树林、草丛等；5件发生在被害人居住地；其余9件发生地相对零散。犯罪地点中封闭、私密空间的比重最大（居住地、车、酒店等），而开放性场所（商场超市、路边等地）较少，这反映了犯罪现场较为隐蔽的特点。[②] 据此，女童性侵防范中对环境的防范，其本质是基于对人与人关系、人与物关系，以及人、物与人、物等关系的准确判断而采取或选择的恰当（针对性）行动。因此，这是一个综合的行为概念，它包括了对构成环境的人、物、事及自然条件等方面所有因素的观察、判断及处置。所以，防范的重点和难点一样，都是发现显性的最有可能侵害自己的因素和隐性的可能对自己造成最大侵害的因素，然后采取恰如其分的行动。最好是能将其迅速扑灭在未发的状态；如果不能，则要退而求其次，全力以赴将其控制在“引而不能发”的微动状态；如果再不能，则再退而求其次，想方设法将其控制在“发而不能对己构成重创”的状态，尽可能地消除或避开不利因素，把侵害后果降低到自己可以承受的范围之内。

一、地形复杂区域的防范

犯罪分子作案通常带有一定的隐蔽性。从目前看，强奸、抢劫案多发生在地形复杂部位，比如城乡接合地区，区与区、县与县、单位与单位的交接处，老

---

① 所谓犯罪空间，亦称犯罪地点，指犯罪分子实施犯罪的场所，是判断案情、推断犯罪分子基本情况的重要依据。参见郑蕾，施倩．解析性侵未成年人犯罪案件证据审查：以浙江省杭州市172起案件为样本．人民检察，2017，（8）：53-57.

② 郑蕾，施倩．解析性侵未成年人犯罪案件证据审查：以浙江省杭州市172起案件为样本．人民检察，2017，（8）：53-57.

旧的住宅区、黑暗的街巷等。

案例：

小雨（化名）所居住的地方是一片低矮破旧的房群，多为两到三层的“握手楼”，里面遍布狭窄的小巷，房屋多为在旁边工厂务工的工人所租住。每天傍晚，不少下班的务工男子都在出租屋门口光着膀子吃饭，人员较为复杂。然而也有不少出租屋内一片漆黑、小巷子行人稀少的片区。当晚 8 时许，天色已暗，16 岁的小雨一袭黑衣，从居住的出租屋里出来，前往隔壁巷子的一家士多店买东西。当她拿着东西走出士多店时，在旁边晃悠的王某已盯上了这位清秀乖巧的女孩，并悄悄地尾随其后。小巷里只有一盏黄色路灯散发出些许光亮，路上也仅寥寥数人。王某和小雨保持着 10 米的距离，转进右边巷子约 30 米后，又转向左边狭长的巷子。巷子前方再过 50 米，是小雨的出租屋。此时，王某加快了脚步，跟小雨的距离缩小为 5 米、3 米……王某疾步上前，从背后死死捂住小雨的嘴，小雨机智地屏住呼吸，假装浑身瘫软下来。王某见小雨“昏厥”，便将手插进她内衣里，一边抚摸胸部，一边将她拖向墙角，才拖了两三步，依旧清醒的小雨开始大声呼救。王某马上又用手捂住她的嘴巴，之后，惶恐万分的他丢下小雨迅速逃窜。[①]

上述案例正是发生在复杂地形部位，如果小雨没有及时觉察到异样，并机智地应对，很难想象会发生什么后果！

面对复杂的地形，一方面，女童要提高警惕，另一方面，女童在日常生活中要尽快熟悉活动区域的环境、地形，比如附近有无街巷、胡同，能否通行，是否有居民区，派出所距离这里多远，晚上路灯是否明亮等。如果出现意外情况，这些条件可能成为自己对付犯罪分子，寻求别人帮助的有利因素。

二、空旷偏僻区域的防范

空旷偏僻区域比如清晨或假日无人的校园、放学后的空教室、工地或工棚、没有别人的私人房间（宿舍）、偏僻的场所（公厕、校园死角、暗巷、偏僻的公园、河堤、楼顶晒台、空屋）、环境复杂的热闹区（公园、兴趣班、运动场、幼儿园、夏令营）等，也是极易发生性侵害的场所。特别值得一提的是，夏天的公园、学校内绿树成荫，极容易藏身或者逃脱，这些地方要高度防范。

① 王运华，张鸿巍 . 儿童性侵预防教育读本 . 北京：中国民主法制出版社，2016：34.

案例：

某天14时20分许，一名拾荒的老太太在家附近的村边收拾废旧物品。当她走到一片动迁房屋的旁边时，老太太发现一名中年男子正趴在一名女孩的身上……老太太感觉事情不对，就跑到附近的工地上喊工人们寻求帮助。然而，当工人们跑来准备营救时，女孩此时却是站着像没事儿一样，还驱赶大家不让他们管。老太太发现自己认识这名小女孩，她只有11岁，还是附近学校的一名小学生。事后，老太太将此事告诉了小女孩的父母，女孩的父母随后向公安机关报了案。最后，警方也成功将犯罪嫌疑人抓获了。经查，该犯罪嫌疑人37岁，是一名外地来的务工人员，曾经因奸淫幼女被判处5年有期徒刑。在审问过程中，犯罪嫌疑人交代了当天事情发生的经过。当天他看到小女孩从动迁工地经过，遂上前哄骗，并对小女孩实施性侵，事后他给小女孩40元钱哄骗小女孩不要将这件事告诉任何人。因此，就有了当初小女孩不让工人们管的一幕。①

面对空旷偏僻的环境，女童首先要保持警惕，尽量走灯光明亮、行人较多的大道。其次，在出行时，女童最好与同学或朋友结伴而行，尽量不单独行走。最后，万一碰上了不法分子，女童要根据案发现场的具体情况，利用现场上一切可以利用的物品。

（1）假如案件发生在野外，可以利用地上的石块、棍棒，甚至泥沙。干燥的沙土可以将犯罪嫌疑人的眼睛迷住，使其失去作案能力。

（2）假如案件发生在建筑工地，可以利用砖块、瓦片、水泥和石灰粉等建筑材料。

（3）如果在室内，要借助室内的一切物品来进行防御，可以用桌椅板凳等家具和陈设物打击犯罪嫌疑人，用门阻隔犯罪嫌疑人，或用门框挤压犯罪嫌疑人。有时还可以利用一些固定物品，如犯罪嫌疑人的背后摆放有硬物或者棱角锐利的物体，就可以用突然撞击的方法，让犯罪嫌疑人在躲避时与这些物体相撞造成自伤。

案例：

一位高一女生在楼房的走廊处遭到犯罪嫌疑人的堵截，当时她急中生智，顺手抄起楼道内的泡沫灭火器向犯罪嫌疑人猛喷，使其仓皇逃跑。还有一位女生，在犯罪嫌疑人入室抢劫时，用一盆刚烧开的水向犯罪嫌疑人泼去，把犯罪嫌

① 11岁女孩工地遭强奸 为40元钱拒绝众人抓嫌犯. http://news.xinhuanet.com/legal/2013-12/31c_125939441.html[2017-02-10].

疑人烫成重伤。虽然当时犯罪嫌疑人逃跑了，但很快根据这一线索抓获了犯罪嫌疑人。

所以，女性在单独活动时最好警惕以上这些地区和部位。女童对自己的活动区域要有所了解，并做到自我控制。

三、封闭环境的防范

除了以上幽暗僻静的小巷、工地、废弃的铁道这些地方容易发生性侵事件，宿舍、地下室、封闭的公寓等也是女孩遭受性侵害的高发地点。

案例一：

2017 年 8 月 4 日，德国法院对已经过去一年的中国籍女孩李某遇害案进行了宣判。男被告人塞巴斯坦因强奸罪、谋杀罪等罪名被判处终身监禁，不得提前释放。女被告人克塞尼娅因恶劣性强迫罪等罪名被判处 5 年半徒刑，两被告人向遇害者家属赔偿 6 万欧元精神损失费。

和李某住同一栋楼的陈某记得，她们住的地方非常安全，家附近有很大片的树林，和李某一样，她经常清晨和傍晚去跑步，“从来不觉得危险”。

2016 年 5 月 11 日傍晚 7 点多，德国的德绍天还大亮，好友周某在超市遇见了李某。李某买了有机豆腐、香蕉和苹果，并说，“买完东西就去跑步”。

据女犯克塞尼娅回忆，我们还原了后来李某独自跑步回来的情景：

晚上 9 点 33 分，在距离自己家门口只有 15 米左右的地方，跑步回来的李某遇到了一位年纪相仿的德国女性——克塞尼娅。

眼前这位异国女性有着一张娃娃脸，她神情急切，发出求助说：“亲爱的，能不能去我家帮我搬一只箱子？我一个人抬不动。”

善良的李某几乎没多想，就答应了这个德国女孩的求助。她哪里知道，克塞尼娅有一段极其变态的恋人关系，她的男友很强势，克塞尼娅却非常爱他，听从他的每个指令。男友塞巴斯坦曾多次要求克塞尼娅去找妓女回家，以此满足自己的私欲。可是，很快塞巴斯坦不满足于找妓女，他对女友提出：“要找一个清纯的女孩，最好是亚洲女孩。”塞巴斯坦还告诉女友，如果不愿意，就分手。

于是，克塞尼娅开始寻找亚裔女孩，终于她遇到了独自一人回家的李某。

隔壁古董店监控摄像头记录了以下画面：李某穿着黑色的跑步鞋准备回家，被克塞尼娅叫住，对话 75 秒后，李某跟随对方走进公寓。

一进门，这个只有一米六左右的中国女孩就被躲在门后的德国男人塞巴斯坦捂住了嘴巴。对方身高一米八五、肌肉发达，李某无法挣脱。

晚上 9 点 41 分，她的手机被关机，塞巴斯坦开始施暴并导致李某死亡。①

案例二：

小云（化名）出生在河南郑州一个优渥的家庭，从小到大，父母都把她视为掌上明珠。生下她后，母亲专门辞职，在家负责女儿的生活起居。小云的父母将女儿的房间布置成粉色公主房，平日里带她出去也只去高级会所。小云父母坚持在女儿面前，不说任何社会上阴暗面的新闻。包括夫妻俩吵架也从不当着女儿的面，宁愿到楼下“约架”……妈妈时常告诉女儿，她是最善良美丽的小公主，我们要爱护每个人，包括路边的小草小花，因为它们都是有生命的。

小云热爱这个世界，她的作文里一次次地写道：“这个世界很美好。美丽的景色在心里，是的，我体内的每个细胞都律动着快乐的音符。”

可就是这个眼里只有真善美的女孩，却在高二时，因为她的善良，命丧黄泉。

那是 2012 年的一个周末晚上，小云和同学约着逛街，到了晚上 9 点多坐末班公交车回家。家门口有一条小街，是回家的必经之路。那晚，因为天下着雨，许多店主都关门了。小云经过一家烧烤店时，一位中年男性店主正在收拾外面摆放的桌子。突然，店主喊住小云说：“能不能帮我个忙？这个桌子很重，帮我抬进去吧。”小云目测了一下那个大圆桌，看上去确实不轻。小云觉得帮人家抬进去，是举手之劳，爽快答应了。

小云和店主一起抬着桌子进了烧烤店，没想到店主却突然关上了店门，暗夜中将小云强奸并杀害。①

回顾以上案例，李某和小云遭遇不幸的导火索都是她们接受了别人的求助，并随陌生人进入封闭空间里进行帮助。这是非常危险的。在公共场所，犯罪嫌疑人的许多行动并不敢施展，但是在封闭空间，一切就难说了。所以，首先，当有陌生人提出请女童到他家里或者店里帮忙时，请拒绝他；其次，走在街上遇到一个健康的成年人请求帮忙提东西，请拒绝他；最后，当出现天灾人祸时，请首先保全自己的生命，尽快撤离危险区，然后再通知警察或者相关部门，让他们来救援困在灾难中的人们。

① 写给女儿：我宁愿你不“善良”. http://www.sohu.com/a/166867585_163162[2018-10-20].

四、公共交通系统的防范

公共汽车、公共电车、轻轨、地铁等公共交通工具已经成为现代生活中人们出行的主要交通工具。对于很多女童来说，乘公共交通工具上学、放学不可避免。在非常拥挤的公共交通工具上，当邻座或对面的男人不停地挤向女童，或是交叉双手，手指逐步摸向其胸部，或是女童坐着，男子站着，他围在女童身边不停地俯向女童……在日常生活中，这些情况经常会出现，特别会发生在一些中小学女生的身上。犯罪嫌疑人正是利用许多女童害羞不愿说出来的心态，才乘机下手的。很多女童在面对公共交通工具上的性骚扰时往往不知所措，羞于表达自己的情绪，无法立即用言语反击或者行为抵抗。在这里要澄清大家对“淑女”的误解。其实，做一位淑女，不是要求女童受到侵害时不做声、不反抗。相反的，一定要勇于反抗，向对方明确表明自己的反抗态度，要求对方检点自己的行为。对待公共交通工具上的性骚扰，女童可以参考以下 6 条。

（1）在对方穷追不舍的性骚扰行为下，孤立无援且能力有限的女童要及时向周围的人求助，学会寻找依靠，比如向司机或者售票员靠近。性骚扰者通常因为心虚，一般不会再追赶过来。

（2）面对性骚扰者时，女童应用带有威慑力的眼神如怒视或瞪对方，给予对方警告性提示。

（3）疾声呼叫。遇到性骚扰者时，如果公共交通工具上人比较多，女童可以大声喊“抓小偷”，他肯定会反驳自己不是小偷，女童就可以说“不偷东西，怎么一直往我的身上贴”，让性骚扰者无地自容。

（4）事先提醒引起注意。一开始女童可以先说“干什么”，乘客就会注意这个性骚扰者。然后，如果他还是出现不良的行为，女童就可以进行反抗。

（5）巧用随身物品。当发现有人欲骚扰自己的时候，女童可以将自己的书包放到自己的胸前，以防其对自己进行骚扰。也可以用鞋后跟踩他的脚，必要时可以采取肘击制止其骚扰行为。

（6）性骚扰行为一般以触碰为表现方式，因此女童可以退缩自己的身体并远离对方。此举既可以向对方明确决绝的态度，同时又适当地避开了性骚扰者的侵害行为。如果对方仍继续性骚扰，则可以直接给性骚扰者一记耳光或踢他一脚，然后拨打 110 报警电话。不要害怕，否则只能证明自己胆怯，使对方更加放肆。

总之，女童在面对性骚扰时切不可一味忍耐，因为这样只会让性骚扰者更加肆意妄为。

五、其他环境的防范

关于其他环境的防范，主要注意以下几点。

（1）遇到陌生人问路时，女童千万不要给其带路，必要时，要与其保持一定的距离；向陌生人问路时，女童要观察好这个人的相貌特征，心里做个大概的判断，此人是否能信得过，同时也不要让他给你带路。

（2）女童外出不要随意搭乘陌生人的机动车、人力车或自行车，防止落入犯罪嫌疑人的圈套。

（3）遇到不怀好意的异性的挑逗时，女童要及时大声斥责，表现出自己应有的自信和刚强，或者马上走开，向人多的地方走，随时做好求救的准备；如果真的碰上性侵者，首先要高声呼喊，假使周边没人，也不要过于慌张，保持冷静，利用随身携带的物品或者就地取材，做好必要的防卫或反击，尽量与其周旋，拖延时间以等待救援的到来。

第四章

防范有理：女童性侵害的防范理念

女童性侵害的防范是一个整体的系统工程，其子系统包括种种防范理念，可以从三个时间段或时间点，即性侵前、性侵中和性侵后将其归类。显而易见，以三个时间段为基础建立的性侵前、性侵中和性侵后的三个理念“群”，将使各“群”理念在子系统中的排列次序和中心重点更加清晰、更加明确，进而将在具体实践中发挥更大、更积极的作用。

第一节　性侵前：防范理念的储备

《礼记·中庸》有云：“凡事预则立，不预则废。”性侵防范是一个系统工程，不论是女童本身，还是家长或者学校，在日常生活和教育中都需要储备好关于性侵防范的相关理念。

一、女童自身防范理念

1. 做自己的主人

每个人都是一个独立的个体，所以，每一个女童都要懂得，自己才是自己身体的主人，要敢于维护自己的身体、保护自己的身体，尤其是隐私部位不被人看和触摸是每个人的权利。要知道，如果有人在未经家长同意、违背女童的意愿的情况下，强迫看女童隐私部位或暴露隐私部位给女童看，都是一种犯罪行为。所以，如果有人在女童不情愿的情况下，抚摸、亲吻、触摸其隐私部位，女童有权拒绝，对他说“不”，并把这件事情告诉最信任的人。

比如，在日常生活中，女童的爷爷奶奶、叔叔阿姨、哥哥姐姐或者邻居、亲戚等想要亲吻她，或有陌生的叔叔想要看其身体甚至是隐私部位，女童都应该很坚定地拒绝他们。

要记住，拒绝别人并不代表自己不是好孩子。所以，女童要坚定地维护自己的身体不被人伤害，敢于对那些给自己身体造成不舒服的人说“不”！

2. 提防哪些人

在日常生活中，可能会对女童的身体造成伤害的人群主要有以下几类：①自己家中的亲人；②周边邻居的爷爷、伯伯、叔叔或哥哥等熟悉的人；③在大街上、电梯里、公交车上等公共场合遇到的陌生男子。只要这类人群在女童不情愿的情况下，暴露了他们的隐私部位或看女童的隐私部位，那么女童就需要提高警惕了。另外，在日常与他们交往的过程中，若遇到这样的人、这样的情况，女童一定要多加注意。

3. 警惕的时间和场所

从以往披露的性侵害案件中我们可以看出，女童容易遭到性侵害的季节是夏季，时间点多是晚上，因为夏季天气炎热，相比于冬天，夏天的夜生活时间会更久一点，在外活动的时间也比较多，而且夏天女童穿的衣服单薄，裸露的地方也比冬天多，更容易在视觉上刺激到不法分子。晚上，光线昏暗，看不清楚周边的人和环境，犯罪分子更易作案，也更易逃走。

容易遭到性侵害的场所多集中于一些公共场所（如公共汽车、电梯、商场、游泳池等）、隐蔽之地（如小树林、小巷子、没有路灯的街道等）。这些公共场所人口流动相对密集，不法分子可以趁着人挤的时候实施犯罪，别人也不易察觉，相对比较隐蔽的地方因为光线昏暗、地方狭窄，也适宜不法分子实施作案。女童一定要尽可能避免单独经过这些场所，更不要在以上所说的地方长时间逗留。

因此，女童要知道：夏天的时候，不能单独在外面逗留时间过长，更不要单独地去一些比较隐蔽、光线较暗的地方。否则遭遇性侵害的危险性是很大的。

二、家长防范理念

《“女童保护”2016 年性侵儿童案件统计及儿童防性侵教育调查报告》显示，2016 年全年媒体公开曝光的遭受性侵害儿童（14 岁以下）案例 433 起，平均每天曝光1.18起，同比增长近三成。报告显示，遭受性侵害的儿童中，最小的不到2岁，7岁以下的有125人，7～12岁的有143人，12～14岁的有449人，7～14岁的中小学生居多。这一方面说明这个年龄段的孩子更容易成为犯罪嫌疑人侵害的目标，另一方面也显示出了我国义务教育阶段的儿童安全教育较为缺失。公开报道的案件中，被侵害者为农村儿童的有329起，占比75.98%，农村地区曝光案件数首次高于城镇。[①]

家庭是温暖的港湾，是为孩子遮风挡雨的地方。家长是这个世界上与孩子最亲近的人，应该承担起监护人该有的责任和义务，给孩子一个温暖的家、一个安全的家庭环境、一份恰到好处的爱，耐心地倾听孩子的心声。家长在日常生活中应该多与孩子交流、聊天，知道孩子的兴趣爱好，能够迅速地捕捉孩子的情绪和心理等的变化，知道孩子的日常交往活动，比如什么时间上下学，什么时间出门、回家，与哪些人交往比较频繁，这些情况做父母的都要了然于胸，并及时地给予引导和指导。具体来说，家长在日常生活中要具有以下防范理念。

1. 树立孩子“身体隐私”理念

儿童发展心理学理论认为，幼儿认识性别的过程可以概括为三个阶段：①性别认同：2～3岁的儿童能够正确指出自己的性别。②性别稳定：3～5岁的儿童逐渐清楚地认识到，性别不会随着年龄的增长而发生改变。③性别坚定：5～7岁的儿童开始了解性别的本质区别，认识到外貌的变化、活动的变化都与性别无关。[②]

根据这一时期儿童的心理特点和年龄特征，家长对孩子的性安全教育要从性知识教育入手，慢慢地引导孩子形成身体意识，尤其是“身体隐私”的意识。首先，家长要教孩子认识自己的性别和身体各部位，也包括自己的性器官等隐私部位。通过家长的教育，孩子不仅可以更好地形成性别的认同，同时也对自己的身体有了正确的认识。其次，家长要帮助孩子建立身体的隐私观。比如让孩子自己学着洗澡、洗屁股；穿内裤和背心的地方都属于自己的身体隐私，不能让别人看到，更不能让别人触碰。最后，家长要尊重孩子。当有陌生人想要亲吻孩子时，家长应该先要询问孩子的意思，如果孩子不想被人抚摸或亲吻，家长应该尊重孩子的意思，不能责怪孩子“不懂礼貌”，逼迫孩子顺从成人的意思，甚至打骂孩子，否则孩子会认为自己的身体不让人触碰是错误的，或者认为别人触碰自

---

① 【两会焦点】调查显示：2016年平均每天曝光性侵儿童案1.21起. http://www.jyb.cn/zcg/xwy/wzxw/201703/t20170303_467341.html[2018-09-11].

② 曾晓梅. 让女孩远离性侵害. 呼和浩特：内蒙古人民出版社，2015：4.

己的身体是没有什么关系的。如果家长在此阶段没有很好地对孩子进行“身体隐私”意识的培养，等到孩子长大一点，再对孩子进行防范性侵害的教育，将会是很困难的。

另外，当孩子问到关于生殖器等身体隐私部位问题的时候，家长不能遮遮掩掩、躲躲闪闪。家长应该像在说眼睛、耳朵等身体的其他器官一样自然、简洁。这个年龄段的孩子对于性、生殖器并不是很理解，他们之所以会问这些问题，全是孩子们天生的好奇心使然，这是他们认识世界的一种方式。家长应该保持一种平和的心态来对待孩子所提出来的这些问题，这更有助于孩子对性形成一种正确的观念。相反，如果父母闪烁其词、顾左右而言他，那么孩子们的好奇心会带动他们从任何他们所能找到的渠道去了解这些知识，以此来满足自己的好奇心。

相信所有的家长都有过这样的经历，在孩子还小的时候，他们经常会问家长一个问题：我是从哪里来的？家长们要么说孩子是从垃圾堆里捡回来的，要么说孩子是一个神仙爷爷送的……基本上不会真正地回答孩子们的问题。在这里，笔者建议父母可以很自然地告诉孩子，孩子是父母相爱的结晶，以后等孩子长大了，也可以与自己相爱的人有一个宝宝。

在荷兰，儿童在4岁的时候开始接受8年义务制教育，并在老师的引导下逐渐形成身体意识。到了7岁，儿童应该能够正确说出身体部位的名称，包括生殖器。除了教育学生，学校还会举办“父母之夜”，给父母与孩子谈论性的机会。这样的全面性教育颇有成果，统计显示，荷兰青少年首次发生性行为的年龄比其他欧洲国家和美国都要晚。

2. 引导孩子认知“身体隐私”理念

首先，受我国儒家传统文化的影响，家长要求孩子要讲礼貌、尊老爱幼。现在很多亲戚、朋友、邻居等，看到别人家的小孩很可爱的时候，总是忍不住想去抚摸甚至亲吻孩子。有时候孩子是很排斥这种行为的，但是其父母就会以“讲礼貌”或“尊敬长辈”等具有一定高度的标准去强迫孩子们做他们并不愿意做的事情，这不利于培养孩子身体的自我保护意识。此时父母正确的做法是，充分尊重孩子的想法，如果他们不愿意身体被触摸或亲吻，家长就应该教给孩子直接拒绝非自愿的身体接触的方法。家长应该教育孩子，身体是属于自己的，自己是身体的主人。如果别人触碰自己的身体时，自己感到不舒服，就直接拒绝这种非自愿的身体接触。①

① 沈丽萍．未成年人防性侵指导手册．苏州：苏州大学出版社，2014：1.

在孩子小的时候，家长可以通过玩游戏的方式，比如画画，将一个人身体的各个隐私部位画出来，让孩子认识到哪些地方是不能让别人看到甚至触碰到的。

其次，家长还需要教孩子分辨哪些身体接触是可接受的，哪些身体接触是不可接受的。家长应该告诉孩子：可接受的身体接触应该是真诚的、安全的。这样的身体接触可以给他们带去快乐和温暖。比如父母的早安吻、朋友鼓励的拥抱等。而不可接受的身体接触却会使他们感到不安、不舒服，甚至有压力等，比如打、掐、踢、掴等行为。当有人对他们做出了某些不舒服的行为的时候，孩子要敢于说“不”，直接拒绝。在家中的时候，家长就可以有意地对孩子进行这方面的培养，让孩子有辨别身体接触好坏之分以及通过身体接触的好坏来辨别好人和犯罪嫌疑人的能力，进而增强孩子自我保护的意识和能力。

最后，家长要在日常生活中告诉孩子，他人的下述行为需要孩子注意。

（1）他人触摸孩子的身体（尤其是胸部、屁股、生殖器等）并使孩子产生不好的感觉。

（2）他人让孩子看或摸对方的身体（尤其是胸部、屁股和生殖器等隐私部位）。

（3）他人带孩子去看一些裸照或穿着暴露的影片。

（4）他人脱孩子的衣服并触摸孩子的行为。

（5）他人给孩子一颗糖或一个玩具，想要带孩子去一个偏僻的地方或借故想要对孩子亲热、拥抱或亲吻。

（6）跟老师单独在一起时，老师触摸孩子的身体，并使孩子不舒服的行为。

（7）被他人拍裸露的照片或视频。

家长应该告诉孩子：当出现以上情况的时候，孩子不应该默默地承受这些事情，应该及时地告诉自己信任的人，并寻求必要的帮助。

3. 引导孩子认知性侵方式理念

侵犯者实施侵害的方式多种多样，家长需及早教给孩子侵犯者实施性侵害的一般行为表现。这样，孩子在遇到这些情况的时候，才会知道他们的行为是一种犯罪行为，才能更好地保护自己。

侵犯者实施侵害的方式主要表现为以下几种。

（1）强奸、非礼女孩。

（2）在未经家长和孩子同意的情况下，脱孩子的衣服，抚摸孩子的隐私部位，并引诱女孩触摸其生殖器官。

（3）用具有挑逗性质的语言或者频繁地以性为话题勾引女孩。

（4）给女孩看色情杂志或浏览色情网站。

（5）在公共场所裸露自己的生殖器官。

（6）在公共场所有意识地挤碰女孩。

综上所述，前两种情况是直接地触碰女孩的身体，这是直接实施性侵害的手段。后四种情况，虽然侵犯人与女孩的身体并没有进行直接地接触，但这也属于女孩性侵害的范畴。家长要告知孩子，当有人对其做出了以上这些行为时，女孩应该知道自己正在遭受性侵害，一定要在第一时间告诉自己信任的人，以免造成不可挽回的后果。

一些不法之徒总是选择在一些公共场所实施犯罪。例如，在电梯、公共汽车、商场等人流比较密集的地方，有意识地挤碰女孩，触摸女孩的胸部，捏其大腿、屁股等处。某中学学生洋洋，放学回家在公交车上就遇到了这样的事情：

案例：

“公交车来的时候，他跟在我的后面上了车。那天车厢里不是很挤，但是他一直紧紧地挨着我。手搭在我上面的扶手，随着公交车的节奏还不断地晃动，感觉像是把我环抱在他的怀里一样。他不仅这样，还把脑袋搁在我的肩膀上。因为他紧紧地挨着我，我能感觉到他的身体一直在蹭我。我回头看了看他，发现他身体紧绷、脸通红，他的下体湿湿的。我觉得很别扭、很恶心，所以就一直把身体往旁边挪，但他的身体也一直跟着我的身体往旁边挪。我很害怕，所以还没到站我就下车了。”[①]

4. 引导孩子认知性侵人群理念

《“女童保护”2016年性侵儿童案件统计及儿童防性侵教育调查报告》显示，在2016年公开报道的433起性侵儿童案件中，熟人作案数占总案件数的69.28%。在有明确表述熟人关系的300起案件中，占比从高到低依次为师生、邻居、亲戚、家庭成员。易于接触儿童职业的从业者作案占比高，包含教师、校车司机、学校厨师、幼儿园工作人员、保安、舞蹈团成员等，全年有98起。[②]

因此，家长应该告诫孩子：性侵者可能是陌生人，也可能是熟人，任何人

① 郝言言，陶红亮．防范性侵害．北京：人民卫生出版社，2012：111.

② 【两会焦点】调查显示：2016年平均每天曝光性侵儿童案1.21起．http://www.jyb.cn/zcg/xwy/wzxw/201703/t20170303_467341.html[2018-09-11].

都有可能成为侵害者。不管其职业、地位、性别、年龄、身份，哪怕是自己的亲人、朋友、邻居、老师都可能成为侵害者，孩子应该对人保持警惕的心理，注意对方的言行举止，出现问题或者发生性侵时要告诉自己身边信任的人，以寻求帮助。

在以往曝光的性侵害案件中，孩子遭受熟人侵害的原因，一方面是父母比较粗心大意，没有给予孩子足够的爱和关注；另一方面是父母不相信孩子，没有给予孩子心理一个相对安全的说话环境，才让熟人（比如身边的邻居、老师和亲戚）钻了空子。因此，父母在与孩子的日常交流中，应该更加细心谨慎，给予孩子足够的关注与爱。最重要的是，家长在日常生活中，要给孩子创造一个值得信任的家庭环境，使孩子敢于讲出自己的心里话，有意识地培养孩子敢于表达自己内心想法的性格。同时，家长也应该相信孩子的感觉。小孩子很灵敏，也很真实，当他们对别人的触碰感到不舒服的时候，可能是真的不舒服，并没有夹杂别的情绪。这个时候家长应该选择相信他们，耐心地倾听孩子的诉求。当孩子建立起自我保护的观念，并且有一个能够让孩子感受到安全的表达氛围时，即便以后出现了受侵犯的事件，孩子也不会因为害怕家长打骂或受到侵害者的威胁而不敢告诉自己的父母，从而避免产生更为严重的后果。

5. 引导孩子认知性侵常用手段理念

家长要在日常生活中有意识地教给孩子性侵害者实施侵害时常用的伎俩，一旦孩子遇到了这种情况，也能够更快地分辨出侵犯人的伎俩，选择更优的方式逃离，以免遭受可怕的后果。

性侵害者实施侵害时常用的伎俩主要有以下几种。

（1）以玩具、好吃的零食、饮料等为诱饵，或以带领孩子找家人为由，引诱孩子，或带孩子去偏僻的地方，进而实施性侵害。

众所周知，小孩子对于玩具、好吃的零食等丝毫没有抵抗力，这也成了不法分子实施犯罪的切入口。一些侵犯者会拿着好吃的零食、女孩喜爱的洋娃娃诱骗孩子，将其骗到偏僻的地方进行猥亵甚至奸杀，如下页表格所示：马某某2012年9月8日至2013年1月11日先后在郑州市中原区须水镇实施的五起猥亵、强奸幼女案件。处在青春期的女孩已经有了对异性的朦胧感觉，她们可能会跟异性一起去游乐场、酒吧等公共场所。一些不怀好意的异性朋友可能就会通过给其饮料下药、逼迫女孩去开房等方式对女孩的人身安全造成威胁。家长一定要告知孩子：在没有父母的允许下，不能吃陌生人的零食，不能喝陌生人的水或者饮料，不能拿陌生人的玩具，不能跟陌生人走。

马某某系列性侵案[①]

内容 序号	发案时间	被害人	年龄	地点	控制方式	损伤	备注
1	2012-09-08 （16点左右）	谢某某	6岁	须水镇 ××村	支开家人，实施猥亵	心理伤害	猥亵
2	2012-09-08 （19点左右）	李某某	4岁	须水镇 ××村	尾随→搭讪→买玩具诱骗→哄抱着走	颈部瘀血，身体多处外伤，阴道撕裂	强奸
3	2012-11-15 （21点左右）	贾某某	8岁	须水镇 ××村	搭讪→买玩具诱骗→挟持→扼颈致昏迷→抱至现场	脖子掐伤，会阴撕裂伤	强奸
4	2012-12-29 （18点左右）	许某某	9岁	须水镇 ××村	搭讪→诱骗挟持→语言恐吓	会阴撕裂伤	强奸
5	2013-01-11 （13点左右）	王某某	9岁	须水镇 ××村	搭讪→肢体→语言恐吓	左手臂瘀血，脖子多见掐痕	强奸未遂

（2）利用女童独自一人在家时实施性侵害。据公安部门的调查研究发现，女童被强奸的案件中，很多是因为女童独自一人在家，寂寞无聊，面对陌生人的搭讪不知如何应对而发生的。这类案件大多又发生在留守女童身上。

案例：

13岁的娟娟在一周之内被昔日邻居连续性侵害，让人震惊的是，其中4次侵犯发生在女孩家里。这一悲剧的直接原因是孩子父母为了打工赚钱，整天将孩子独自留在家中，从而给犯罪嫌疑人留下可乘之机。

几年前，娟娟和妹妹跟随父母张某、刘某从四川老家到天津市打工，靠用助力三轮车运货挣钱。夫妻俩经常彻夜不归，把两个女儿独自留在家中。2007年，河南男青年王某租住在娟娟家院内，与娟娟相识。2008年4月4日下午，王某恰巧遇到娟娟，就给她留下了自己的手机号，并说晚上过来找她玩，涉世未深的娟娟一口答应下来。当晚8点左右，王某把娟娟带到自己的住处，在看电视的时候，王某采取扭胳膊、摁手等手段将娟娟按在床上，不顾娟娟的反抗，将其强暴。此后一周，娟娟又多次给王某打电话，王某又利用娟娟父母不在家的时间，4次对娟娟实施性侵害。4月15日晚上，张某、刘某回到家中发现娟娟不在家，便四处寻找。娟娟回到家中后，在父母不断追问下才说出了真相。第二天，

① 高玉龙，白靖华．马某某系列性侵案心理行为分析．河南警察学院学报，2013（6）：65-69.

刘某拨打110电话报警，王某被警方抓获归案，被判入狱3年6个月。[①]

据报道，目前中国已经有将近1亿的农村留守儿童。家庭保护不完善、父母关爱的缺失，导致留守儿童的教育跟不上，进而给他们的人身安全带来了很大的威胁。在留守家庭中，家长没有尽到相应的责任和义务，孩子缺乏相应的安全保护教育。教育不仅仅是学校的任务，也是家庭和父母的责任，只有家庭、学校和社会共同努力，才能形成最大的教育合力。

（3）性侵害者总是以威胁、恐吓或者保守秘密的手段，对孩子进行长期性的侵害。

案例：

2005年春节前，一条令人震惊的消息传到甘肃省通渭县：该县常河镇一名中学教师刘某在不到一年的时间里，利用夜间补课的时间，借班主任的身份采取诱骗、安眠药迷晕、恐吓等多种手段对其班里所有24名12～14岁的女生先后实施了暴力性侵害，其中被侵害最深的遭到过刘某5次以上的性侵。小花(化名)只有12岁，是刘某班上年龄最小的女学生，曾被刘某采取迷晕、恐吓的手段多次蹂躏。小花因为心里害怕，所以也没敢告诉任何人，第二天仍然坚持来上课。但小花的沉默并没有真正地保护到自己，过了几天，刘某又把她叫到办公室，当她坚决不从的时候，刘某就恬不知耻地恐吓说他会把他们所做的事情说出去。这样，这名年仅12岁的女孩再次遭到了刘某的蹂躏，此后每隔一周，她总要不同程度地遭到刘某的玷污。2004年年底，一名和小花同班的女孩在遭受刘某暴力性侵害后，回家向母亲哭诉了自己的遭遇，之后，这名小女孩的家长向公安机关报了案，刘某的禽兽行为才被揭发出来。经公安机关调查，和这名小女孩同班的所有24名女生都不同程度、不同次数地遭受到了刘某的暴力性侵害。2004年12月刘某被公安机关依法逮捕，2005年由定西市人民检察院提起公诉。[②]

从以上案例我们可以看出，家长在平时的生活中，不仅要多关心孩子，也要给孩子创造一个敢于说真话的家庭氛围。家长不管工作有多忙，都应该每天抽出一定的时间跟孩子交流，倾听她们的内心话，帮她们保守“小秘密”。家长不能因为孩子小，就不相信孩子说的话。家长应该充分地尊重孩子的意见和想法，让孩子感觉到自己也是一个独立的个体，有表达自己想法的权利，在犯罪者身份

① 沈丽萍．未成年人防性侵指导手册．苏州：苏州大学出版社，2014：1.

② 禽兽教师蹂躏全班24女生 .http://news.sina.com.cn/o/2005-02-22/09435168674s.shtml[2017-07-03].

为教师时，也要鼓励孩子与家长说真话。这样在发生一些家长不知道的事情时，孩子也敢于跟家长讲，以免造成不可挽救的后果。

（4）利用女童对小动物的喜爱和同情心诱惑孩子，对其奸淫。

案例：

某个小山村里，只有6岁的萌萌和天天，在家外面的大路上跟一只小狗玩，同村的50多岁的袁某看到这两个可爱的女孩子以后就心生歹念。“我家有一只特别可爱的小狗，你们去我家，我就让小狗跟你们玩。”这两个单纯的小女孩就毫无戒心地跟袁某回到了家。刚到袁某家，袁某就以各种理由哄骗两个小女孩，对她们进行了猥亵。更加让人痛心的是，这两个小女孩自我保护意识缺乏，导致她们之后又被袁某骗至家中猥亵4次。最不可思议的是，这5次的理由都是“我家有一只特别可爱的小狗，你们去我家，我就让小狗跟你们玩”。①

以上这个案例虽然让我们痛心，但也让我们从中看到，一些不法分子从孩子的单纯善良以及对小动物的喜爱方面入手来诱骗孩子，从而给孩子造成了无法挽回的伤害。家长要在日常生活中告诉孩子，有一些坏叔叔总是利用小动物来欺骗孩子，如果遇到这样的情况，应该直接拒绝，如果真的很想和小动物玩，孩子应该告知家长，并让家长陪同。

（5）利用女童对教师、官员等权威者的忌惮，诱骗女童。

案例：

2008年8月15日，贵州习水县公安局接到报案称，有幼女被强奸。经公安机关的调查发现，这并不是一起简单的强奸案，而是一起涉嫌嫖宿幼女的恶性案件。调查发现，2007年至2008年8月期间，习水县辍学学生刘某、袁某采取在学校门口守候的方式，将李某、王某、罗某等11名女学生带往袁某家中，再由袁某联系嫖客进行嫖宿。被侵害者中，未满14岁的幼女有3名，其余被侵害者均未满18岁。该案涉嫌嫖宿者有5人为当地官员。②

一般地，大家对于“官员”“教师”这些所谓的权威者的态度决定了女童对这一群体的看法。大家普遍地认为：只要是老师说的、做的都是对的；只要是官

① 王运华，张鸿巍．儿童性侵预防教育读本．北京：中国民主法制出版社，2016：160.

② 贵州习水县多名公职人员涉嫌嫖宿年幼女生．http://news.sina.com.cn/s/2009-04-03/070217539890.shtml [2018-10-10].

员吩咐的都必须照做不误，哪怕是错误的。这让女童对这一群体产生了惧怕心理。当这一类人群对女童做了一些不正当的事情时，女童往往不敢告诉家长。一方面，她们不清楚别人对自己的所作所为是一种犯罪；另一方面，一些家长也不相信孩子说的话，总是想当然地认为天下所有的教师、官员都是品行端正的。要知道，不管是有权势的官员还是知识渊博的教师，他们都是人，不是神。只要是人，就会有人的基本属性，就不可能是完美无缺的。作为家长，我们应该选择相信孩子，耐心地倾听孩子的内心想法。

6. 引导孩子学习性侵防范理念

中国少年儿童文化艺术基金会女童保护基金发布的《“女童保护”2016 年性侵儿童案件统计及儿童防性侵教育调查报告》显示，86.55% 的儿童没有上过防范性侵害课程，被问及“未经同意被碰触隐私部位是否知道如何应对”时，30.48% 的儿童不知道该如何应对。报告显示，70% 的家长没有对孩子进行过系统的防范性侵害的教育，41% 以上的家长没对孩子讲过任何防范性侵害的知识。报告特别指出，家庭相关教育亟待加强，家庭成员、网友和未成年人性侵害案件需引起特别的重视。①

该报告建议，家长需加强与性相关的教育，让孩子增强分辨、预防性侵害的意识。进行性教育，首先要让孩子认识身体的隐私部位，了解男女生有着不同的生理特点，知道哪些行为是性侵害行为。只有当孩子知道了什么是性侵害行为，才能在遇到性侵事件的时候，知道这是一种犯罪行为。另外，家长还要教给孩子一些自我保护的方法，这样在遇到危险的境况时才能更好地保护自己。

在平时的生活中，当看到电视里的某些类似场景时，家长就可以因势利导，询问并教给孩子遇到类似情况的时候该怎么做。家长可以设计一些场景让孩子学会在遇到性侵害的状况下，知道该怎么办、能怎么做，不至于乱了手脚。

（1）通过画画，让孩子把隐私部位标记出来。当孩子还小的时候，家长就可以有意识地培养孩子保护自己身体，尤其是保护隐私部位的意识。首先教孩子认识身体的隐私部位。

（2）设计场景，在场景中教给孩子自我保护的方法。假设的场景可以包括：

1）当一个陌生人说要带你去找妈妈或带你去一个好玩的地方，你会怎么办？

2）当一个陌生人说给你一颗糖、一个你喜欢的玩具，你会怎么办？

---

① “女童保护”2017 年性侵儿童案例统计及儿童防性侵教育调查报告发布 . http://www.sohu.com/a/224728229_99996733［2018-12-20］.

3）当一个陌生人说不远处有一只特别可爱的小兔子，要带你去看，你会怎么做？

4）如果一个陌生人问你的电话、家庭住址、父母的姓名等信息时，你会怎么做？

5）如果你一个人在路上走，发现有陌生人跟着你，你应该怎么做？

6）如果有陌生人触碰了你的身体，并让你保守秘密，你会怎么做？

7）如果有人向你展示隐私部位或者你被别人脱了裤子，你应该怎么办？

8）如果有陌生人试图要触碰你的身体，或者强行要带你走，你会怎么做？

9）如果老师要单独给你补课，你会怎么做？

家长可以在家中通过玩角色扮演的游戏，使孩子能够通过不同角色、不同场景的互换，掌握在不同场景下、不同角色中，如何能够更好地保护自己。

案例：

5岁女孩罗拉飞快地冲进路边一家小店，边跑边大声地喊："爸爸！爸爸！"喊叫声让店里的人和街上的行人纷纷回过头来，莫名地望着这个神色紧张的陌生小女孩。

"你爸爸不在这里。"店里人没有留意到不远处一个男人正悻悻地掉头离去。"我知道。"点点头，一抿嘴，眼泪从罗拉惊魂未定的小脸蛋上滚下来。几分钟前，罗拉剪完头发，从理发店出来，去不远处的另一家理发店找爸爸和哥哥。半路上，一个陌生男人走过来跟罗拉说话，说要带罗拉去买糖果。罗拉记得妈妈说过，绝对不能跟陌生人走。她摇了摇头。陌生男人伸手，试图抓住罗拉瘦小的肩膀。罗拉身子一扭，用力挣脱了，没有任何停顿地撒开腿用力跑。"最近的一家店，最近的一家店……喊'爸爸'，喊'爸爸'！"妈妈反复叮嘱的话，条件反射般地出现在罗拉的脑子里，带着罗拉冲向路边最近的那家小店。

"路上如果遇到陌生人试图触碰你，甚至要带你走，一定要立刻大叫，看附近有没有警察，如果没有警察，就立刻冲到最近的店里，大声喊'爸爸'。"妈妈平时的安全教育，在关键时刻，帮罗拉躲过一劫。①

家长要传达给孩子这样的信息：不管遇到什么样的身体接触，只要是让孩子不舒服的行为，孩子就应该大声地说"不"，勇敢地拒绝。当不幸遇到了性侵者，女童就应采取上面案例中罗拉的妈妈教给罗拉的方法，首先要做的就是跑，

① 曾晓梅．让女孩远离性侵害．呼和浩特：内蒙古人民出版社，2015：29.

往人多的地方跑，往距离自己最近的一家店跑。如果很不幸，自己的力量无法与侵犯者的力量相抗衡的时候，家长要告诉孩子：在这种情况下，一定要保持沉着冷静，千万不可激怒对方，然后再想办法，机智地逃脱或者呼救。

7. 储备相关法律知识理念

有些家长在日常生活中，不太关注新闻时事，也不关心社会上发生的大事件。还有些家长认为自己只是一个普通老百姓，只要不做犯法的事情，管好自己的衣食住行就行，对于法律知识不清楚也不想学。但事实证明，自己可以不做违反法律的事情，但不能保证其他人也不触犯法律。因此，家长在日常看电视或上网的时候，应该多关注一些新闻时事，多关注法制频道，有意地去学习一些法律知识。日常生活中不出现问题是最好的，一旦出现了问题，自己也知道该怎么请求法律的救助，不至于乱了阵脚。

三、学校防范理念

“性”在中国是一个难以启齿的字眼，加之在一些落后地区的学校里几乎没有正规、系统的青春期生理保健知识教育，家长对这方面的知识也是一知半解，因此，女童在性安全、性自我保护意识方面的知识严重匮乏。女童面对性侵害时往往自我保护意识不强，自我保护能力极差，缺乏反制性侵害、性骚扰的能力，既不知道什么样的行为会对自己构成性侵害，也不知道受到性侵害及被侵犯后应该怎么办。因而对孩子的性教育，除了父母日常的常识教育，还需要学校进行系统的性知识方面的教育的配合。有条件的学校应开设固定的、正规的、系统的性生理卫生安全教育课，将性教育纳入学校的教学计划当中去，通过课堂对学生进行相应的性教育，使学生了解自己的身体结构、生理卫生知识，并按照科学的生理卫生知识来料理自己的生活，正确地看待各种生理现象，如遗精、月经、手淫等，消除羞愧、恐慌心理，使他们学习到更多相关的性知识，以克服性的神秘感、恐惧感、自责感、罪错感，达到促进性心理健康发展的目的。

另外，网络媒体所频频曝出的教师性侵女童案件也暴露出了一个问题，即学校对教师的管理漏洞。具体而言，学校在日常的教育教学中应树立以下理念。

（一）及早开展性知识教育的理念

2017 年 3 月 11 日，杭州萧山一位二年级学生的妈妈吐槽《小学生性健康教育读本》“尺度太大”，并晒出含有“男女生生殖器相关介绍”的图片，引发了网友的热议。教材的编写方——北京师范大学儿童性教育课题组回应称：了解是为了更好地保护，性知识需自然准确地传递给儿童。孩子在性健康教育课上能够自然、大方地说出生殖器官的科学名称，年龄越小越自然。无论是通过学校教育还是通过家庭教育的途径，用最适合孩子生理发育阶段特点的形式进行教育才是当务之急。现在的孩子普遍发育得比较早，必要的生理知识教育需要及时地跟进。

值得一提的是，女童即使对青春期生理知识有所了解，也主要是来自大众媒体（更多是来自不健康的报刊和电影电视）和同龄伙伴，而且这些知识是支离破碎、不系统、不全面的，有的甚至是错误的。其中，女童性自我保护知识教育更为薄弱。性教育的滞后与自我防护意识的缺乏使得一些女童很容易受到性侵害。这就需要学校加强对女童的性教育，开展以下的性教育。

1. 性生理教育

通过性生理教育，学生可以了解自身的身体结构、生理卫生知识，按照科学的生理卫生知识来料理自己的生活，正确看待生理现象，消除羞恶、恐慌心理。同时，通过性生理教育，孩子们能正确理解性别的内涵，形成健康的性意识。在性教育内容上应包括“第一性征”和“第二性征”知识，使学生明确两性根本差异的标志——生殖器官结构，以及随着她们不断成长，自己身体状态方面发生哪些显著变化，能正确认识两性生理差异及其变化规律，能够适时接受自己性生理发育逐渐成熟的事实。

2. 性心理教育

性心理教育主要是使学生了解青春期由于生理的变化所带来的心理躁动与不安，并且引导学生以坦然、健康的心理来规范自己的生活。一般来说，生理发育是心理发育的前提。一个真正健康的人，不仅体现在健全的体魄上，同时体现在健康的心理上。对学生进行性心理发展常识以及性心理卫生状况教育，可以使她们了解人的性心理发展的一般规律，认识到性心理的发生、发展是一个人的一生不可逾越的阶段，从而正视自身性心理发生、发展的事实，克服性的神秘感、恐惧感、自责感、罪错感，以达到促进她们性心理健康发展的目的。

3. 性卫生与审美教育

通过学校的性卫生知识教育，学生能够学会正确处理自己经期卫生、痛经等之类的事情。并通过对学生进行性审美教育，使学生能真正分辨什么是美与丑，让学生懂得，性本能只有通过升华，才会变成人类特有的爱情。那种沉湎于肉欲、唯“性”主义是不值得倡导的，让学生从情感上远离色情、脱离庸俗，培养美好的情愫。

4. 性安全教育

性安全教育是指使学生懂得在性问题上的自我保护知识，如避孕的方法、如何克制自己的性冲动、避免过早地偷食禁果等。具体的内容表现为：在公共场所怎样避免他人性骚扰、在与异性相处时怎样避免遭受性侵害、碰到陌生人送给东西或食品饮料时该怎么做、女生要避免单独走夜路等。另外，也要让学生懂得有关艾滋病等性病的知识，这对提升她们性方面的自我保护能力是有大的裨益的。①

5. 性道德与性法制教育

性道德是指调节人类性行为的道德规范，如男女社会交往方面的礼仪，恋人和夫妻之间情感活动的方式，以及国家和社会为保持和发展人类文明规定的各种行为准则。而当前对他们进行教育的重点是：教会他们正确对待异性的态度；教会他们如何正确处理与异性的关系；如何正确处理好少男少女之间的情感；如何培养和树立正确的爱情观等。性法制是保障、规范和调整人类性行为、性关系以及其他相关活动的法律制度的总称。开展这方面教育的主要目的在于让女童充分了解国家的法律、法令和政策的规定，自觉地树立守法意识，并遵守国家法律规定，在法律许可的范围内调整或约束自己的性行为，同时懂得在危急的情况下利用法律的手段，有效地保护自己。

因此，对性生理、性心理、性道德、性法制以及性安全知识的学习，可以使学生具有良好的心理素质和道德修养，使他们懂得自尊、自爱、自强，并具有自我控制的能力，自觉遵守性道德、性法制以促进自己身心的健康发展。

（二）熟悉性教育原则与方法的理念

和家长对孩子进行性教育要讲究恰当的时机与情境一样，学校对学生进行性教育也要遵循一定的教学原则、教学方法与教学形式。首先，学校要培训一支专兼结合的教师队伍，即除有专职的性教育教师以外，还应在教师中选拔一批思想品德高尚、善做思想工作、热爱此项事业的积极教师分子，对他们进行短期的培训，使他们掌握青春期性教育的方法与途径，从而使得性教育工作能够更扎

① 马骋，张秀娟，包兴欢等．儿童性安全教育的困境与出路．教育与教学研究，2017（7）：65-70.

实、稳步和有效地开展下去。其次，学校还应有专门的进行性教育的教材，使学生能够更详细、全面、系统地对性知识进行学习与掌握。最后，学校开展的性教育也要加强学校与家庭的合作，不能将性教育当成是一个烫手的山芋，使之在家庭与学校之间被推来推去。只有二者携手合作对孩子进行教育，才能取得更加良好的效果。

具体的做法为：第一，学校可以邀请专业人士对家长开设性知识讲座，向家长传授专业的性知识；第二，请有经验的家长分享性教育的经验，加强家长与家长之间、家长与学校之间的交流互动；第三，组织家长与孩子一起参加与性教育有关的演出、展览等活动。另外，学校除了可以采用课堂教育、读书指导、班会、案例探讨、小组讨论、辩论演讲、观看电视电影或展览等方式对学生进行性教育，还应成立一个专门的关于性知识的咨询室，如“悄悄话”谈心室之类的咨询室。这样既能使学生因害羞、尴尬而不敢将心里话说出或者想问而不敢当面问的现象得以解决，也方便学校能针对学生的个体差异性进行交流与指导，从而更加切实有效又具有针对性地解决学生的心理、生理等问题，促进学生更加健康快乐地成长。

（三）加强教师管理理念

学校是传递知识的宝库，是孩子快乐学习、健康成长的乐园，是教师传道授业解惑、教书育人的神圣殿堂。在人们的观念中，教师不仅仅是一种纯粹的职业、谋生的工具，更是一种意识形态的体现、道德伦理的化身、理想人格的代名词。然而随着近几年来学校教师性侵女童的曝光事件的不断增多，学校神圣的光环被蒙上了一层灰色的阴影。曾几何时，家长对学校的看法也悄悄发生了一些变化，他们对学校不再是完全的信任与肯定，同时当他们把孩子送去学校时，也存在一定的迟疑与犹豫，他们对孩子在学校能否健康快乐地成长持着担忧的态度。造成家长对学校心存疑虑的原因无疑是学校教师对孩子进行体罚、虐待，对孩子猥亵、性侵事件的增多和曝光。因此，要想使学校成为孩子们健康成长的净土，就要杜绝教师虐待儿童、性侵儿童的事件的发生。

要减少校园性侵事件的发生，需做到以下几点。

1. 提高教师准入标准，加强教师为人师表的道德教育

在众多的女童性侵事件中，相当一部分校园性侵案的作祟者往往是“监守自盗”的教师群体，这主要与当前一些地区的教师队伍在选拔、监督等方面的缺失有关。在我国教师队伍选拔机制的大背景下，师德考核往往被忽视。现行教师

资格考试机制中偏重于考查专业知识水平和教学能力的高低，对于道德方面的可操作性要求并不多，往往缺少应有的规范体制。对学生而言，来自教师的侵害行为往往让其防不胜防。当教师将犯罪的双手伸向自己的学生之时，其后果将是灾难性的。鉴于教师职业的特殊性，教育行政部门和学校应当建立严格的教师行业准入制度。富有爱心、遵纪守法、具有良好的品德和健康的心理是从教者的必备条件，不具备者不得从事教师职业。对于因故意犯罪而受到刑事处罚的人，或者品行不良者，教育行政部门不得授予其教师资格，已经获得教师资格的应当依法撤销其教师资格。

学校在招聘教师时，应当严把品德关、心理关，仔细审查应聘者的档案，不得录用因故意犯罪而受过刑事处罚的人、有精神病史的人或者品行不良者担任教职工。必要时，学校应当委托专业机构对应聘者进行心理测试，对心理异常者要慎重录用。对于因故意犯罪而受到刑事处罚或患有精神疾病的教职工，以及品行不良、侮辱学生、影响恶劣的教师，学校应依法予以解聘。

2. 对教职员工在履职期间的言行进行必要的规范

现实中，发生未成年学生遭受性侵害案件的学校，往往也是管理松散、相关制度不健全的学校。与企业员工在上班期间的行为受到所在单位较多的管束不同，教师在平时的上班时间内，除上课必须严格遵守学校的课时规定之外，其他时间多由教师个体自主安排工作事项，个别责任心不强的教师在上班时间干着与教育教学活动无关的私活也并不罕见。从聘用关系上看，上班期间应当是受聘者向用人单位提供劳动服务的时间，受聘者在这一期间不得从事与本职工作无关的事项，否则即构成了对聘用关系的违背。为保证上班时间的劳动效率，用人单位有权对受聘者的劳动过程进行管理和监督，受聘者不得对此予以拒绝和排斥。对于学校而言，为了保证教育教学活动的效率，学校有权也应当对教师在上班期间的行为进行必要的管理和约束，以防止个别教师失职甚至“出轨”。

在预防校园性侵害事件的问题上，学校应当根据本校的实际情况，制定教师履行职务行为的守则，对教职员工在履职期间的言行进行必要的规范。比如规定，教师应尽力避免与学生发生身体接触（体育课上教师进行个别辅导和保护除外），尤其是对异性学生更是如此；上课期间不得随意让学生离开课堂；对学生进行个别谈话或辅导，只能在教室、会议室、办公室等公共场所进行，且不得关闭房门；在没有第三者在场的情况下，教师不得在教室、办公室或其他相对封闭的地点单独留下异性学生进行谈话或辅导；放学后留下学生应当事先征得学生的家长的同意，并通知班主任或其他主管教师等。学校通过对教师的言行进行规范和管理，减少、消灭发生意外事件的时空条件，最大限度地保护学生的安全。此外，学校还可以通过定期向学生、学生的家长乃至社区开展问卷调查的方式，对教师的教育教学及师德情况进行评价，从各个方面强化对教师的监督和管理。

第二节　性侵中：保护自己的安全理念

在日常生活中，若不幸真的遭受了不法分子的性侵害，女童在现场又应该怎么办呢？这个时候，一定要树立情绪控制、安全第一、证据意识、活用技术、审时度势、极限忍耐、敢于攻击等七大理念。

一、情绪控制理念

女性面临强暴时很少有不惊慌失措的。闭目、掉头、掩面、尖叫、哭泣、手脚发软、浑身战栗甚至昏厥或丧失心志等，都是女性遭遇不测时的典型反应。胆小似乎是女人的天性。武谚中有一句话叫："一胆、二力、三功夫。"这里排在第一位的是有"胆"，即心理因素格外重要，它是战胜罪犯的前提条件。从心理学的观点来说，人的心理对其言论和行为有着很大的影响作用，它能直接控制人的情感和支配人的行为。当女性遇到歹徒的侵害时，是大声呼喊、指责，怒斥罪犯，与歹徒周旋、搏斗，还是对歹徒的侵害表示出恐惧、软弱、退缩，向歹徒求饶等，对女性防身的后果有重要的影响，也是其能否保护自己、战胜歹徒的关键。

案例：

某省前不久抓获了一个歹徒，他曾先后两次拦路强奸妇女。第一次他在公路旁拦截了一名女中学生，这个女中学生在歹徒的突然袭击之下，吓得手软脚颤，昏迷过去，完全丧失了抵御能力。她的怯懦助长了歹徒作恶的胆量，使他的罪恶得逞。事隔几周后，这个罪犯又在原来的地方拦截了一名女孩，企图强奸。这个女孩并没有被歹徒的凶恶吓住，她不畏强暴，拼命呼喊，奋力反抗。双方的搏斗声与女孩的不断呼喊声，引起了过路行人的注意，在群众的协助下，这位女孩免于侵害，并当场将性侵者抓获。①

① 李泰良，郑卫平．女子防身术．成都：四川人民出版社，1986：16.

从这个犯罪分子两次犯罪的情况来看，两起案件的作案地点是相同的，作案时间都是夜间，被侵害者的年龄和身体条件也比较接近，同样是孤身一人，为什么结果却截然不同呢？主要原因是前者面对犯罪分子的突然来袭，缺乏抗暴的心理素质，过于紧张、恐惧和胆怯，以致丧失抵御能力。而后者面对凶残的犯罪分子能有效地控制自己的情绪，克服恐惧心理，在保证生命安全的前提下，表现出英勇顽强、奋力搏斗的气概，终于赢得了胜利。由此看到，在遇到犯罪嫌疑人袭击的时候，被侵害者的心理因素在其中起了很大作用。

二、安全第一理念

遭遇歹徒，刀子架在脖子上，衣服已被撕裂，歹徒要实施强暴，在这种危急时刻，女童孤立无助，完全处于劣势，说什么虚与委蛇已没有用，防身术已显得苍白无力，无法施展。这种时刻女童该怎么办？

老实说，这种时刻想办法活着才是最重要的，犯不上为这个白搭一条性命，留得青山在，不怕不能将歹徒绳之以法。女童要为家人、为自己好好地活着，只有坚强活着才能有机会控诉歹徒，将歹徒送入监狱。

案例：

一天中午，初二女生小旭（化名）与同班同学小梅（化名）、小春（化名）三人相约到山里识别植物。在深山老林里，三人却在不经意间走散了。小春和小梅先后回到了家里。邻村的二虎从这里路过，看见了林子里独自一人在观察植物的小旭。

二虎20岁冒头，个头不高，很结实。他不仅认识小旭，且早对她垂涎三尺！他轻步向小旭靠近。当离小旭还有三四米时，就一个箭步冲上去双手紧紧抱住了小旭。小旭猝不及防，一下子被吓昏了，瘫软在二虎的怀里。二虎怕小旭醒不过来会出人命，赶紧给她捶胸揉背。

小旭醒过来后，愤怒地斥责二虎，二虎却说，今天一定要得到小旭。小旭见二虎非常蛮横，知道不能硬拼。于是，小旭先假装屈服，但又提出不能简单做那种事，要有情调，让二虎抓她，抓住了才答应他。二虎以为小旭已经是煮熟的鸭子，不可能逃脱，就放心和小旭做游戏。一开始，因为距离较近，小旭只是躲闪，并不逃离，因为她知道这种情况下逃不掉。等二虎有一次不小心摔倒在地的时候，小旭才立即逃跑，为了避免被二虎追上，她选择钻进了树林。

本以为可以逃脱了，不想小旭踩在一块小石头上，跌进了五六米深的悬崖。

二虎被吓住了，赶紧到小旭坠落的地方查看。他见小旭正抽搐着身子，发出凄厉的叫声，而且很快双腿一伸，就不动了。二虎以为小旭死了，人命关天！他想：这件事谁也不知道，如果有人看到她的尸体，也会以为她是自己跌下去的，跟他没关系。于是，他又在悬崖边看了一下小旭，见她还是一动不动的，他这才放心地回家了。

其实小旭并没有死，她只是受了点轻伤。她是一个机智的女孩，坠崖后，她心想二虎肯定会来看，若自己起来就跑，二虎肯定还会纠缠，不如诈死，待二虎走后，自己再从容离去。一般来说，从这么高的地方摔下来，是会被摔死的。这前提可信，她果然骗过了二虎。

半个多小时后，估计二虎已经走远了，小旭才从地上爬起来，整理了一下被藤蔓挂烂的衣服，从容地向自己的村庄走去。

自以为得意的二虎想不到自己第二天就被县公安局抓去了。①

在上述案例中，年仅十三四岁的女学生小旭，于深山老林之中，在性侵者抱住自己的危机时刻，与其斗智斗勇，最后竟以戏耍的方式骗走了他，足见其心之定、智之高、胆之大！正是这种机智的斗争精神，让她最终保住了生命，获得了尊严，获得了胜利！

三、证据意识理念

当遇到犯罪分子对自己实施性侵害时，女童一定要有证据意识理念。所谓证据意识理念，包括两方面的基本内容，即收集有效证据和保护有效证据。女童可以通过以下两种途径获得有效证据。

1. 留下个人标记

案例：

云南某农村中学有位叫小娜的女生，一天晚自习后，在放学回家的路上，走着走着郭某忽然将她拦截住，要对她实施性侵害。小娜在设法反抗的时候，随手抓了一把稻草放在了犯罪分子的衣服兜里。之后这个郭某就开始逃跑，小娜就在后面一边追一边报警。由于小娜给警察说得很详细，说是在哪条路的哪个街道，于是，巡警就将郭某挡在了那条路的路口。小娜追过来后，就说郭某刚

① 未凯荣．智斗色魔：女子防范性侵害招数．济南：黄河出版社，2005：6-12.

才对自己实施了性侵害，做了坏事。而郭某不承认，还让她拿出证据来。小娜说："当时是在草垛里，我抓了一把稻草装在了他的兜里。"警察对郭某进行检查，发现在其衣服兜里真有一把稻草，郭某当时就耷拉着脑袋没话说了，只好承认。[1]

可见，在遭遇性侵害的情况下，女童一定要想出办法留下一些个人标记，才能尽快将犯罪嫌疑人绳之以法！

2. 抓痕或咬伤非常有用

现场遗留的毛发、精斑、抓痕等对破案都是非常有用的。很多情况下，犯罪嫌疑人要对女童进行施暴，此时对他留下抓痕等，便于后期的抓捕工作。

案例：

南京市某中学15岁的漂亮女生小荣，每天放学回家必须要经过一个偏僻的小径，一天下午，父亲由于有急事而没有按时在小径处等待小荣放学回家。于是，一名犯罪嫌疑人就在此小径处蹲守，等小荣到来时寻找机会对其施行性侵害。等小荣走过来后，犯罪嫌疑人从躲避处站了出来，强行要和小荣接吻，并在接吻过程中胆大妄为，竟把舌头伸到小荣的嘴里，小荣见机行事，一下咬掉他半个舌头。犯罪嫌疑人负痛而逃，由于犯罪嫌疑人掉了半个舌头须马上去医院手术，他刚到医院就被捉拿归案。[2]

可见，这些抓痕或咬伤是非常有用的。这些都是除使用防身器材以外，女童受到性侵害时的救助方式，可以让女童从生理和心理上得到弥补和救助。性侵害案件是非常严重的暴力犯罪，女童如果遭到性侵害，在保证生命安全的前提下，要力所能及地与罪犯做斗争。

四、活用技术理念

活用技术理念简单地说就是指女童在被犯罪嫌疑人控制的情况下，现场条件不允许呼救，又无法脱身时，为了有效地保护自己，可以因地制宜、因人制宜地灵活运用心理技术、物理技术和生理技术等，从而摆脱所陷入的困境，保护自

---

① 郝言言，陶红亮．防范性侵害．北京：人民卫生出版社，2012：27.

② 郝言言，陶红亮．防范性侵害．北京：人民卫生出版社，2012：30.

己不受侵害并设法抓获歹徒的理念。这就要求一定要掌握好时机和尺度，既不能过分让步，又要稳住歹徒，想出对策，打乱对方的犯罪计划。有条件的情况下，还可以出奇制胜。下面的案例虽是一起绑架案件，但在现实生活中，女童绑架时常是与性侵害相伴随的，这个案例虽属于性侵未遂，但是女童机智的逃脱技巧，论证了“活用技术理念”，是值得借鉴的。

案例：

某日下午2时许，某小学六年级的女生小冰正在一条小巷中行走，突然走过来一个长头发、瘦高个子的人向小冰问路，小冰就热心地告知并为其带路。在走到一条更小的巷子中时，小冰的嘴忽然被一双大手捂住，她扭头一看，捂住她嘴巴的正是这个长头发、瘦高个子的人，这时旁边又忽然冒出一个平头胖子，用尼龙绳把她的手脚绑了起来。原来他们早有预谋，早已商量好在这个更小的巷子中绑架小冰。接着，小冰的嘴被他们用宽边胶纸粘住，一只大麻袋从头至脚将她套了个严实。她两眼一黑：糟了，遇上歹徒了。

麻袋里又热又闷，呼吸非常困难，她昏了过去……忽然一阵剧痛使她醒了过来，原来她的头部和左肋被重重地撞在地板上。这时，她听到火车的“隆隆”声和汽笛声，感觉自己躺在车厢里面。她又饥又渴又闷，便开始挣扎起来，一名绑匪走过来，踢了她一脚：“再动，老子现在就强奸了你！”小冰想，光挣扎没用，得想办法找机会逃出去。想到这儿，她渐渐平静下来。

不知过了多久，她感到有人在动袋口，车好像也停了。这时从头顶麻袋口钻进一丝凉气，她觉得自己轻松了许多。原来，两名歹徒见她长时间没有动静，怕她被闷死，于是，就将袋口稍稍松了一些。

两名歹徒嘀咕一阵之后，小冰随后听到两人离开车厢下了车，“当”的一声将门关上。过了一会儿，歹徒的脚步声听不见了。机会终于来了！小冰双手上举，用尽全身力气，头猛地往上顶，袋口开了。她伸出头后，从麻袋内滚了出来。车厢内黑压压的，她摸来摸去，触摸到一块车厢壁上延伸出来的铁板，忙将手架在上面，一上一下用力磨割绑在自己手上的绳索。大约有10分钟，套在手上的尼龙绳终于被磨断了。双手一松，她立即撕开嘴上的胶纸，并将套在脚上的尼龙绳解开。

前面一条缝透着光，是一道小门，她爬过去，摸到扣环，用力拉起，门开了。她探头向外张望，见四处没有动静，便纵身一跳，沿铁路往南跑。跑了200米长，听得后面有人喊：“小兔崽子，哪里跑！”接着便听到脚步声。不好，绑匪追来了，一定不能让他们抓到，不然自己完了！她不敢回头，拼命往前跑。

跑了十来分钟，顿时前面一片灯火通明，原来是个客车站，她就径直往前跑去，这时绑匪看见前面是车站，只好放弃，没有追来。

小冰跑到车站门口，可她没有进去，只是沿着铁轨继续往前，跑一会儿，累了，就走一会儿，不知过了多长时间，她看见前面有一座高楼，便朝那里奔去……

小冰躺在深圳火车站的一个角落里。天渐渐地亮了，火车的汽笛声终于把小冰给唤醒了，她感到四肢乏力，饥饿难耐，便走向了一个饮食店。这时她引起了车站值班民警的注意。

得知小冰遭遇绑架逃至此地后，深圳火车站派出所民警热心地将她留下来，为她安排了食宿，又千方百计与她的家长取得联系。

3 天后的上午 9 时许，在深圳火车站派出所执勤室，父亲终于见到了女儿，一直坚强的小冰此时禁不住失声痛哭，扑向父亲的怀中。望着又黑又瘦伤痕累累的女儿，父亲禁不住掩面而泣。①

看完这个案例，我们不禁要为小冰的机智大大地点个赞，正是因为她能在紧急的时刻使自己冷静下来，沉着分析局势，灵活运用各种技术，并不断地给自己寻找逃生的机会，最终使自己逃脱魔爪得以获救。

五、审时度势理念

一旦身临“性暴力事件”情境，女童首先要做的事情之一就是审时度势，即对双方的力量情况、周边环境等有个大概的基本判断，从而对自己的防范重点做到心中有数。

案例：

某中学女生小 A，一天晚上，一个人外出打车，当时搭乘的出租车师傅是一位男性司机。当小 A 上车时，司机看到她独自一个人且长得很漂亮，天也黑了，就对她起了歹念，于是就把她强奸了。事后，她说了一句话“我已经记住你的模样了，我一定要报案”。他说：“既然你已经都记住我的样子了，而且还要去报案，那我还留着你干什么。”结果就是这一句话，使她断送了自己的性命，司机一刀就把她给杀了。②

① 郝言言，陶红亮. 防范性侵害. 北京：人民卫生出版社，2012：223-225.

② 李泰良，郑卫平. 女子防身术. 成都：四川人民出版社，1986：6.

上述案例中的女生或许是当时过于气愤，控制不住自己的情绪或者失去了自己的理智，才说出了那句让自己丧命的话。这也说明在面临危险情境时，学会审时度势很重要。具体来说，所谓审时度势，主要包括以下几点。

1. 看清加害人是属于哪个类型

当女童被歹徒劫住之后，为了有效地防卫自己不受侵害，这时不能立即与加害人硬拼，而应首先设法对加害人有一个比较清楚的了解，然后再采取相应的防卫措施。了解加害人的方法，可以先通过加害人的外部特征和言行，判定他是属于哪一类罪犯。如有的加害人蓬头垢面，凶相毕露，言语粗野，动作蛮横，手中还持有凶器。遇到这样的不法分子，应以防身为主，最好是不让其靠近自己，设法脱身。有的加害人穿戴比较讲究，说话举止像是受过一定的教育，而且作案形式常常以谈恋爱为名，企图达到犯罪的目的。对待这样的加害人可以采用政策攻心或者利用有利的地形地物，出奇制胜。

2. 摸清加害人身上是否携带作案凶器

在作案时有的加害人使用凶器对女童进行恐吓，这时可以通过观察直接发现，加害人使用的是什么凶器，是真的还是假的，其威力大小如何。很多加害人开始作案时并不把凶器暴露给被害人，而作为一种秘密力量。这时，女童要注意通过其他渠道加以发现。当与加害人距离比较近时，要观察其腰部衣服内有无凸起的异物，其是否经常触摸自己身体的某一个部位等。当加害人强行与被害人接吻或搂抱时，女童可以趁机摸其身上，查明加害人是否藏有凶器。及时查明犯罪分子身上是否带有凶器是非常重要的，因为带有凶器的加害人直接威胁着被害人的人身安全，特别是在女童尚未察觉时危害较大。在可能的情况下，如果能了解罪犯所带凶器的情况（带的什么凶器、在身体的什么部位），女童就可以防身，知道如何去躲避凶器，而且有助于在攻击中采取相应的措施减少伤害或在适当的情况下利用该凶器保护自己。

3. 掌握加害人的作案意图

只有了解不法分子的作案意图，才能有针对性地同其进行斗争。比如，当女童被加害人劫住，这时要分析他的作案动机：是为了钱财还是想进行其他犯罪？是想在此地进行犯罪活动还是想转移到其他地方？

总之，在这种情况下，女童一定要保持沉着冷静，冷静地思考和分析，采取最有效的求救办法，切不可惹怒歹徒，那样只会给自己的生命带来危险。切不可选择跳楼等极端方式结束自己的生命。

六、极限忍耐理念

要想达到自我保护和防卫成功的目的，必须具备顽强的忍耐能力，绝不能由于肉体、精神受到伤害而失去反抗的信心。如果女童具有极强的忍受严重伤害和痛苦的能力，就会给加害人精神上造成巨大压力、行为上造成诸多障碍，使其目的难以得逞。

若不幸遭遇侵害，要树立生命高于一切的理念。人的生命只有一次，花谢了可以再开，而人的生命不能再来。要千方百计地坚强活着，因为只有活着才能目睹凶魔最终被绳之以法。

案例：

晓莲（化名）是一名初中三年级的学生。这天下午放学后，她就往回家的路上走。从学校到家的道路两旁都种着玉米，这个时节的玉米长得比晓莲都要高。不过，这条路她走过无数次了，完全没有陌生感和恐惧感。就在晓莲走到距离自己家所在的村子还有1000米左右时，突然从路旁的玉米地里窜出来一个人，将一把尖刀架到她的脖子上。突如其来的险情让晓莲惊恐万分，脖子上冰冷的尖刀也让她不得不顺从地被对方拉进路旁的玉米地。到了玉米地里后，那人一把将晓莲推倒在地，晓莲本能地挣扎着，叫喊着。与此同时，那人随着晓莲的喊声，重重地将拳头打在了她的头上，晓莲拼命地挣扎着与他厮打，但弱小的她终究不是那个人的对手，很快她就没有了力气。那人将晓莲的脸朝下按到地垄沟里，然后将她的双手背到了后面，并用绳子捆住了晓莲的双手。晓莲意识到自己遇到歹徒了，但她不清楚这个歹徒想要做什么，她提醒自己不能眼睁睁地看着歹徒为所欲为，一定要想办法自救。然后，她用颤抖的声音哀求着歹徒："大哥，你要干什么？我只是一个学生，你放过我吧，我一定会感激你的……"晓莲的哀求立刻被歹徒打断："闭嘴，再说话我杀了你！"晓莲不敢再说什么了，她害怕歹徒真的会对自己做出什么伤害的事情来。就在她寻找脱身的机会时，歹徒又开始用胶带一圈圈地把晓莲的嘴巴封了起来。

接着歹徒将晓莲书包里的东西全倒了出来，并很快发现了晓莲没来得及交给老师的195元学费钱。晓莲原以为歹徒找到钱后会放过自己，但当歹徒将钱收到自己的口袋后，嘴角泛起了一丝诡异的微笑，他将尖刀放到一旁，一下子扑到了晓莲的身上，并开始撕扯着她的衣服。晓莲立刻意识到歹徒想要强奸她，于是她奋力地挣扎和抵抗着，但歹徒如雨点般的拳头让晓莲一点反抗的机会都没有，最终被歹徒得逞了……

但事情并没有结束，就在歹徒穿好衣服以后，他看了看此时正愤怒地盯着他的晓莲，随手拿起了地上的尖刀，突然向晓莲的头部刺来，晓莲急忙将头躲向一旁，刀子一下落空了。晓莲意识到歹徒这是要杀人灭口。她迅速地想着：自己的双手被捆，嘴巴也被封住了，根本就不可能是歹徒的对手。而这时候，歹徒又向她刺来了第二刀，她又一次将头躲向一旁，但这一次歹徒的刀尖还是扎到了她右侧的脖子上，晓莲只感觉脖子上一阵疼痛，随之就有血液喷溅出来，此时一个念头蹦入她的脑海中：装死。她立刻将头耷拉向一旁，全身一动不动。果然，歹徒的尖刀没有再向她刺来，晓莲不知道歹徒下一步会做什么，但她又不敢睁开眼睛看，只能惊恐地屏住呼吸等待事态的发展。这时，晓莲感觉到歹徒将指尖放到了自己的鼻子处，她意识到歹徒这是在试探她还有没有呼吸以确定她是否真的死了。晓莲此时死死憋住气，不敢露出一点点气息，不敢有丝毫的动作。不知道过了多久，歹徒终于将手拿开了，站起身来，但晓莲仍旧不敢呼吸，仍旧不敢动一下。这时候，歹徒又用脚踢了踢晓莲的身体，见她没有任何反应，这才离开了。

此时玉米地里一片沉寂，晓莲感觉自己再不呼吸就要被窒息而死了，她也听到歹徒的脚步正在向外跑去，等脚步声渐渐听不到了，她这才敢悄悄地吸起气来。但她仍旧不敢用力吸气，更不敢动弹，她害怕歹徒会再折返回来。静静地等了几分钟后，见歹徒并没有折回来，晓莲这才敢睁开眼睛并用力地吸起气来，用力吸了几口气后，她顿时感觉到脖子很痛。她不知道自己伤得有多重，只想站起身来，但经过几次努力，她还是站不起来，几番挣扎才把双手解开。而这时候，她看到散落了一地的书本，便挪动着身体将书本整理好装进书包。然后拉着书包开始奋力地往玉米地外爬去。可刚爬几下，她就感觉书包异常的沉重，但想到书包里有自己上课要用的课本，她又舍不得丢下，拉着书包继续往前爬，但确实真的是爬不动了，她这才将书包丢下，继续往家里爬去……此时离家的路还有近1公里，晓莲忍着疼痛向家里爬去。很快，她双手的指甲都被折断了，但她也顾不了那么多，每爬一步，身上都会引起一阵疼痛，她抬头张望着道路的两端，期望着有人能够路过救她，但一个人影也没有，她知道只能靠自己爬回去了，不然她会因流血过多而死在这里。她不断告诉自己：“不能停下来，停下来只有死路一条！必须爬回家去，要活下来，要抓住那个歹徒！”最后她凭借着强大的信念，忍着疼痛，让自己不停地继续往前爬……终于，有村民发现了晓莲，背起了她就往她家里跑，此时晓莲已经昏厥过去了。20分钟后，晓莲就被送到了镇上的医院，值班的医生将她脖子上的胶带圈剪开，为她清洗了伤口，但却无奈地告诉晓莲的母亲："晓莲的颈静脉被割破了，在镇医院恐怕要被耽误，赶快送到市里的医院吧！"然而镇上离市区将近110公里，但最后晓莲的母亲还是决定将晓莲送往市里的医院，经过一路折腾，于当晚8点，晓莲终于被送到了市里的医院，由于晓莲的脑部缺血长达两个多小时，她仍旧处于半昏迷的状态。在医生的及时抢救下，在家人紧张地等待中，手术成功了。而在第二天，当晓莲慢慢地苏醒过来时，看到病床边的妈妈，她的第一句话就是："妈妈，我的书包找回来了吗？报警了吗……"①

这个案例正是受害者依靠强烈的求生意志保住了自己的性命。

七、适时攻击理念

年龄较大的女童对付性侵者，在保证生命安全的前提下，克服恐惧心理，可适时攻击。因为恐惧会使人丧失智慧和勇气，最终丧失逃脱的机会。例如，一个男青年因失恋心理变态，向社会发泄怨恨，在一个多月的时间里于同一地点连续杀害了几个女孩。案子告破后据该罪犯讲，这些女孩子看到突然出现的他及他手里明晃晃的刀，都吓得浑身发抖，跑不动了，从而给了他大开杀戒的机会。再比如，一个歹徒强暴了一个17岁的女孩后要杀人灭口，女孩瞪着歹徒一言不发。歹徒问："你为什么不呼救？"她说："此处太偏僻，无人能听到。"又问："你为什么不向我求饶？"她说："没有用，求饶你也不会放过我！"歹徒再问："你为什么不反抗？"她说："打不过你，反抗也没用！但你要记住，我死后绝对不会放过你，就是变成厉鬼，也要把你缠死！"既然死都不怕了，为什么不敢与歹徒斗智斗勇放手一搏呢？这个歹徒玩够了猫戏老鼠的把戏后，还是把她活活掐死了！②

防卫专家指出：大量事实表明，在合适时机进行激烈的反抗往往能够避免遭受强奸和获得生存的机会，女童进行挣扎、喊叫、尖叫、拳打脚踢、撞头踢腹能给强奸者造成伤害，能令对方产生恐惧，能引起周围人群注意，也有可能中止犯罪。③

① 生死对峙，千米血路少女爬回了家 . https://zhidao.baidu.com/question/243521922.html[2017-02-12].

② 未凯荣 . 智斗色魔：女子防范性侵害招数 . 济南：黄河出版社，2005：3.

③ 史运通 . 新女子防身术 . 北京：解放军出版社，2008：11.

案例：

王某是一名17岁的中学生。一天她从同学家回自己家，行至公路上，被一个骑自行车的歹徒拦着去路。开始，歹徒哄骗王某，要求与其到江边去玩一玩，图谋强奸。王某觉察后，断然拒绝。这时歹徒掏出尖刀，不顾一切地向她胸前刺来。王某急忙躲开，左手握住歹徒的刀柄，右手与其继续奋力搏斗。搏斗中她虽然身上和脸上多处被刺伤，鲜血直流，但她毫不畏惧。而歹徒由于心虚，脚下一打滑，打了个趔趄，王某趁势将尖刀夺下；这时歹徒虽然仍猖狂反扑，并挥动拳头向她的头部打来，但王某斗志勇猛，被迫以刀相迎，把凶犯当场刺倒，最后在周围群众的帮助下把歹徒送到了公安局。①

针对王某夺刀斗罪犯、不畏强暴、敢于斗争的事迹，共青团吉林市委员会授予了其“模范共青团员”的光荣称号。①当人们问她与罪犯搏斗时怕不怕，王某回答说：“我不怕，因为我这样做不光是为了我，也是为了更多的女孩不再受其害。”王某只是一个17岁的中学生，为什么能战胜一个拿刀的罪犯呢？关键就是她敢于同犯罪活动进行斗争。

女童在碰到危险时，首先要敢于放开喉咙呼救；当发现对方有薄弱处时，可出其不意揪住不放，控制对方；当看到地上有反击物（如石块、木棒）时，可佯装蹲下系鞋带时捡起以震慑对方。另外，女生普遍有随身带包的习惯，包里往往装有笔、小刀等日常用品，被侵害人遭犯罪嫌疑人劫持后，要冷静地想到自己随身携带的物品中有无可用来防卫的物品，乘犯罪嫌疑人不备之机果断用以自卫，如用发卡、削笔刀等袭击犯罪嫌疑人眼睛等部位。

总之，女童在遇到性犯罪侵害时，要做到有效防卫、摆脱和制服犯罪嫌疑人，必须具备良好的心理素质，综合使用体能和智能技巧。如无法抵抗时，要注意记住罪犯的年龄、身高、声音、体貌特征等。遇到侵害后要及时报警，并尽可能地提供证据，千万不可自认倒霉，否则后患无穷。家长发现女儿被强奸后，也应及时报警。被侵害者必须同公检法机关密切配合，才能有力地打击罪犯，有效地保护广大女性的人身权利。被侵害者及其家属应打消顾虑，公检法机关会为被侵害者保密的。千万不要只顾面子而放弃自己的控告权、申诉权。

---

① 李泰良，郑卫平．女子防身术．成都：四川人民出版社，1986：19.

第三节　性侵后：心理调适与修复理念

当遭受到性侵害后，多数的被侵害者不敢告诉自己的父母，而是选择自己默默承担。这一方面是因为孩子受到侵犯者的威胁，害怕父母惩罚自己，另一方面是因为有些孩子根本不知道侵犯者对其的所作所为是一种犯罪。在以往的性侵害案件被发现时，有些被侵害者已经被侵害了很多次，甚至持续了更长时间，如果父母没有及时地发现，那么性侵害可能会持续地发生在孩子身上，这对于孩子未来的身心发展来讲，是一件多么伤痛的事！因而遭遇性侵后，不论是女童、家长还是学校都应该具备一定的正确处理理念。

一、女童自身

1. 敢于和犯罪嫌疑人做斗争的理念

在以往披露的性侵害案件中我们可以看出，侵犯者总是以威胁恐吓或保守秘密的方式不让孩子告诉父母或身边亲密的人。当遭受性侵害的孩子年龄小的时候，她们只是会害怕、恐惧，不清楚发生了什么状况，只会机械地听从侵犯者的威胁。当遭受性侵害的孩子年龄相对大时，她们就会担心告诉了父母会遭到他们的打骂和惩罚。在这种情况下，女童一定要有敢于和犯罪嫌疑人做斗争的理念，为此必须做到以下几点。

（1）不保守犯罪嫌疑人的“秘密”。请记住，如果有人威胁你，这个时候我们不应该替他们保守“秘密”，这是对自己有危险的。另外，如果我们把“秘密”告诉了父母，父母非但不会打骂我们，还会保护我们。总之，不管生活中是否遇到了性侵害事件，我们都要把自己的真实感觉告诉父母或自己信任的人。

（2）在第一时间向警方报案。不要为了自己的名誉、将来的生活以及顾及家人亲友脸面，而选择沉默或私了。那只会纵容犯罪嫌疑人，使他变本加厉，导致更多的姐妹被侵害。不将犯罪行为诉诸法律是对自己、对社会不负责任的表现。

（3）保留有效证据。性侵害无法避免时，要设法保留人证、物证、视听资料等证据（如对方的精液、头发、长相特征等），越多越好，必要时可由警察陪同去医院提取证据。要及时检查身体，以防止内伤、怀孕或感染疾病等。

2. 心理调适理念

人生无常，遭到性侵害后要设法稳定情绪，不必有负罪感，不必有沉重的思想负担。记住，这不是你能避免的，你已尽了最大努力了，这根本不是你自己的错。

另外，遭到性侵害后不要闭口不谈，闷在心里，要及时进行心理疏导、心理咨询，及时医治精神创伤，可向你信任的家人、朋友、心理工作者或老师、医护人员倾诉。

3. 勇于面对不幸的理念

别林斯基说过："不幸是一所最好的大学。"鲁迅也说过："用笑脸来迎接悲惨的厄运，用百倍的勇气来应付一切的不幸。"只要天空还有星星闪烁，就不怕人生路有多坎坷。遭受侵害固然不幸，但甘受厄运摆布、熄灭青春之火，就更可悲！人生路充满了光明和爱，遭受侵害并未失去心灵的纯正，仍然能为自己的崇高理想而奋斗。要心存希望，面向未来，相信幸福的时刻总会到来。

二、家长

1. 了解并及早发现性侵迹象理念

儿童遭到性侵害后，其身体、情绪等相应会有一些变化。低龄阶段女童不懂得性侵害是怎么回事，性知识又欠缺，对性侵害的认知有偏差，没有办法详细具体地表达自己所受到的伤害。高龄阶段女童不仅会胆小害怕、内心恐惧不安，也会有很强的羞耻心，觉得自己做了丢脸的事情。因此，在日常生活中，家长一定要细心地观察孩子的身体、情绪以及衣物上的变化。以下是孩子遭受性侵害后经常表现出的一些迹象。

（1）孩子突然出现带有性特征的行为。出现这种行为的女孩年龄越小，越是有可能表示其遭受到了性侵害。其中，这些行为主要表现为：突然出现想要触摸自己或其他孩子甚至成年人的身体，或者想要自己的父亲或母亲触摸自己身体的欲望。当女孩出现这种行为时，常常是为了试图使自己曾经遭受的性侵害行为正常化。而如果女孩不是遭受性侵害，则另一种可能就是她观看了一些不健康的色情资料或影视作品后模仿得来，这时候也需要父母及时给予正确的教育与引导。

（2）孩子时常突然出现恐惧感。这一现象的出现，表示孩子在心中表现出对某一个人的恐惧，害怕看见、面对那个人，或是害怕参加他们通常期望参加的某项定期的活动，或是有一种强烈的不愿与他人交朋友、不愿被人打扰、不愿被某人关注的倾向和愿望。这可能出于侵犯者在侵害过程中给女童带来的恐惧感，或是因为这样的关注可能会让他人观察到曾发生在自己身上的不幸。

（3）孩子的性格突然发生变化。主要表现为：孩子从以前特别安静、文静的性格突然变得脾气很暴躁，好与人顶嘴，很容易就生气等，或是从一个性格外向活泼、好玩、喜欢交朋友的女孩，突然变成一个安静、孤僻甚至冷漠、只喜欢一个人待在一个小的空间里的人。总之，女孩的性格与以往相比，突然发生了很大的变化。

（4）孩子的行为发生变化。主要表现为：对他人会突然发生有愤怒和侵犯的意向。年纪较小的孩子，可能会从以前经常与小朋友、伙伴一起开心地嬉戏玩耍突然变成喜欢欺负弱小，随意抢夺他人玩具、不合群。而年纪较大一些的孩子，则可能会将她心中的不满或愤怒表现为对某种物质的滥用如抽烟、喝酒等，或者表现出异样的追求如烫发、染发、打耳钉等之类的行为。

（5）孩子睡眠失调。表现出与以往不同的睡眠规律与习惯，例如，比平时睡的时间更多或更难以入睡，或突然会在睡眠中被惊醒等。这时候的孩子有可能会为秘密或隐私所困扰，或者是被侵犯的阴影惊醒、做噩梦等。而孩子也经常会在睡觉时身体不停地发抖，或者喜欢蜷缩到一个角落睡觉，或者总会不停地反复检查自己房间的门已经锁上后才敢入睡。

（6）孩子表现出纵火或突然喜欢玩火的迹象。出现这一迹象可能与遭受性侵害有一定的关联，这可能与孩子曾经受过虐待有一定的关系。对年纪较小的孩子来说，这种入迷会表现为画有火的画，或者画画时会使用很多红色的颜料。

（7）孩子会画一些奇怪的图画。绘画是小孩子平时生活中的一大兴趣爱好，若她们还不能用详细、烦琐的文字来表现最近的生活状况与心情变化，就只能通过画画将自己的生活状况以及想说的话表现出来。例如，她们会在画中展现出自己在强有力的某个人面前显得毫无还手之力与无能为力，来说明自己遭受了性侵害等。

（8）孩子的饮食突然变得没有规律。主要表现为吃得过多或吃得太少。频繁受到性侵害的花季少女或迅速发胖，或患上厌食症，以希望自己对侵犯者不再具有吸引力。

（9）遭受性侵害后，女孩可能会产生生理变化。例如，有不正常的阴道分泌物，生殖器区域的瘀伤、疼痛，无法解释的擦伤或伤口，身体上有一些异样的痕迹如抓痕等，或者会出现尿频、排尿困难等症状。当父母给孩子洗衣服、洗澡，发现有这些征兆时，一定要详细地询问孩子原因，不能大意或简单处理，要带孩子去医院做一个全面的检查，避免疏忽大意而给孩子身体造成更大的伤害。

（10）孩子出现反常的变化，主要包括孩子个性、举止、习惯、喜好和厌恶等之类的变化，还有明显改变对以前喜欢的事物的态度。例如，突然改变运动爱好，走路或者坐下的时候比较困难且姿势还很奇怪；厌恶男性、拒绝跟男性有身体上的接触；抗拒与父母亲热；厌恶别人碰她们的身体；害怕洗澡，担心被妈妈触摸到自己的隐私部位；孩子经常会抱怨身体不舒服(屁屁痛、小便痛、肚子痛）等。情绪上的变化有：不愿意跟其他人玩，只愿意自己独处；不愿上学、成绩下降；做噩梦、说梦话；脾气暴躁、性格古怪；挑食、厌食；情绪低落，如害怕、恐惧、愤怒、绝望等。衣物上的变化有：衣物上有血迹、精斑、体液；衣物有明显的撕拉破坏状等。①

以上这 10 种迹象都是孩子遭受性侵害后可能出现的一些变化，或许并不一定全是这样，或者并不全面，但只要父母平时多注意与孩子交流，观察孩子日常生活习惯、精神状态，在帮孩子洗澡或洗衣物的时候，多观察和留意孩子的下半身或内衣裤，就能很好地帮助孩子及时地从水深火热的处境中走出来，降低其遭受的伤害与痛苦。

案例：

15 岁的女孩圆圆（化名）突然不愿去上学、不愿见外人，脾气暴躁，一点儿小事都能使她大发雷霆，这引起了家长的关注。刚开始父母以为孩子是生病了，后来在日常生活中仔细观察发现，孩子不仅行为怪异、精神恍惚、晚上说梦话，而且很容易被惊吓，后来还出现了尿床的情况。在多次耐心询问下父母才知道，原来孩子在学校里经常被老师强迫抚摸阴茎，强迫口交，甚至被强迫将玻璃球塞入其阴道。但因为经常受到老师的威胁和恐吓，“你要是不按我说的做，我就告诉你的家长，说你在学校里不听话，让你父母打死你”，圆圆不敢告诉父母，才使老师明目张胆地对圆圆做出这等恶劣的事情。②

家长不仅要关心孩子的生活起居、吃饱穿暖，还要在日常生活中多观察孩子在情绪情感上的变化，通过蛛丝马迹，及时地发现孩子的变化。一旦出现了以上某种情况，家长一定要马上警惕，查明真相，进而采取相应的措施。

① 郝言言，陶红亮．防范性侵害．北京：人民卫生出版社，2012：7.

② 林甲针．构建儿童“性”防线．福州：福建教育出版社，2014：75.

2. 消除孩子恐惧心理理念

大多数受过性侵害的孩子在事件发生之后会选择沉默。一方面，因为性侵者总是以威胁、恐吓的方式吓唬孩子。比如，性侵者会说，“如果你告诉别人，我就会杀了你全家”,“这是我们的秘密，你告诉别人就会被天上的神仙惩罚”,“如果你告诉别人，我就把你在学校的表现告诉你的父母，让你的父母揍你”等。小孩子的世界是非常简单纯粹的，很难承受这样的威胁、恐吓和压力。作为一个弱势群体，她们充满了无奈，能做的多是屈从。另一方面，有些父母并不相信孩子说的话。在中国的传统文化中，尊师重道的思想根深蒂固。在大多数家长的心目中，教师就是神一样的存在，教师说的都是正确的。如果孩子真的出现了被老师侵犯的事情，有些家长也会认为是孩子欺骗了他们。家长要改变这种观念，教师也是普通的人，具有人的属性，不可能是完美无缺的。从这个层面上来讲，给予孩子一个说真话的环境，可以使孩子尽早得到帮助。

另外，家长要平和地询问孩子事件发生的整个过程和具体细节，不要表现出明显的愤怒、吃惊等情绪，以免吓到孩子。也许刚开始孩子会不承认，但家长也不要恼羞成怒，责骂孩子，要慢慢地引导孩子将全部的细节都讲出来，消除孩子惧怕父母打骂的心理。等孩子讲完整个过程以后，要给孩子一个大大的拥抱，告诉孩子：谢谢宝贝能够这么信任爸爸妈妈，爸爸妈妈也相信你。以后爸爸妈妈会更爱你，也会更好地保护你。

3. 调整心态理念

若真的很不幸，我们的孩子遭受了性侵害，孩子的生理和心理已经受到了各种创伤，未来可能需要很长时间的调整和康复，那么家长首先要调整好自己的心态。家长一定要相信孩子，给予孩子充分的信任，耐心地倾听孩子的心声和诉求，千万不可一味地责骂孩子。要知道，孩子还那么小，身体和心灵遭受到如此之大的伤害，作为一个成年人一时之间都没有办法适应，更何况是一个孩子？所以，家长要给予孩子一个充满信任和宽容的环境。

要想更好地帮助孩子走出性侵害的阴影，家长自己首先要走出来，要调整好自己的心态。因为在这个时候，只有家长才能够真正地帮助孩子，给予孩子一定的安慰和关爱。

4.“受到性侵害≠坏孩子”理念

一旦孩子遭受了性侵害，孩子在生理上和心理上就会出现各种创伤。生理上，她们会很害怕洗澡、害怕别人触碰到自己的身体，尤其是敏感部位。心理上，这些孩子可能会严重缺乏安全感；她们的自我认同感大幅度下降；她们可能会厌恶包括自己父亲在内的所有男性；出现对他人甚至是整个社会的不信任感，这种不信任感可能会使其以后的人际交往出现障碍等状况。而心理上的伤害相对于生理伤害也会更深、更复杂，心理创伤也会随着时间的推移越来越深。从内心来讲，她们会认为自己做错了事情，是一个坏孩子。这将会阻碍孩子后期的康复。孩子后期的康复与家人对孩子的态度以及怎么认知这件事情有着千丝万缕的联系，这会严重地影响孩子的自我认知。因此，父母要明确地告诉孩子，受到性侵害并不是孩子的错，发生这样的事情，并不代表孩子就是坏孩子。相反，父母会比以前更爱她，并且也会一直在她身边支持她、保护她、帮助她。只有在这样一个充满爱、宽容和轻松的环境下，孩子在整个事件中所出现的各种生理和心理创伤才能慢慢地康复，从而自尊自信起来。

5. 尊重孩子意愿理念

若孩子遭到了性侵害，很可能会出现厌学、挑食、不愿意跟人交流，尤其是不愿意跟男生玩等状况。家长一定要尊重孩子的意愿，不可强迫孩子去做她们不愿意做的事情。比如，孩子若不愿意去上学，那就先不去上学，或者把孩子转到一个她愿意去的学校；孩子不愿意跟男孩子玩，那就不跟男孩子玩；孩子不愿意吃某些食物，那就换成她喜欢吃的食物；孩子不愿意让包括爸爸在内的所有男性接触自己，那就先拒绝一切男性接近孩子……这个时候，作为家长，一定要充分地尊重和理解孩子，接纳孩子的一切行为和反应。

6. 避免“二次伤害”理念

对于那些遭受过性侵害的孩子来说，遭受性侵害是“一次伤害”，缺乏隐私保护的检查和鉴定则成为“二次伤害”。甚至“二次伤害”对孩子心理发展的不良影响要远远高于“一次伤害”。

案例：

一名53岁的农村小学老师被发现性侵了多名女生。这件事情被曝光以后，这些不到12岁的小女孩就在人们的视野下到当地一所中医院的妇科诊室进行检查。一位家长这样描述当时的场景，“在里面做检查时，家长哭，孩子也跟着哭”。由于家长不相信检查结果，当地警方又从市里请来法医重新做鉴定。①

① 曾晓梅．让女孩远离性侵害．呼和浩特：内蒙古人民出版社，2015：94.

反复的医学检查也在一些未成年人性侵案中出现。其中一个性侵案中由于两次处女膜鉴定结果不同，一位家长甚至向媒体公开展示了一条孩子带血的内裤。受过性侵害的孩子一共做了 3 次笔录，反复向有关部门描述事发的细节等。一位家长向律师透露："孩子在家里哭，说不要再打官司了。"

孩子向警方和媒体反复叙述性侵害经历后，更加焦虑。媒体曝光后所带来的社会舆论，更是给很多当事人的生活带来了意想不到的麻烦。有的被侵害者家长起初积极接受媒体采访，后来却躲着媒体，陌生电话都不敢接听。他们抱怨，有些电视台没按他们的要求给脸部打马赛克，让他们暴露了身份，邻居和亲友知道后都在问。扛着摄像机直接闯进家里到处拍的记者也不少。一家都市报详细地披露了某起性侵害事件的过程。在报道中，一位被侵害女生向记者讲述了她和侵害者怎么认识以及如何去开房、为何去事发地的经过。

实际上，披露这些细节，不仅激发创伤，而且对一些内心有性侵害倾向的人，也是一种示范。在上述重重压力下，部分被侵害女生不想上学了。不少家庭则选择了逃避，给孩子转学或者举家搬迁，换一种环境继续生活。

在确定孩子已经遭受性侵害以后，由于儿童语言表达能力和记忆能力有限，认知与识别能力较差，加上紧张、害羞、恐惧心理，儿童难以将被侵害情况表达完整，并且容易受到他人的诱导与教唆等，致使陈述不完整甚至存在虚假内容，此时家长最好不要让孩子反复地描述事情的经过以及事情发生时的具体细节，避免孩子受到"二次伤害"。同时，家长也不要一味地责骂孩子："你怎么不早说呢？""你怎么那么傻呀，怎么不会呼救呢？"这样会让孩子觉得自己做错了事情，进而产生错误的自我认知，影响其以后的康复。另外，家长在报案录口供的时候也一定要注意说话技巧，同时采用备份的方式，比如录音、录视频等，千万不可反复地让孩子录口供，这都会使孩子受到"二次伤害"。

7. 保留证据理念

女童性侵害案件存在五大司法困境，即"取证难、保护难、救济难、赔偿难、定性难"[①]。其中，取证又是案件定性处理的首要基础。而"取证难"又主要是这类案件自身特点所致：一是性犯罪案件具有隐蔽性的特点，大多数发生在只有加害人与被害人二人在场的情况下，一般没有目击证人；二是被害女童年龄小，不懂得保全证据，有的孩子被侵害后即时洗清了加害人留在其身体上、衣物上的精液等证据，有的报案不及时，证据早已遗失；三是被害女童认知和表达能

① 邓新建．办理女童性侵害案存五大司法困境．法制日报，2012-04-26.

力欠缺，其陈述要么过于幼稚、叙述不清，要么表述过分成人化、易受质疑，证明力较低；四是不少被害人及其家属出于顾虑名誉、“二次伤害”、加害人胁迫利诱等抵触调查，不愿配合取证，或者推翻原有陈述。[①]性侵未成年人犯罪案件的这种隐蔽性、证人少、物证少、供证矛盾等特征，导致司法实践中对此类案件的事实真相难以辨明。因此，当确定孩子遭受到性侵害以后，父母及监护人应当及时捕捉被害儿童的异常，及时报案并固定证据[②]，这有利于缩减案前的程序时间。这些证据包括：

（1）医疗评估证明。女童遭受性侵害后，必然出现一些生理上的变化或者特征，这些变化或者特征是能够证明性行为曾经发生的证据。此时家长一定要先带孩子去医院检查身体，进行创伤处理和医疗评估。医疗评估可以作为后期控告犯罪嫌疑人的证据之一。

（2）各种物证。性侵害案件中一般没有第三人在场，因此粘有侵害人精液的女童衣裤、床单（包括床上遗留的各种血迹）、事发地的纸巾等，当事人衣物、体液痕迹、指纹痕迹、作案工具等，都是最直接的物证，要妥善保留这些物品。如果女孩身上带有这些残留物，不要立即给其洗澡。

（3）电子证据。针对发生在公园、酒店等有监控场所的性侵害案件，应及时报案并提取全部监控录像；针对当事双方存在事前、事后通信联系的案件，应及时调取并保留通话记录、短信记录、网络聊天记录等证据。

（4）其他证明。除处女膜是否破裂的检查和精液鉴定这些能够直接证明侵害事实的证据外，以下证据对于案件认定仍然具有重要的作用：①被害人身上的伤痕；②被害人抓伤侵害人的伤痕；③被害人被撕破的衣服；④从犯罪嫌疑人处获得撕扯过的衣服；⑤迷奸案件中剩余的药物或者盛放这些药物的酒杯、水杯等；⑥被害人对犯罪嫌疑人隐私部位及特别特征的描述；⑦被害人对犯罪嫌疑人穿着等特征的描述；⑧侵害人是否在场的证明；⑨与网络有关的性侵害案件中的网址、IP 信息以及聊天记录；⑩犯罪嫌疑人承认罪行的录音。[③]

收集能够证明犯罪嫌疑人有罪的相关证据并及时报案对于被侵害女童及家长非常重要。同时，家长要用孩子能够理解的语言和方式告诉孩子，身体上所受到的伤害很快就可以康复，让孩子不要太过担心。还要告诉孩子，父母会一直陪着她、守护着她，请她安心。

---

① 王慧，贾密．惩治性侵害未成年人犯罪的现实困境与制度转型．法律适用，2014（8）：23-27.

② 申群翼．论儿童性侵害案件侦查难点及对策．铁道警察学院学报，2016（3）：47-50.

③ 曾晓梅．让女孩远离性侵害．呼和浩特：内蒙古人民出版社，2015：134-135.

8. 敢于维权理念

当确定孩子受到了性侵害以后，家长一定要第一时间报警。家长一定要冷静面对，千万不可“头脑发热”地去教训犯罪嫌疑人，以免自己也触犯了法律，最终也是无益于孩子的。首先，家长要在不引起“二次伤害”的情况下，让孩子对当时发生的事情完整地描述下来，并做好备份的准备。其次，家长要带孩子去医院进行医疗评估和创伤处理。同时，也要注意保存孩子的内衣裤，保留证据。

有些家长，一方面碍于面子，另一方面为了获得一定的经济报酬，不是选择第一时间报案，而是选择私下和解。这是一种错误的方法。其原因在于：其一，这使得犯罪嫌疑人实施侵犯时留下的证据灭失；其二，这使得犯罪嫌疑人有时间选择逃离，进而逃脱法律的制裁。

案例：

由于未成年人性侵害案件立案难、取证难，因此被害人往往并不主动报案。在某次被统计的340件案件中，不主动报案的案件有36件，占案件总数的10.6%。目前公安机关严格的取证方式等对于未成年人遭受性侵害案件并不适合。某地就曾发生一件令人心情沉重的案件。15岁的小兰被同村人强奸导致怀孕。在怀孕4个月以后父母才发现并报案。但由于没有确凿的证据，警方无法对犯罪嫌疑人采取强制措施，需要等孩子出生以后做DNA鉴定，才能将犯罪嫌疑人绳之以法。而像这样拿到切实的证据后才能采取措施的取证方式对于未成年被害人来说付出的代价实在过于惨重。所以，被侵害的未成年人及其家长要及时报案，协助公安机关认真开展侦查，以尽早及时地获得足够的间接证据。①

三、学校

1. 帮助和保护受侵犯学生理念

如果真的很不幸出现了学校教师性侵学生的事件，学校一定要对此给予高度的重视。因为性侵害事件比较特殊，涉及学生的隐私。很多家长在知道自己的孩子遭遇到了这么不幸的事情以后，虽然很痛心，但却不愿意报案或向有关部门反映。其中一个原因就是，害怕在一次又一次的检查、鉴定、报道过程中，将孩子的隐私泄露出去，对孩子的心灵造成“二次伤害”。因此，学校不仅要保护好

① 沈丽萍．未成年人防性侵指导手册．苏州：苏州大学出版社，2014：42.

受侵害的学生，还要做好隐私保密的工作，不要泄露学生的姓名以及与性侵相关的信息；对学生的身体检查和鉴定一定要选择女医生和女警察；在孩子就学的班级尽可能选择女教师与之沟通交流；坚决不能在校园里、班级里明显地出现穿警服、开警车的情况；对孩子的询问要尽量一次性完成，不要让孩子反复陈述当时的情况，减少对孩子的“二次伤害”。由于性侵害事件对孩子及其家庭的影响都是深远的，孩子的康复周期也比较长，学校一定要做好准备，给予受侵害的孩子及其家长更多的关怀，帮助其更快地走出阴影。

2. 协助公安机关理念

在以往报道的性侵害案件中我们可以看出，学校若是出现了教师性侵学生的事件，学校可能出于对学校的名誉、地位等多种因素的考虑，将此事隐瞒不报，甚至有些学校会私下找到被侵害女生的家里请求“私了”。这种行为是极其不负责任的。性侵害行为对女孩的身心发展造成了不可磨灭的伤害，更可能直接改变了一个女孩、一个家庭的命运。这是一种很严重的犯罪行为。学校不应该为了自己的利益而全然不顾对学生的伤害，学校应该尽快将侵犯人移交相关的司法部门，使之承担相应的法律责任。若学校执意包庇侵犯人，则会使他为所欲为、肆无忌惮，这将会给其他女孩的安全造成一定的威胁。

教育部、公安部、司法部在《关于辽宁等地相继发生教师强奸猥亵学生事件的情况通报》中也明确指出：学校在发生危害学生的性犯罪案件时，要保护现场并立即向上级和公安部门报告，积极协助公安、司法部门尽快侦破案件，惩办犯罪嫌疑人；对推卸责任、延缓上报的要追究学校领导的行政责任，对包庇犯罪嫌疑人、隐瞒不报的要坚决依法追究有关领导及相关责任人的法律责任。①

① 沈丽萍．未成年人防性侵指导手册．苏州：苏州大学出版社，2014：98.

第五章

防范有术：女童性侵害的防范技术

“女童性侵害的防范技术”[①]是为了达到预防遭受性侵害、保护自身安全等目的而形成的一套关于女童自身防范的技术，主要包括心理技术、生理技术和物理技术。女童性侵害的防范技术是女童性侵防范举措的一项重要且有效的内容。

第一节 心理技术

一、心理技术的含义及特点

心理技术也可以称为心理防范，就是个体从心理方面消除那些可能招致犯罪侵害的因素。例如，能清醒地认识到自己生活的周围环境的治安状况，保持一定的对可能招致被害的情形的警觉度，同时还要能够对特定时间（易被害时间）、特定地域（易被害地域）和特殊物品的保管、运输条件有充分认识，力争做到认识全面、准确，心理准备充分，力戒侥幸和盲目自信；在感情方面，个体能控制自己的情绪，保持稳定的情绪状态，对突发事件冷静、沉着，切忌暴躁、狂喜狂怒或极度消沉低迷。

心理防范既需要智慧与一定的反应能力，也需要讲究技巧与策略，是可以通过教学与训练加以培养的。当个体遇到紧急情况时，如果拥有良好的心理素质和心理防范策略，就能冷静应对，与犯罪嫌疑人斗智斗勇，最终使自己逃脱或

---

① 由于本章所述的防范技术不只适用于女童，也可能适用于一般女性，故行文中“女性”“女童”都有，未严格区分。

获救。

二、常用心理技术

心理防范最核心的内容为斗智斗勇。通常情况下，我们一般建议的是要智取。但要如何智取呢？下面介绍几种常用且有效的心理技术。

（一）屈服法

屈服法，即佯装服从，稳住对方，分散对方注意力，麻痹对方，拖延时间，寻机脱身报警；或假装暂时答应对方条件，约定时间、地点，改日约会，待对方离开后报警。

案例：

一位农村中学的女孩晚自习休息时去厕所，忽然有一个身材高大、凶相毕露的歹徒手持匕首闯进女厕妄图强奸她。这个女孩开始有些紧张，但她很快就稳定了情绪，对歹徒说："这个地方太脏了，咱们到外面找个合适的地方可以吗？"这名歹徒以为她被吓唬住了，便答应了她的要求。两人刚出厕所，女孩趁其不备，挣脱了歹徒的控制，一面连续高声呼喊"抓流氓啊！抓流氓啊！"，一面顺手抄起地上的一根大木棒，防备歹徒行凶。歹徒被这种突如其来的行动吓住了，惊慌地逃走。[①]

在上述案例中，女孩首先佯装害怕屈服，用计逃出了原本狭窄封闭的空间，然后再大声呼救，同时顺势捡起地上的大木棒进行防备，最后成功自救。

（二）疯癫法

无论女性外在条件如何，性侵者可能产生犯罪企图，但对精神失常的女性可能避之不及。遇到歹徒欲行不轨之事，女童可以假装真的被他吓疯一样：狂笑不止，哭闹尖叫；屁滚尿流，污身秽面，可以在几秒内调动自己的情绪，使自己情绪激动，疯话连篇，让他确信自己真的被吓疯了，令他恶心不已；让他担心靠近自己存在危险；也可以突然倒在地上打滚，喊叫号哭，引来旁人围观，令歹徒惊慌失措。

---

① 李泰良，郑卫平．女子防身术．成都：四川人民出版社，1986：19.

案例：

某天日暮之时，17 岁的高中生小莹（化名）骑着电单车正在返家的路上。离家四五里路的田间小路两旁长满了一人多高的庄稼。恰在这时，迎面遇上了一个中年男子。这男子一看四下无人，小莹又生得俊俏，还骑着一辆新电单车，顿生歹意。他趁小莹不防备时，来了个突然袭击，一下子把小莹从车上拖下来，抱起来就向路旁的高粱地里奔去。

这名犯罪嫌疑人刘某，40 岁左右，这天，他因事到附近一个亲戚家，回家路上偶然遇到小莹，见周围没有人，打算把小莹强奸后，再抢走她的电单车。

“救命啊——”小莹挣扎着大呼。

刘某见势不妙，赶忙捂住小莹的嘴，凶恶地说：“你要再叫唤，我就掐死你！”

谁不怕死呢！刘某的恫吓起了作用，小莹不敢大声呼救了，但她仍然反抗着。

刘某抱着小莹向高粱地里只走了 20 多米，小莹就从他手里挣扎下来，撒腿就跑。但刘某又一把抓住了小莹的胳膊，二人厮打起来，小莹当然不是刘某的对手，被刘某摁倒在地上。

这时，小莹突然想出了对付歹徒的招数，就在歹徒扯下她的裤子之际，只听她“吭哧”一下，大小便全出来了。紧接着，她右手向裆里一捞，抓起大便抹满了自己的整个腹部。衣服上也弄得脏兮兮的。臭气熏天！

刘某怎么也想不到这女孩子会来这一手，望着小莹布满黄糊糊臭屎的双手和身子，刘某的欲望顿时全无。他站在地上，犹豫地瞪着小莹。小莹赶紧抓起被歹徒扔在地上的裤子，坐在地上遮住下身。

最后，刘某转身出了高粱地，骑上小莹的电单车走了。

回到家，小莹在家人的陪同下报了案，很快公安人员就抓住了刘某。①

（三）警告法

警告法，即义正辞严地告诉对方可能造成的严重后果，会帮助他们从错觉、幻觉回到现实中，意识到自己所做的一切，抑或佯装若无其事，理直气壮地说出一个亲友的名字吓唬对方。

案例：

高三女孩小芳（化名）一天下晚自习回家，被三名歹徒用汽车劫持，小芳

① 未凯荣．智斗色魔：女子防范性侵害招数．济南：黄河出版社，2005：7.

发现三名罪犯年龄都不大，很像初犯。她开始向他们说明自己来例假了，不能与他们发生关系。接着又问他们有没有姐妹，“假如你们的姐妹被犯罪嫌疑人劫了，要受到侮辱，你们会怎么想，怎么办？”然后又向他们宣传法律，指出如果他们犯了罪，将会受到法律的严惩，要被判刑，要进牢房。在她的教育下，三名歹徒中的两个放弃了作案的念头，而另一个仍执意要性侵小芳。这时那两名思想有变化的歹徒也开始做他的工作，不让他下手，最终使那名歹徒也放弃了作案的企图。①

可能有些女孩不相信这是真事，认为犯罪嫌疑人都是亡命徒，不会听人劝说，对他们进行教育是枉费心机。其实并不然，那些屡教不改的犯罪嫌疑人毕竟是极少数。除明知故犯的和惯犯之外，有相当一部分犯罪嫌疑人违法而不知法，犯罪而不知罪；还有些人虽然知道这是违法行为，要受到法律制裁，但由于兽性发作，一时难以控制自己的行为，并抱着侥幸的心理，往往以身试法。这些犯罪嫌疑人在作案时除有惧怕的心理之外，常常还有后悔的心理。充分利用他们这种心理，适时用政策这一武器对其进行警告，也是一种预防犯罪的有效办法。

（四）假造声势法

在遭歹徒蒙头、卡脖子、捂嘴等手段侵害而无法“呼救”时，女童可以暂停反抗，乘歹徒防备松懈时，突然惊呼“有人来了”。歹徒绝大多数会扭头去看，做出慌张举止，被侵害人可利用此时机，实施体能防卫措施迅速离开现场，但要继续呼救，以保持对犯罪嫌疑人造成心理压力。或者女孩单独一人在家里时，犯罪嫌疑人突然闯入室内，女童可以有意识地朝着别的房间或者外面呼喊“大哥”“大嫂“李师傅”等，来迷惑犯罪嫌疑人，让他以为周围还有其他人，也可以将他吓跑。有一点要提醒的是，切不可用“我认识你”“我熟悉你”这类话来威吓犯罪嫌疑人，以免刺激歹徒害怕事情败露而杀人灭口。

（五）偷袭逃脱法

当被侵害人意识到凭自己的体能条件无法摆脱犯罪嫌疑人时，最好选用偷袭逃脱的智能技巧。乘机偷袭其要害部位（如胯下），然后乘犯罪嫌疑人瘫软或剧痛时逃脱。

---

① 李泰良，郑卫平．女子防身术．成都：四川人民出版社，1986：93.

案例：

初秋的田野，下午两点多钟，正是人稀的时候，15 岁的小慧（化名）一个人行走在高粱地中的一条小路上。突然，同村的小伙子阿柱拿着一把明晃晃的刀跳了出来，拦住了小慧。望见刀子，小慧惊叫了一声。

阿柱见对方完全被自己震慑住了，摁住小慧就要脱她的衣服。面对如此粗暴的歹徒，她不知哪来的力气，双手猛一推，居然把阿柱推倒了。之后阿柱爬起来又把小慧摁倒在地上。

小慧虽然不再怯懦了，但理智告诉她硬拼是不行的。危急之中，小慧一眼瞥见了插在地上的那把刀子，似乎看到了希望。但刀子是不会轻易到手的，歹徒更不会轻易被刺中的，必须智取才行。想到这里，她不再反抗，任由歹徒将自己扒得一丝不挂。望着小慧的身子，阿柱热血沸腾，立即脱掉自己的裤子，去搂抱小慧。

“慢！你急个啥呀，背心还没脱呢！”小慧嫣然一笑说。

“好，我脱，我脱！”阿柱一边说着，一边脱自己的背心。

就在背心遮住他的面部的瞬间，小慧一个箭步跨过去，从地上拔出刀子刺进了阿柱的腹部。随着刀子的下划和拔出，阿柱的肚皮被划开一个 10 多厘米长的大口子，阿柱疼得一头栽倒在地上。

小慧急忙去喊人，当群众和公安人员赶到出事地点时，阿柱已经气息奄奄了，但神志尚清楚。面对众人鄙夷的目光，他出乎意料地断断续续地对人说：“这事不怪她，全是我……我自己作的。如果我……我死了，千万别……别判她的刑……”在去往医院的路上，阿柱断了气。

综合各种因素，法院最终判定小慧属于正当防卫，无罪释放。[①]

在上述案例中，小慧正是利用背心遮住犯罪嫌疑人阿柱面部的瞬间，采用偷袭的策略而使自己免遭伤害。

（六）拖延法

被侵害人如能通过种种手段拖延时间，有可能使犯罪嫌疑人强奸未遂或中止犯罪，也可能赢得逃脱或被救援的机会。

① 未凯荣．智斗色魔：女子防范性侵害招数．济南：黄河出版社，2005：35.

案例：

李琪（化名）是某中学初二的女生，性格泼辣，酷爱游泳。平时，常在周末约几个同学到郊区山上附近的水库里游泳。

6 月下旬的一个星期天，下午 5 点多，李琪又准备约几个同学到水库里游泳消暑。不巧的是，大家都有事儿，于是她就独自出了门。当李琪神清气爽地向山下走去时，迎面遇上了一个 30 岁开外的男子。这男子环顾四下无人，又见暮色苍茫，歹意顿生，在与李琪擦肩而过的瞬间，一下子把李琪抱了起来，向旁边树密草深的地方走去。

李琪大惊失色，无力地挣扎着。

歹徒抱着李琪急匆匆地走了几十米，在一处草木繁茂的地方停了下来。

李琪极度恐慌地问歹徒："你想把我怎么样？"

"没别的事，陪大哥玩玩就行。"歹徒说，"你要是老实听话，我不会杀你。要是不识趣，那就难说了。"

李琪心中的石头落了地。原来，她最怕的是被绑架。她在报纸等媒体上看到许多女孩子被绑架的事情。既然歹徒不是绑架，她就镇定下来了。

"行。问题是现在不是时候。"李琪说道。

"天都快黑下来了，怎么不是时候？"歹徒问。

"天是快黑下来了。但 8 点前这里经常有人来，让人撞上多不好呀！不如我们先聊聊天散会儿步。"李琪鼓动地说。

于是，他们搂腰挽臂地在水库大坝上散着步。不过一处境地，却两种想法：一个在想，待天色完全黑下来后，就进路旁的小旅馆里野宿，品尝品尝"天鹅肉"的味道。一个在想，在适当地点，用个计策，把你推入水中，我趁机逃跑。

他们到了离公路只有 100 多米的库坝上，库水离堤岸两米多高，天赐良机，一定抓住！李琪心里想着，故意回头一看，惊讶道："哎呀，那边有人落水！"

歹徒不由自主地回头望去。

李琪趁机猛地用力一推，歹徒打了个趔趄，还是没站住，"扑通"一声，跌进水库里。

李琪头也不回，奋力猛跑，眨眼工夫就到了公路上。这时，一辆去市里的公交车开了过来，李琪赶快登了上去。借助车灯，李琪看到歹徒刚刚爬上岸来。[①]

① 未凯荣．智斗色魔：女子防范性侵害招数．济南：黄河出版社，2005：311.

上述案例中的女孩审时度势，巧用有利地形，拖延时间，在歹徒麻痹大意时，果断地将他推入水库，向大路上逃脱，最终得以保全，是一个智勇结合、以智取胜的成功实例。

（七）借机更换场所法

这一防卫与“尽可能拖延时间”有异曲同工之妙。被侵害人可以假装屈从并向犯罪嫌疑人提出更换场所的要求，一方面尽可能拖延时间，另一方面尽可能将犯罪嫌疑人引至可能有行人路过或走近的地方，以求得救援，另外还可以诱使犯罪嫌疑人暂时离开现场，借机逃脱或报案。

案例：

某天凌晨，刚上高一的小娟和初中同学聚会回来，当步行至居民楼下时，突然被一男子从身后卡住脖子，捂住嘴巴，还没等她反应过来，已经被男子拖进了10多米外的一片竹林内。

随后，该男子将小娟扔到地上。惊魂未定的小娟看到，眼前的这名男子中等身材，面目狰狞，而且满身酒气。小娟起身欲逃跑，但被男子一把抓回，男子随即将小娟按倒在地准备实施强暴。这时小娟说出了一句让男子意想不到的话：“大哥，我们也算是有缘人，干脆一起去开房吧。”“是不是哟？走嘛，我晓得前面有家宾馆。”男子顿时喜出望外，连忙答应。随后，男子一把拉住小娟的手，走出了小竹林。一路上，小娟主动与男子攀谈，显得非常淡定。

见小娟如此“诚恳”，男子也放松了警惕。2点40分左右，两人来到了某宾馆。小娟趁男子不注意，不停地给前台服务员眨眼使眼色，但服务员却一直没有领会，不停地给两人介绍所剩的房间。小娟通过墙上的宣传画，记下了宾馆总台的电话。

此时，服务员要求出示身份证登记。“我忘了带，怎么办？”小娟面露难色。“用我的登记嘛。”男子连忙拿出了自己的身份证。在服务员登记时，小娟偷偷地瞄到了身份证上的信息，将这一切牢牢地记在了心里。

到房间后，男子一把抱住小娟，欲和其亲热。“你看，我一身都弄脏了，让我先去洗个澡嘛。”小娟顺势将其推开，走进了浴室。几分钟后，有些醉意的男子躺在沙发上，眯上了双眼。小娟乘机潜回客房，将自己的手机拿进了浴室。

随后，小娟锁上浴室门，拨通了宾馆总台的电话。“202房有人要强暴我，求求你，快帮我报警。”接到求救电话，总台服务员立刻通知保安前去查看。

两分钟后，保安来到202房间敲门询问情况，男子开门后见是保安，顿时感觉不对劲。“没事儿，我们在吵架。”男子一边向保安解释，一边谎称出门买烟，迅速逃离了宾馆。

而在保安询问男子的同时，小娟乘机拨打了110报警电话。5分钟后，民警赶到宾馆。小娟立即将自己的遭遇向民警诉说，并将自己所记下的男子的个人信息，以及和男子交谈中获知的一些情况提供给了办案民警。

随后，办案民警根据小娟所提供的线索展开调查。通过连续一周的工作，民警锁定了男子的行踪。几天后，该男子来到一网吧上网，刚坐下不到2分钟，民警就将其一举抓获。该男子对自己的犯罪行为供认不讳。①

上述案例中的女童遇到歹徒沉着冷静、随机应变，主动与对方套近乎，为自我救助赢得了宝贵的时间。再来回顾一下小娟的做法：①稳住对方，想办法；②寻求服务员帮助(他救)；③在保安前来询问的时候，趁机拨打110电话报警(自我救助)。这些方法无疑为身处险境的女童提供了很好的示范。

（八）认亲法

认亲法，即发现不远处有大人走过来时，可以佯装十分高兴的样子跑过去直呼来的人“爸爸”“叔叔”或“哥哥”，以寻求帮助，或者对犯罪嫌疑人说：“你真像我的一个哥哥（或某一个亲人），看到你我就想起了他。”

案例：

某天下午，16岁的农村女孩小茹（化名）正和往常一样走在回家的路上。此时，一辆面包车正悄悄地向她靠了过来。四下无人之际，面包车门突然被打开，从车上跳下两个人，其中一人手握刀就要拖小茹上车。恰在此时，远处开过来两辆电动车，骑车的是两个年轻农村男子。小茹急中生智，马上大叫：“哥，我在这儿，快来救我！”

“啊？”歹徒大吃一惊，不由得顺着小茹喊的方向望去。说时迟，那时快，小茹趁机用双手抓住歹徒握刀的右手，低头向歹徒的左手猛咬一口，歹徒疼得大叫，丢下小茹，开动汽车狂奔而去。

两个路过的年轻农村男子随后也赶了过来，协助小茹报了警。②

① 王振峰，潘度文．预防少年被害自护知识手册．北京：中国社会出版社，2011：23.

② 沈丽萍．未成年人防范性侵指导手册．苏州：苏州大学出版社，2014：56.

上述案例中，小茹的表现就非常棒！面对可能的危险，机智地采用“认亲”法，顺利摆脱了歹徒的纠缠。

（九）欺骗法

对于年龄小一些的女童，情急之下，有时候利用欺骗的策略是退敌的一个良计。例如，可以欺骗犯罪分子：“我的家人马上就要来接我了”；“我的父母就在附近”；“我的父母马上就到家了”等。而对年龄大一些的女童，可以在其包里准备几张假的HIV等吓人的传染病的化验单，在遇到犯罪嫌疑人要对女孩实施性侵时的危急时刻，可以拿出来骗一骗他们。

案例：

中职学校的二年级学生倩倩（化名）与同班的几个同学一起到外地实习。不久前，一个女孩感到下身不适，非要拉她作陪到医院检查。倩倩就抽出时间陪同这女孩去做检查。因这女孩身体不适，化验单的送取都是倩倩一人跑来跑去的。在几张化验单中，其中关键一张的结论是：“艾滋病？再查。”从心理学的角度讲，倩倩知道这张化验单无论如何是不能交给这个女孩的，那样非把她从精神上压垮不可！于是，倩倩就偷偷地把这张化验单藏在自己身上，准备过几天再领女孩认真查一查，等真正确定了病情后再说。

然而，令倩倩想不到的是，两天后，这张化验单居然派上了大用场。那是晚上8点多，倩倩骑着自行车独自回宿舍。在途经一片小树林时，不幸的事情发生了——她一下子从自行车上跌落下来，重重地摔在地上。原来，路的中央有一条很细的被拴在两旁树上的白铁丝，约有一米半高，正好达到骑车人的脖子上，人离远了看不见，近了躲不及。车骑快了，脖子碰到铁丝上之后，一下子就可以把人弹倒在地。这显然是歹徒所为。

果然，没等倩倩从地上爬起来，两个歹徒就冲上来，拖住倩倩向小树林里奔去。尽管倩倩拼命反抗，但这反抗对歹徒来说是无用的。他们先将她的全身搜了个遍，得到五六百元钱和一部手机后，又毫无顾忌地去剥她的衣服。

“慢着，你们俩不想活啦？”倩倩说。她想到了那张化验单。

“哎哟，你长着三头六臂啦？我看你是公鸡掉进汤锅里——毛都快让我俩拔净了，嘴还硬着呢！”一个歹徒讥讽道。

“我这是对你们好！”倩倩说。

“怎么讲？”歹徒问。

“看看让你们扔掉的那个化验单不就明白啦？”

歹徒搜钱的时候，也发现有张单子掉在了地上，但他们要的是钱，哪管这张纸呢！经倩倩这么一说，他们不放心地拣起那张单子，借着路灯透过来的光亮，认真地看起来。当他俩看到结论后面写着“艾滋病”几个字后，惊得吐了一下舌头，骂了句脏话后扬长而去。①

（十）劝导法

如果真的遇到危机，女童应试着与犯罪嫌疑人进行适度的沟通以博取犯罪嫌疑人的同情，如前文的案例中晓莲对歹徒说：“我只是一个学生，你放过我吧，我一定会感激你的……”这也是一种很好的策略，也可以多给自己营造一些生机。毕竟不是每个犯罪嫌疑人都是杀人不眨眼的恶魔。下面就有一个这样真实的案例。

案例：

一个犯罪嫌疑人劫持了一个女孩正在与警察对峙，而且他刚刚杀害了好几个人，现在情绪很不稳定，有随时杀害女孩的可能。女孩正是利用劝导的策略，从而使自己得以获救的。她首先试着和这个歹徒聊天，她说：“我也有一个年纪和你一般大的弟弟，他正在这个城市里读书，我已经很久没看到他了，看到你，我就想到了我的弟弟。”这个歹徒想，反正也是死，和她聊聊也没事儿。在短暂的聊天过程中，女孩了解到这个犯罪嫌疑人家中还有一个老母亲，于是她就想从这里寻找突破口，接着对他说：“你要是真的就这样死了，你的母亲该有多伤心，并且她接下来该怎么活下去，谁去照顾她？你现在还年轻，而且事情也没有到你一定得死的地步，你现在还可以放下武器投降去寻求法律对你的宽恕，然后在里面好好改造，争取早日出来。这样不仅对你好，而且你不至于使你的母亲要白发人送黑发人，否则你就是一个不孝的儿子……”慢慢地，那个歹徒也开始平静了下来，最后在女孩的劝导下，主动放下武器向警方投降了。②

（十一）报信法

女童在碰到危险的情况时，也可以采用报信法，即机智地把消息通知给他人，让他人能知道自己身处危险之中，从而获得救助。

---

① 朱凯荣．智斗色魔：女子防范性侵害招数．济南：黄河出版社，2005：154-160.

② 朱凯荣．智斗色魔：女子防范性侵害招数．济南：黄河出版社，2005：30.

案例：

某天17时许，某农村中学宿舍一平房里，高三学生王蕊（化名）因身体不舒服，请假在宿舍里休息。正在熟睡之际，一个人破窗而入，迅速扑在王蕊的身上……王蕊惊醒后大喊救命，这人又立即掐住她的脖子。危急时刻，王蕊闪现出一个念头，和歹徒硬拼是不行的，必须赶快换个方式。她索性往床上一躺，有气无力地说：“大哥手下留情，我从你就是了。”

王蕊住的是集体宿舍，除王蕊外，还住着朱艺（化名）和程莎（化名），5:30放学后她们就会回到宿舍。想到这里，王蕊急中生智，先稳住他再说，于是主动地和歹徒攀谈起来。

不久，朱艺果然回来了，一进门以为这个人是王蕊的男朋友。

王蕊问：“程莎怎么没回来？”“去商店了，一会就回来。”朱艺答道。

朱艺长得很美。在王蕊与朱艺说话的时候，歹徒的眼睛就一刻也没有离开朱艺的脸蛋。王蕊接着又与朱艺聊了几句，趁机打开自己的文具袋，从容地在一小张纸上写了几个字，折叠了一下，又漫不经心地放进了文具袋里。歹徒和朱艺都没有在意。王蕊边收拾着文具袋边说：“哎呀，都已经六点了，肚子好饿哦，我和他到校门口的春江饭馆吃点饭。”王蕊转而对歹徒说：“咱们走吧！”

王蕊迈出门槛后，又回过头来走上几步对朱艺说：“哦，你看我这脑子，差点把程莎的事给忘了！今天上午程莎的一个亲戚找她，她不在，她的亲戚就留下了电话号码让我转交程莎，这事看来得麻烦你转交了。”王蕊说着，很自然地从文具袋里掏出了刚才写字的那张纸交给了朱艺，又补充道：“程莎要是有不明白的事，一个小时内可到春江饭馆找我。记住，春江饭馆。”

朱艺是个粗心的女孩，就连王蕊只折叠了一下的这张纸条，她也没打开看一眼，就丢在程莎的床上，自己躺在床上歇息起来了。她认为，既然是个电话号码，那有啥好看的。

其实，春江饭馆离王蕊的宿舍很近，现在四十分钟过去了，饭也吃得差不多了，还不见公安人员的身影，王蕊心里有点急。王蕊知道朱艺是个粗心人，可再粗心她也该看一看纸上的内容啊！

王蕊着急的时候，也是程莎到宿舍的时候。

“你床上有个电话号码，一个亲戚留下的。”朱艺向程莎说道。

程莎拿起一看，大吃一惊！只见上面写道：“快报警，这个男人是歹徒。”遂问朱艺：“你没有看这个纸条？”

“没有哇。”朱艺说。

“哎呀，坏了！”程莎说，“你看这写的是什么呀！”

朱艺看了之后，惊出一身汗来。

“王蕊还跟你说了些什么话？”程莎问。

“她说他们去春江饭馆吃饭，你有事就到那里去找她。”

程莎听后，立即明白了王蕊的用意，二话没说，拿起手机就拨打了110。

十分钟后，警察就赶到了春江饭馆。这时，歹徒正与王蕊争着付账呢。王蕊一见公安干警，马上手指歹徒道：“就是他！”

警察一拥而上，迅速将这个歹徒戴上手铐带走了。①

（十二）装死

情况十分危急的情况下，可以装作旧病复发，或者借故因遭受歹徒殴打、用刀刺伤而晕倒在地，趁机装死。如前文所说到的晓莲就是运用了装死的策略骗过了歹徒，她通过在遭受歹徒刺伤时装死，最后使自己得以逃脱获救。

案例：

某个仲夏之夜，某中学校园内，晚自习下课了，时针指向了22点。

此时，小路边的树丛里，正游荡着一个幽灵。这个幽灵，20多岁，高高的个子，大分头，身上有些书卷气。近段时间，生活上无聊的他，弄了几个黄色视频，关起门来看了多遍，欲火攻心的他，一心想找个女孩子试一试，一个小时前，他鬼使神差般地溜进了这所学校。

王倩（化名）是今晚最后一个离开教室的。幽灵徘徊的地方，是王倩的必经之地。快出小路时，前面草丛里突然跃出一个人来，她惊得“啊”了一声，没来得及躲闪半步，就被来人搂住了。

“救命啊！”

其实，这三个字她刚喊出一个“救”字，嘴巴立即就被歹徒捂住了。

“再吼，我就弄死你！老老实实地听话，可放你条生路！”歹徒厉声低吼道。

接着，歹徒把王倩拖进草丛中，搜去她身上仅有的30元钱和1部手机后，狞笑着低声道：“我的心肝宝贝儿，你的衣服我来脱还是你亲手脱？”

王倩清楚，一般情况下，歹徒是不会放过她的，拼命反抗会带来难以预料的后果。这时，她心生一计，遂说道：“我自己来吧。”

“挺开通的，你！”歹徒的话多少含有讥讽之意。

王倩慢条斯理地解着衣带，稍许，她突然倒在地上，身子颤抖不已。

---

① 未凯荣．智斗色魔：女子防范性侵害招数．济南：黄河出版社，2005.51-53.

“你……你怎么啦？”歹徒紧张地问。

“我……有严重的心……心脏病，可能是因刚才的突……突然刺激又犯了。请你快打120救救我……”

“这——”歹徒为难地说，“我……我怎么能喊人救你呀！”

“你不……不能见死不救啊！你救……救了我后，我愿以任……任何方式感……感谢你！”王倩越来越说不成句了，身体也跟筛糠似的，抖得越来越厉害。

歹徒见势不妙，撒腿跑开了。

见歹徒跑远了，王倩这才爬起来，系好衣带，掸掸尘土，到寝室约上同学报警去了。

这歹徒傻得有些可笑。首次作恶，虽没得逞但他抢走了王倩的价值两千多元的手机，很是高兴了一阵子。同时，他还自以为那女孩子羞于启齿是不会报警的。两天后，他以为没事了，竟用抢来的手机多次打电话。警察迅速查出了手机使用者的大体方位，顺藤摸瓜，抓获了这名歹徒。①

（十三）不喊不闹不看

这也是保存自己性命的一个策略。如果在女童没有能力和机会逃脱的时候，你一直大喊大叫、大哭大闹，激起了他的愤怒，犯罪嫌疑人就会起了杀心，那时候，女童就真的连逃脱的机会都没了。

另外，前面案例也有说到，一女生正是因为说了“我已经记住你的模样了，我一定要报案”这一句话，把自己的性命给断送了。当自己身处险境的时候，女童一定要和他说：“对不起，我不看你的脸，我身上你想拿走的都给你拿好了。”一般情况下，犯罪嫌疑人也不想背上杀人的罪名。

总之，心理防范的方法有很多，女童一定要根据具体情况灵活运用。需要提醒的是，当我们在运用心理技术与犯罪嫌疑人斗智斗勇的时候，千万要记住：自己的生命才是最重要的，不管身处多大的险境，首先要做的就是保住自己的性命，不要激怒犯罪嫌疑人，尽可能地想尽办法安抚他，因为在一般情况下，犯罪嫌疑人也不想杀人。因此，在情急之下，女童可以选择先顺从犯罪嫌疑人的要求，等犯罪嫌疑人情绪平静下来之后，再寻找逃脱的机会。俗话说“老虎都有打盹儿的时候”，更何况是人呢？因此，女童身处险境之中不要绝望，相反要比平时更加有活下去的信心和信念。保持一个清晰的头脑，往往是带你脱离险境，成功自救的重要法宝，这同时也是心理防范的关键。

---

① 张根田．性骚扰与强奸防范手册．北京：世界知识出版社，2015：100-101.

第二节　生理技术

女童具备心理防卫能力是十分重要的，它是防卫制胜的前提。有了心理防卫的能力，女童还要掌握一些实际的生理防卫技能、技巧，才能有效地防卫犯罪嫌疑人的侵害。所谓生理防范技术，简称生理技术，理论上主要是指利用人体的生物学特征进行安全技术防范的一种特殊技术门类，是把身体和体能当作武器，运用踢、打、摔、拿、夺等武术技击方法，以制服对方、保护自己为目的的专门技术。

生理防范的技术有很多种，如拳打、脚踢、头顶肩撞、肘膝并用，乃至口咬等。在动作上臂架、格挡、背揹腰转、腿别支拨、弹蹬踹、冲摆捅等都是技术防卫的主要方法。有一句顺口溜概括了这些防卫技术不同的使用场合："远拳、近肘，靠身胯，不远不近弹踢把脚下。"这就是说，在实际的格斗中，女童要根据自己条件、能力和其他具体情况来决定使用哪一种技术方法，或者交替使用一种或多种方法。踢法、打法、摔法、擒拿法和反擒拿法等各种技法是相辅相成的。在与犯罪嫌疑人搏斗时，女童要做到击打要害，以巧取胜。

一、人体要害部位、关节及打要害意识

人体要害部位是人体遭受外力打击或挤压和强烈振动之后，最容易造成昏迷、伤残、休克、致死，或可使某些组织器官、神经或肌肉发生功能性障碍的部位。人体要害关节包括颈部关节、肩关节、肘关节、腕关节、指关节、膝关节和踝关节。人体要害部位和关节是女子防身过程中常选择的攻击目标。熟悉和掌握人体要害部位和关节有利于更好地保护自己，打击敌人。在搏斗过程中，准确地击中对方的要害部位和关节，可收到事半功倍的效果。

（一）人体要害部位

1. 头部（眼睛）

头是"指挥所"，集听、视、嗅、思维等器官于一体。眼睛是最薄弱的器官，武术家称双眼为"明穴"，攻击双睛无需太大的力量。一旦眼睛遭受打击，轻者会流泪不止，怕光而睁不开，重者会大量出血或发生水肿，更甚者会使眼球爆裂

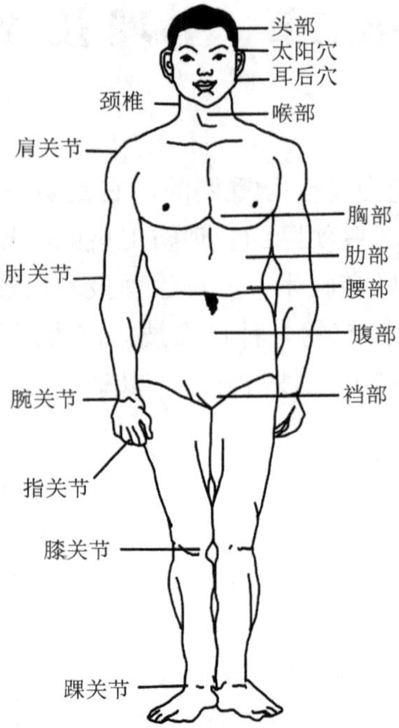

人体要害部位和关节

或脱落，永久失明。脑是中枢神经的高级部位，其组织也非常脆弱，经受不起击打。眼鼻部三角区和面颊部，其神经、血管分布相当丰富，痛觉极敏感。耳根部深层有许多血管和神经通过，受撞击后易致血流不畅，或易引起颅底骨折、颅内出血，此处附着颞线动脉，临近大脑，为最薄弱部位。这些器官、部位如受到拳、肘、膝、脚或棍、棒等器械的外力击打，会疼痛难忍，使人瞬间丧失战斗力。

2. 颈部

颈部正中是咽喉位，是生命要害部位。咽喉在食道上部和呼吸道上口，两侧附近有颈动脉血管，锁拿咽喉或戳击咽喉下部凹陷处，不仅使人呼吸困难，而且会造成血液不能流通，使大脑供血困难，从而使人头昏、窒息，甚至猝死。

3. 胸部

胸部最薄弱处为心窝部，在剑突下方，此处系心血管的主要出入路径，且无骨骼保护，若受到拳、肘、膝、腿等外力的冲、勾、顶、撞、蹬、踹、点的击打，可使心肺植物神经收缩，血液流动不畅，影响心脏的跳动或使心脏受伤，最终丧失其功能而死亡。上胸部锁骨也较薄弱，此处若遭受打击，可使人产生剧痛，引起窒息、休克。

4. 腋下

腋窝有丰富的神经，没有骨骼和肌肉保护，且皮肤较嫩，如遭受打击，轻则疼痛难忍，重则吐血窒息。

5. 腹部、肋部

腹部、肋上接横膈，下连盆腔，前有腹肌，侧有肋骨，内有肝、胃、脾、胰等人体主要内脏器官，这些实质性器官含有丰富的血窦。除人体 12 对肋骨外，中后下 4 对软肋也是薄弱环节，如受到拳击、肘顶、掌击、肩扛、膝撞、脚踢等外力的打击，肋骨易骨折，内脏可能受伤而破裂出血，从而丧失其功能，甚至致死。

6. 裆部

裆部是人体神经末梢丰富部位。男性的睾丸中血管、神经丰富，敏感性极强，且极易受伤，如受撩、冲、顶、撞、压、弹、点、蹬、踹、勾等外力击打，就会使人疼痛难忍，全身乏力，致休克甚至丧命。

综上，头部、颈部、胸部、腋下、腹部、裆部这 6 个部位是不需要太大力量即能攻击奏效的部位。所以这 6 个部位是女子自卫防身攻击歹徒的最重要的选择部位，一定要认准并记牢。

对这 6 个部位的攻击，依难易程度而论，当数裆部最为容易，因为裆部暴露，位置又靠下，用任何一种手段攻击可能动作都很隐蔽。攻击颈部、腹部也较容易，攻击头部、腋下难度相对大些，因为腋下一般情况下是藏匿起来的，只有在歹徒双臂举起时才显露。而头部有眼、耳等视听器官，对它的攻击较难隐蔽，而且眼睛位于人体上部——头部，女性一般身高又相对较矮。依攻击难易程度由易到难，这 6 个部位应当这样排列：裆部→腹部→颈部→头部→腋下→胸部。

这 6 个部位承受打击的能力当然也有所不同，裆部、头部无疑是最薄弱的，而腋下、颈部、腹部、胸部则次之。依承受打击的能力由弱到强，这 6 个部位应当这样排列：裆部→头部→腋下→颈部→腹部→胸部。

裆部最容易攻击也最薄弱之处，所以裆部是女子自卫防身攻击性侵者时的首选部位。

（二）人体要害关节

1. 颈部关节

颈椎是人体脊柱的一部分，由 7 块椎骨构成，每块椎骨都有孔，互相形成椎管，管内有脊髓通过。脊髓是中枢神经的一部分，与脑直接连接。如受暴力击打或过度扭拧，会致中枢神经、大脑神经失调，使人丧失活动能力。

2. 肩关节

肩关节由肱骨头和肩胛骨关节盂构成，可使上臂做屈、伸、收、展、旋、环转运动。肩胛骨关节盂浅，关节囊薄而松弛，牢固性差，关节囊的下方缺少肌肉附着，成为肩关节的薄弱处，如用力左右猛拧或向后扳至极限再施加压力就会致其脱臼或韧带撕裂。

3. 肘关节

肘关节由肱骨远端和桡骨、尺骨的近端关节面构成。肘关节内侧有桡侧、尺侧副韧带，外侧有桡骨环状韧带，附近有一些重要的血管、神经，如遭暴力击打易出现骨折、脱臼、血管神经损伤，进而影响或丧失前臂、手部功能。

4. 腕关节

腕关节包括桡腕关节、腕骨关节和腕掌关节。腕骨细小复杂，共有手舟骨、月骨、头状骨、三角骨、大多角骨、豌豆骨、小多角骨及钩骨 8 块腕骨，主要靠韧带连接，其韧带坚固性较差，受击打或过度拧折会造成脱臼、韧带崩裂、骨折等。

5. 指关节

指关节由两个短小的指骨连接而成。它仅能弯曲和伸直，活动范围较小，易于前屈。如果使其伸直再用力向后扳或左右拧动，很容易造成脱臼或骨折。

6. 膝关节

膝关节属于滑车关节，由股骨下端、胫骨上端及髌骨后面的关节面构成，是人体最复杂的关节。膝关节周围有髌韧带、斜韧带、胫侧副韧带和腓侧副韧带，关节囊内两关节间有半月板和膝交叉韧带。膝关节负重大，结构复杂且浅，骨杠杆又长，易受损伤，前后或两侧受踢击均可造成韧带、肌腱、半月板的裂、伤、脱位，且难治愈。

7. 踝关节

踝关节由胫、腓骨下端的关节面和距骨滑车构成。踝关节两侧附着韧带，由于内踝高，韧带只能覆盖距骨三分之一，外踝相对较低，韧带完全覆盖距骨的外侧面。外侧面韧带薄弱，内翻易伤，如用力将足左右扳拧、扭转，易致韧带撕裂、关节脱位。①

（三）打要害意识

不论是要害部位还是要害关节，首先要辨识清楚并且记牢，但仅仅做到这一点还远远不够，还要牢固建立打要害意识。这相对来说要难些，需要在学习与训练中培养。

一般人有打对方好打的、暴露的、表面的部位的意识。比如女性好扇人耳光；武术套路运动员有一种打在明处、使对练好看的表演意识；武术散打运动员因为规则限制，有打空当意识；唯重实战的民间武术家则有着强烈的打要害意识。可见，出手就直奔对手要害的意识不是人人都有的。女子自卫防身术重在实用，不是比赛，更不是花架子，因此，必须着重培养、建立这种打要害意识。防身时，没用的动作不要，出手就打要害。

二、女性自身可用的进攻部位

生理防卫术正是为那些弱者设计的。女性通过锻炼可以将某些身体部位作为利器，那么即使面对大块头歹徒，也能通过击中要害部位使他们受伤倒地。

1. 肘

肘关节变屈，使骨骼形成坚硬的攻击犄角，可用顶、砸、撞的方式攻击歹徒的头、颈、肋、腹等部位。肘部攻击隐蔽、突然，具有很强的杀伤力，多用于贴身靠打。其主要用于攻击对方头部、下颌、后脑、肋部等，往往能出奇制胜。拳谚中“宁挨十拳，不挨一肘”也充分说明肘是强有力的杀伤武器。肘对于女性弱者来说更是防身利器。

① 刘震宇，张风雷，赵庆建．女子实用防身术训练．北京：人民体育出版社，2008：5-6.

砸肘　左摆肘

右摆肘　挑肘

肘的各种招式①

2. 膝盖

这是实施攻击技术强有力的工具之一。在近距离的格斗中，通常用膝盖攻击对方的裆部、腹部、肋部等，它能够在近距离的范围造成对方严重伤害。

提膝攻击背部　提膝攻击头部

膝盖的运用招式②

① 史运通 . 新女子防身术 . 北京：解放军出版社，2008：12.

② 史运通 . 新女子防身术 . 北京：解放军出版社，2008：13.

3. 手

这是最灵活机动的武器，它可以准确地击打对方身体任何部位。手握拳可冲、砸、撩，成掌可砍、插、搓，手指可以戳击歹徒的眼、喉、腋下及裆部，指甲可以掐、抠歹徒的面部、耳朵和咽喉。

（1）拳可以对准歹徒的头部、胸部给予有效的一击。

拳形示意：手心向下，四指弯曲，向指根部握紧，拇指用力压在食、中二指的中部关节上，以食指和中指指根鼓起的关节部位着力攻击。

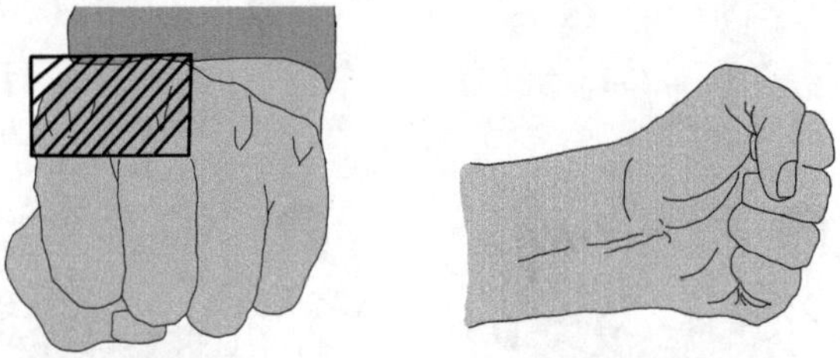

拳形示意[①]

（2）砍掌可攻击颈动脉、咽喉、太阳穴等目标，威力较大。使用过程中，手掌劈砍似刀形飞舞，故又称砍掌为手刀。

（3）推掌时要用掌根部手腕侧肌肉较厚处攻击。可攻击对方下颌及面部，有时也能够击鼻、口等部位。

（4）插掌则是用手指的指尖攻击腹腔神经丛、双眼和咽喉。

（5）翻背拳主要用于攻击面门和太阳穴。

（6）虎爪可以揪、抓、撕扯，攻击裆部、眼睛、咽喉。

4. 脚

这是中远距离的攻击性武器，不仅可以重创对手，还可以惊吓对手，创造攻击时机。

（1）用脚背或者鞋尖去踢对方大腿内侧。

（2）用前脚掌踢对方胫骨，这样动作猛烈又不会因为反作用力而使自己受伤。

（3）蹬对方胸、腹部时，身体向着发力方向转体可以增强穿透力。

---

① 史运通 . 新女子防身术 . 北京：解放军出版社，2008：14.

（4）踹的力量最大且具有很强的杀伤力。脚尖勾起，腿由屈到伸向前踹出，力达全脚掌。实战中，低可以踹膝关节，中可以踹腹、肋部，高可以踹击头部，具体可根据实际情况而定。

踹腹

踹头

踹胸

踹肋

踹腿招式[①]

（5）勾踢腿属扫转性腿法。大腿带动小腿向前、向下弧线擦地勾击，力达脚背。实战中要充分利用手和脚的反作用力，将对方勾倒。

5. 头

在适当的情况下短距离内可以用头击对方面部的骨骼。采用此技巧而不至于把自己摔倒的关键在于把目标定位在鼻子、太阳穴和下颌，撑开右腿，用头部猛烈地冲击对方颧骨和鼻子，而不是额头碰额头。

三、女子生理技术防卫的原则

女子生理技术防卫的原则就是在抗击犯罪嫌疑人的侵犯时应掌握和遵循的一般规律和常识，其中不仅有踢、打、摔、拿等技术原则，还有一定的人体运动

① 史运通 . 新女子防身术 . 北京：解放军出版社，2008：18.

力学和解剖学知识，同时也包括战略战术、心理、体力等诸方面的问题。具体应掌握的女子生理技术防卫的原则如下。

1. 临危不乱，机智勇敢

技术防卫是根据歹徒使用不同的手段和方法向自己的身体不同部位进行侵犯时所采用的技击方法。临危不乱就是要求女童在面对不法分子的袭击时，尽量保持心神安定，手脚有序，尽快地观察和判断出不法分子的人数、周围的环境、有无凶器、可攻击的薄弱部位等，并快速做出决定，在可行的情况下采取防卫技术，攻击犯罪嫌疑人，保护自己。

机智勇敢就是要掌握有利时机，利用身边一切可以利用的物品和机会，发挥自己良好的防身技术和智慧，见机行事。不动则已，一动则要果断勇猛，骤然猛烈地对犯罪嫌疑人进行打击。在保证生命安全的前提下，以英勇的气势在精神上压倒敌人，用熟练的防卫技术行动自救。

2. 顺势化力，以巧取胜

技术防卫要求动作姿势科学，当事女性不鲁莽行事，不硬顶强抗，而要运用运动力学知识，在技术上以巧妙的动作顺势使劲，化力制敌，以巧取胜。

在犯罪嫌疑人发动袭击时，不管是出拳还是起腿，其身体必须做出一定的姿势改变。在这个时候女性可以采取相应的动作进行防卫或抗击，避免逆势顶劲，否则就会吃亏。力是人体肌肉收缩而产生出来的一种功能，有动有静，有疾有缓，有大有小，有方向、作用点等。女性要根据犯罪嫌疑人攻击的来势将其来力化解。如犯罪嫌疑人向女性胸部猛推一掌时，女性应该在顺势向后撤步的同时，双手迅速抓其手指，借来力向后下方猛拉其手指，这样犯罪嫌疑人就可能被牵拉倒地从而被制服。再如，犯罪嫌疑人的右手用力抓住女性的右手腕时，女性可以将手臂弯曲，同时左手扣抓犯罪嫌疑人右手背上，身体左转，右臂弧形旋绕化力将其右臂反擒。

3. 出手必狠，一招制敌

武术谚语有“一狠、二毒、三功夫”的说法，狠排在第一位。习武者强调这么一个“狠”字，当然是因为狠在搏击格斗中的重要性。习武者搏杀或场上较技，一击不中或者中而无效，可以再来。而女子防身抗暴，对手是凶暴的歹徒，敌我力量悬殊，若一击不中或者中而无效，多数时候可能就再也没有机会了，后果不堪设想。所以，一个“狠”字，对女子自卫防身而言尤其显得重要。

所谓狠，确切地说，就是要全力、准确地击中目标。全力，就是要百分之百地使出力量，如最大力量是 50 千克时，不能只打出 45 千克的力。准确就是尽可能保证攻击落在攻击点上。

道理很简单，歹徒当前，只有你死才能我活。对敌人的态度，古今中外没什么不同。战场上，对敌慈悲就成了对友、对己的残忍，自卫防身的场合无疑也一样。所以，女子自卫防身要尽量做到“一招制敌”，即一击之下解决战斗，或者说以一招就能解除歹徒战斗力甚至置其于死地为宗旨。

4. 拿筋错骨，击打要害

女子防身术的技术动作，主要是根据人体解剖学知识，以反拿关节，攻击薄弱部位，并击打要害为主要内容。俗话说：“伤其十指不如断其一指。”人是一个有机的整体，如果某一部位受伤会使身体局部或全部功能受到障碍。人体中的要害部位受到击打后，会暂时或永久地造成其机能或机制的损害，会使人出现疼痛、晕迷等情况，甚至死亡。所以说拿筋错骨、击打要害也是女子生理技术防卫的原则之一。

5. 假象欺敌，出奇制胜

女性遭遇性侵时，为了使防卫技术运用恰当，要冷静，要善于抓住机会与制造机会。如前所述，假装顺从，佯装软弱无力，或装出胆怯害怕的样子，在有的场合，还可以谎称“远处来人了”以转移歹徒的视线，或将其想要的财物主动送上，分散其注意力等，制造成各种假象迷惑对方，使其放松警惕或者产生各种错觉，从而暴露要害或薄弱部位。这时，女性要抓住有利的战机，突然发动攻击。

上面这 5 个原则，不是单独存在、毫无联系的。在实际与不法分子进行斗争的过程中，要综合运用，使这些原则协同地体现在技术动作当中。

四、女子生理技术防卫基本动作

女子生理技术防卫中的奇妙招法，实质上是中华武术的精华“集锦”。它把武术中各种适合实践应用的招法分离出来，经过摘编、加工、提炼、创造、完善，使其成为一种散招，并具备简单、实用、易记、易学的特点。①

女子生理技术防卫的基本动作主要包括女子防身术的基本姿势、拳法、肘

① 陈占水．女子技巧防身术．拳击与格斗，2002，(10)：23-26.

法、腿法以及一些巧招。

1. 自卫搏击的基本姿势

自卫搏击的基本姿势主要包括三个要点：侧身、屈膝、脚掌着地，同时两拳端起一前一后置于胸前，两肘略夹沉而护怀。

自卫搏击的基本姿势

（1）侧身。侧身是女子自卫与遭遇其他不测时多采取的动作，因为侧身能尽量少地暴露易遭攻击的部位。当然，这种侧身并不是90°转过身去朝向另一边，只是半侧。在遭遇打击时，女性应迅速侧身。切莫小看了这一个小动作，它往往能使女性躲开打击或撞击，保存性命，或减轻了伤害。

侧身时，两腿必然处于一前一后的位置，在对手主要攻击力量的方向上，双脚一前一后重叠而立，必然更稳（站在公共汽车上，持侧身姿势而立，急刹车时也更不易摔倒）。侧身时，后腿、后拳产生的力量更大，攻击也更隐蔽。

（2）屈膝。没有哪一种武技是直膝而立的，这不仅仅是因为直膝易被对手打反关节。试一试就知道了，直膝时，整个身体处于紧张状态，不仅浪费体力而且不利于身体整体的调动。屈膝时，人的身体则是有弹性的，更有利于保护要害部位。

（3）脚掌着地。女性自卫练习应注意养成前脚掌着地的习惯，这样可使身体更有弹性，移动更加灵活，有缓冲的余地，跳动时能减少震动。考虑到女性的生理特点，女性自己训练时宜采用前脚掌着地的步法。

2. 女子防身拳的用法

用拳攻击是自卫的一种方法。拳是手型的一种。手是最灵活的，如手可变成虎爪、撮勾、单指、金剪指、双指、金铲指、倒夹等，可用来戳击对方眼睛、咽喉、腋下等要害部位。

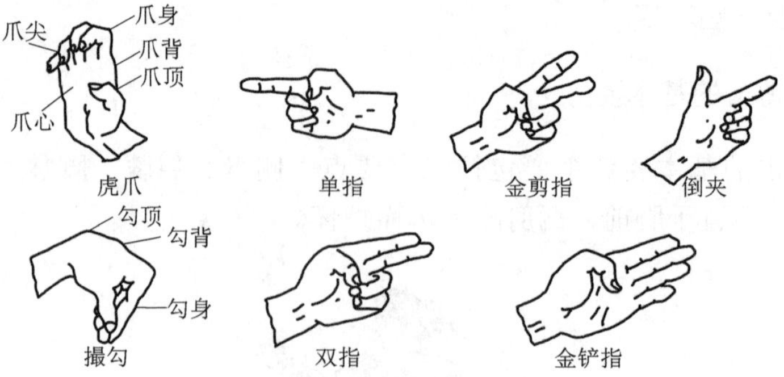

手的各种变化及招式

在攻防格斗中，手的威力又最大，而手的攻击形式以拳为主。怎样灵活运用拳需要在实战中变化运用。

（1）直拳，又称冲拳，主要是直线用拳直接攻击对方面部和胸部。

（2）勾拳，又称抄拳，主要走弧线或直线，由下方用拳面击打对方腹部、下颌等。

（3）劈拳，由上往下，以拳外背棱或指棱攻击对方面部。

（4）鞭拳，由左或右以拳背攻击对手头部。

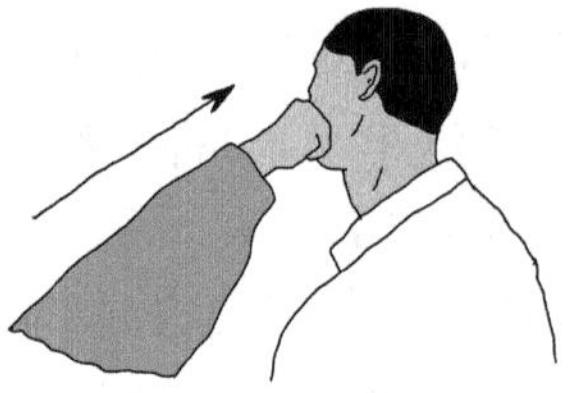
直拳

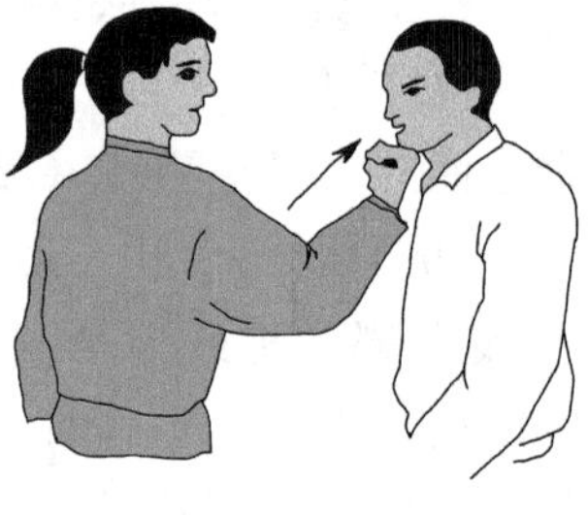
勾拳

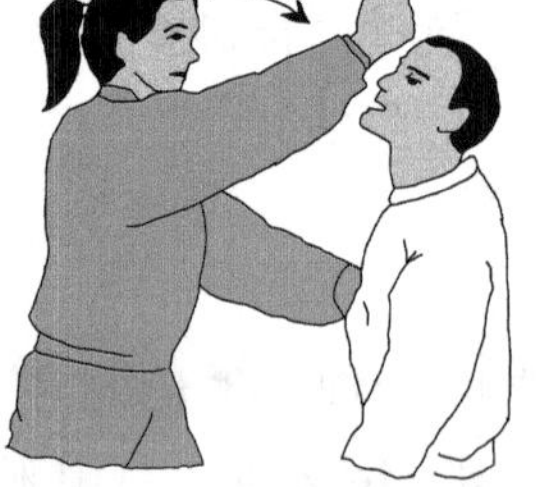
劈拳

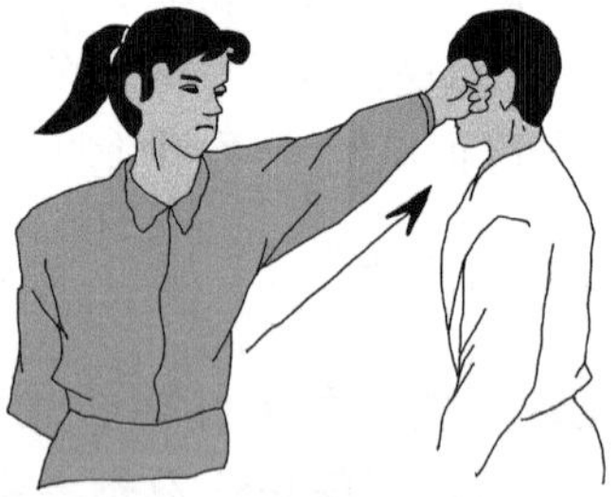
鞭拳

各种拳法

3. 掌、指攻击面部、眼睛的技法

被歹徒按压时，如手未被按压，可张开手掌，以掌根猛击歹徒鼻梁。轻则鼻血长流，重则可致昏厥。这一掌在武术中叫迎面掌。迎面掌到位后，张开的五指以指甲贴其面抓下，在武术中这一招叫“迎面贴金”，又叫“洗脸炮”，轻则抓破眼睑，泪流不止，眼睛睁不开，重则伤及眼球。这一招虽不致命，但使用方便，乘歹徒一时丧失施暴能力，自卫者可及时逃脱。

以单指或双指叉眼的方法在武术中叫“单放”、“双放”或“二龙戏珠”。在被歹徒按压时，因为距离极近，歹徒又不防范，使用单指叉眼、双指叉眼的技法则是非常有效的。事实上，只要能叉中歹徒眼睛，并不拘泥于用单指还是双指，用五指亦可，用双手双指亦可。前提是要视使用的熟练程度和当时两手自如情况而定。

用大拇指勾托住对手下巴，以食指、中指尖压插进对手眼球上部，掏断其双目，是峨眉派僧门绝技，被称为“鸿门设宴”。使用此招的前提是：暂时封住对方双手，最好利用地形环境等使其身体被控制住，双手被封而不能自救，身体因固定而不能逃脱，头部被大拇指固定而被动跟随。此时，歹徒处于无法自控的状态。这一招式狠辣，但对凶狠的歹徒适用。

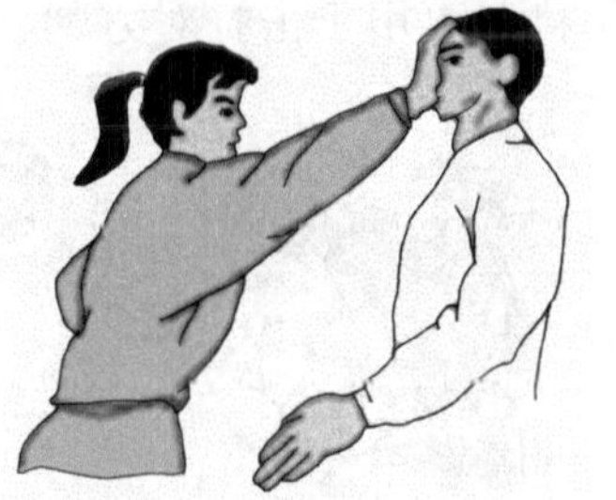

“迎面贴金”掌击

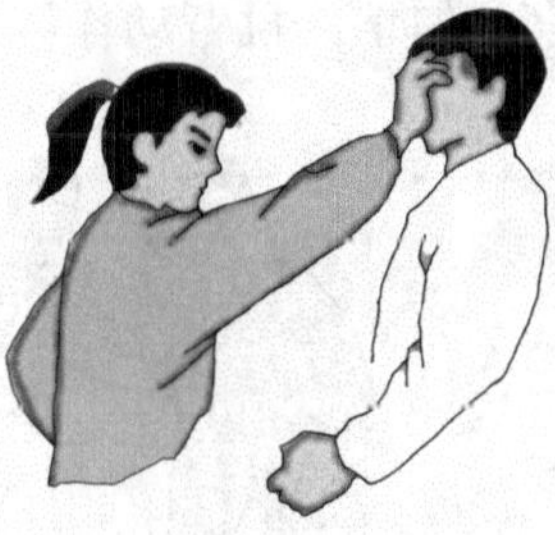

“迎面贴金”爪抓

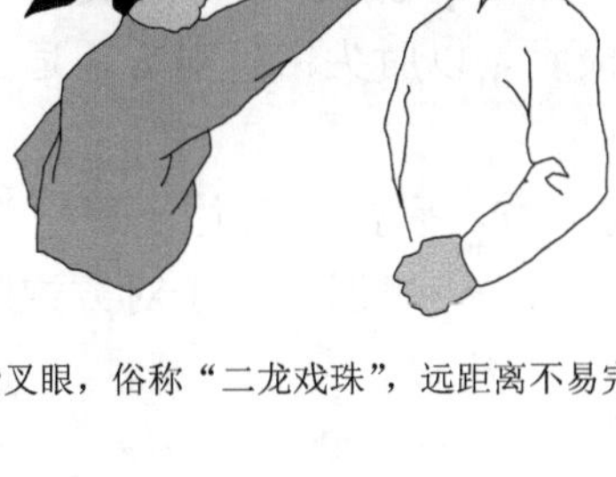

双指叉眼，俗称“二龙戏珠”，远距离不易完成

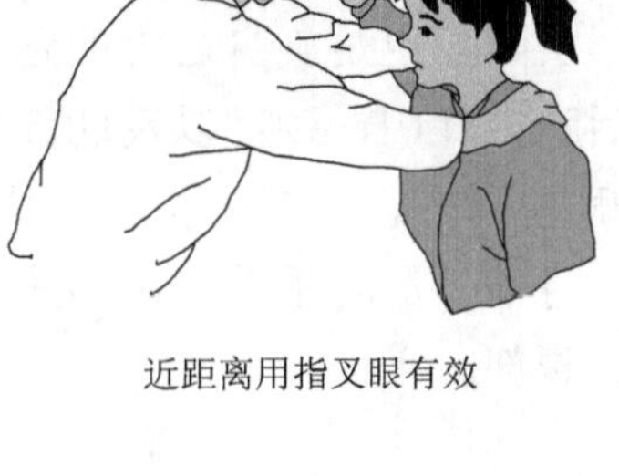

近距离用指叉眼有效

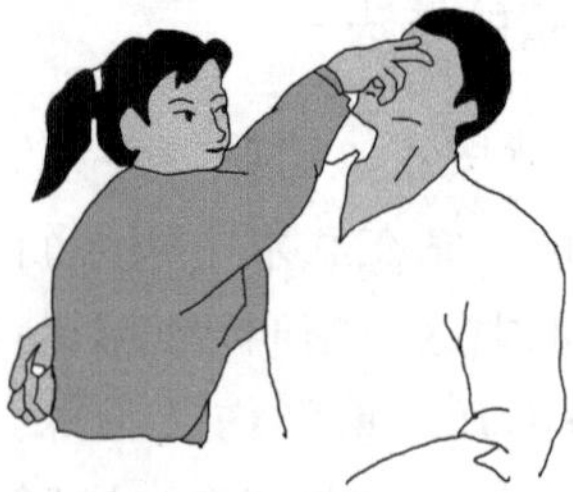

"鸿门设宴"

掌、指攻击面部、眼睛的技法

4. 用肘攻击

肘法属于近距离击打的技法。由于肘部的生理构造特点，击打力量较之其他手法（掌、拳等）要重、要狠，比较适合女性用于自卫。

（1）顶肘攻击。肘部平抬，屈臂，肘尖向前，发力时蹬腿、送髋，同时另一手大臂向另一侧也产生一股伸张力。蹬腿、送髋、大臂猛伸张，三股力要用好了。顶肘是以肘尖攻击，女性自卫时用以顶击对方腋下，效果最好。顶肘发力距离短，又无旋转助力，练习时难度大些。

（2）挑肘攻击。前臂回收弯曲，肘尖由下向前上挑击。发力时蹬腿、旋转身体要领同直拳、勾拳。挑臂动作同勾拳，挑肘可用于击打对方胸、腹部。

前臂回收弯曲

顶肘攻击

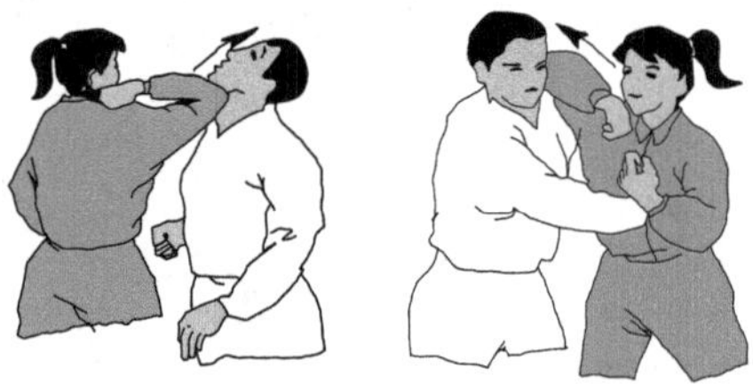

肘尖由下向前上挑击　　挑臂击打

挑肘攻击

（3）横肘攻击。横肘动作主要是两股力，一是蹬腿，二是旋转身体。大臂向前横移，实际上也是旋身之力的延长。横肘是以肘尖击打对方，适于攻击对方太阳穴、后脑、耳门、颈部以及肋部等。

（4）砸肘攻击。手臂上抬，肘尖朝前上方，砸击时身体迅速下沉，肘由上往下砸击。身体下沉与手臂砸击两股力合二为一。砸肘多用于对方抱腰、腿时砸击其后脑、腰部。

（5）反手顶肘攻击。手臂略上抬，身体迅速下沉（但幅度没有砸肘幅度大），同时两肘向后顶击，力达肘尖。反手顶肘主要用于攻击背后之敌肋部、腹部。

（6）反手横肘攻击。手臂平抬，蹬腿，身体旋转发力，同时手臂随旋转方向向后横向猛击，力达肘尖。反手横肘主要用于攻击背后之敌面部、太阳穴等。

5. 用膝攻击

膝的力量极大，用力量极大的膝攻击男性毫无承受打击能力的要害部位裆部，对于被侵害女性极为有效。以膝攻击裆部还有另外两个好处：一是距离短，这就保证了攻击可以在瞬间完成；二是角度小，攻击准备和攻击过程都很隐蔽。另外，用膝攻击距离一定要近，不到位或勉强到位的攻击，对手稍微弯腰一弓身就化解了。

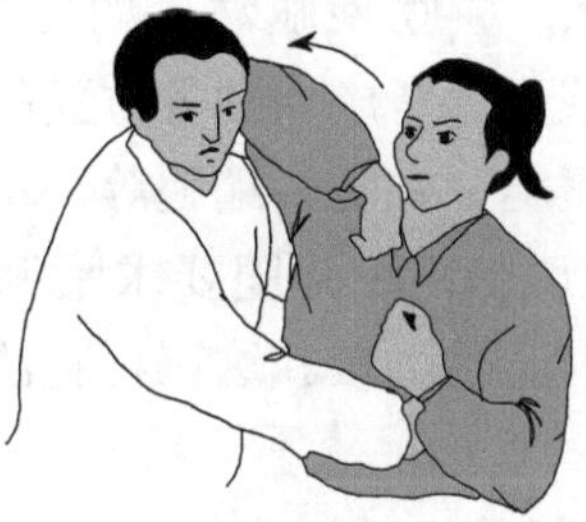

横肘攻击

砸肘攻击

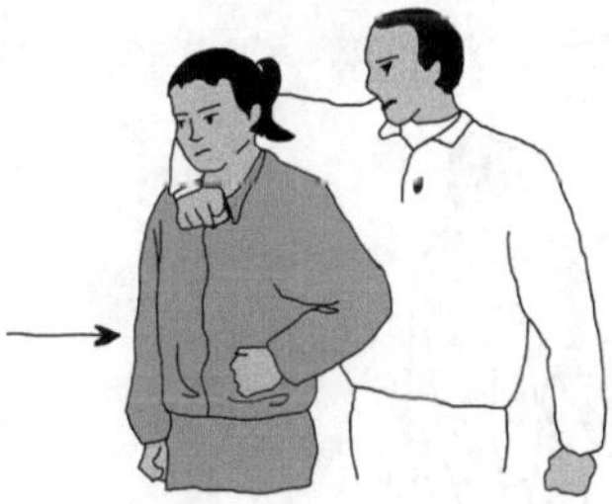

反手顶肘攻击

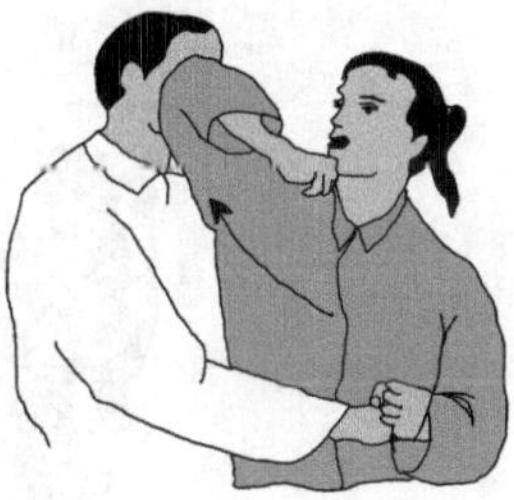

反手横肘攻击

各种肘的攻击方式

（1）提膝，又称顶膝，要领是膝腿上抬，动作要猛，并在可能的情况下以双手拉住对方帮助发力。提膝是攻击的有效方式，可用手帮助发力。

（2）侧撞膝。侧撞膝分为左侧撞膝和右侧撞膝。右侧撞膝是右膝上抬，由右向左侧撞击。动作要领是，微倒身，扭髋内转，手在可能的情况下抓住对方帮助发力。左侧撞膝动作与右侧撞膝动作相反。

提膝

右侧撞膝

用膝攻击方式

6. 女子防身的适宜腿法

腿法可分为直摆性腿法和屈伸性腿法。直摆性腿法（如摆腿、后扫腿等）难度较大，未经长期特殊练习不会有任何威力。考虑女性各方面的条件，使用屈伸性腿法自卫比较合适。屈伸性腿法包括蹬腿、弹腿、踹腿等，不同的腿法有不同的技术要求。蹬腿要求挺膝勾脚尖，力达脚跟；弹腿要求紧绷脚面，力达脚尖；踹腿要求腿内旋，开胯，挺膝勾脚尖，力达脚跟。这三种腿法都要求动作由屈到伸，要求支撑腿平衡稳定。[①]

（1）蹬腿。蹬腿时，一腿支撑，另一腿膝上抬，同时向前蹬出。蹬腿要领是，脚尖要勾，力达脚跟。蹬腿时身体不可前后俯仰，要快而有力，蹬出后迅即收回。

蹬腿

（2）弹腿。用于弹踢对方腹部或裆部。动作要领是，一腿支撑，另一腿提膝，同时膝关节由屈到伸，向正前方弹踢出腿。脚背绷直，力达脚背。弹踢时要快而有力。

① 张文广．女子防身术．郑州：河南科学技术出版社，1986：8.

弹腿又可分为正弹腿、侧弹腿、低弹腿、中弹腿、高弹腿等。女性自卫一般多用正弹腿攻击对方裆部。

弹踢腹部　　弹踢裆部

弹腿

（3）踹腿。踹腿又可分为正踹、侧踹。正踹时，一腿支撑，另一腿提膝稍上抬，上抬之腿脚尖外摆，向前下方猛力踹击，力达脚跟。正踹腿一般用于攻击对手胫骨（小腿骨）。侧踹时，先转体，一腿上抬，屈膝，勾脚尖，由屈到伸向前踹击，力达脚跟。低侧踹腿可用于攻击对方胫骨、膝关节；中侧踹腿可用于攻击对方裆部、腹部。

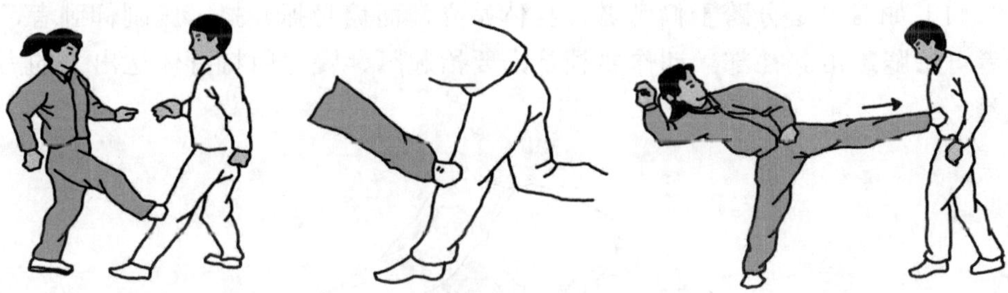

正踹腿　　低侧踹腿　　中侧踹腿

踹腿

7. 用头部攻击

以额头为武器攻击对手，在武术中被称为头锋。头部虽然有最多要害薄弱部位，但头部也有坚实的区域，这就是前额。人的前额能承受较大的压力。徒手对前额的攻击，如未经训练，一般是攻击一方受伤。而以头部击人，却颇见威力。

头部攻击主要用于撞击对方面部和胸部，一般而言，撞击面部效果较好。撞击面部要瞄准鼻梁处三角区，尽量不要撞在对方前额上，造成互伤。

撞击面部

撞击胸部

头部攻击

五、三种不同情境下的生理防卫技术

（一）仰卧被按压时可采用的技法

女子倒地后成仰卧姿势，被歹徒按压。这时，歹徒或站或跪或坐或趴或骑在女子身上，也可能卧靠在旁边仅以上身压着仰卧者；他的手可能抓领或抓肩或搂脖或掐喉。但是不管处于上述哪种情况，女性都要尽可能地采取攻其要害、一招制敌的抬腿蹬击裆部方法。除此之外还可能采取的直接攻击的方法如下。

（1）如对方是分跨于仰卧者，身体站立，而俯身抓、掐、压制仰卧者，仰卧者可抬腿蹬击其裆部。动作要领是，要抬起腰、臀，用将身体送出去的力量猛蹬。

仰卧被按压时蹬击对方裆部动作

（2）如对方手肘抬起，露出腋下，可用直拳、勾拳等猛击其腋窝；另外，直接戳击对方眼睛或戳击对方咽喉有意想不到的效果，因为这时双方距离很近；如手臂未被压住，对方的手臂又未形成阻隔（多在抱胸腰时），可用肘部横击其太阳穴，动作要领是，要用上腰腹之力、旋臂之力；如歹徒强行亲吻仰卧者，被侵害者可抓住机会咬掉其鼻尖或舌尖。但要注意的是，被咬伤后的歹徒可能更丧心病狂。因此被侵害者要在狠咬之后，趁其负痛一时失智的机会，连续进攻，再对其要害部位实施攻击。如果以头撞其鼻梁，抬头则要迅猛。

掌尖击腋窝

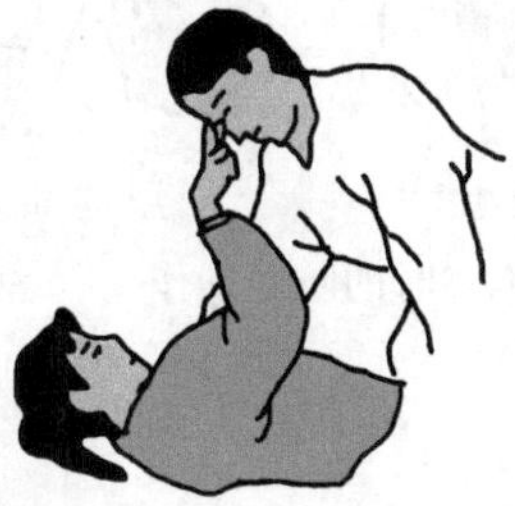
攻击双眼

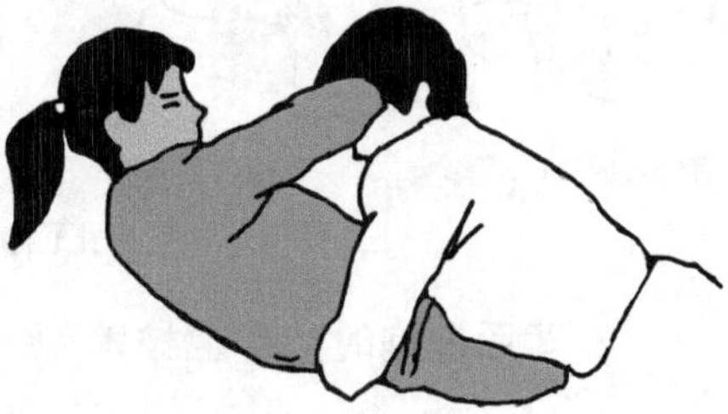
肘击太阳穴

咬鼻子或舌尖

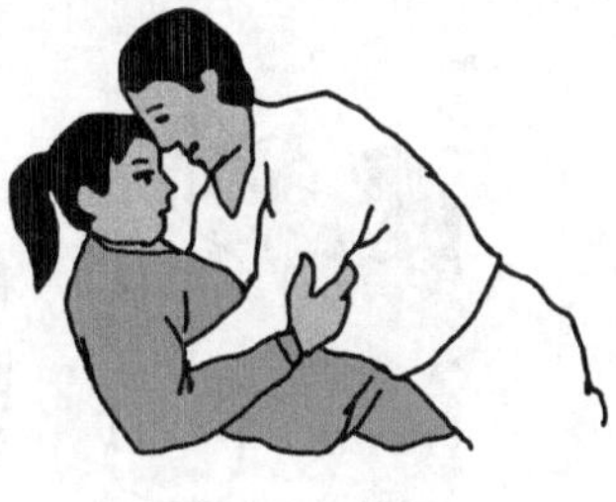
头锋撞击鼻梁

仰卧被按压时的防卫动作

（二）被抱时可以采用的生理防卫技术

1. 正面被抱腰时的防卫技术

正面被对方抱腰，但手臂未同时被抱住，是以肘部攻击对方太阳穴的最好时机。一旦歹徒双手抱住女性腰部，他的头部就全部暴露而失去防护了。这时女性可以佯装拒绝他的亲吻等，使上身后仰，形成攻击距离，接着在可能的情况下猛然收腹、旋身、挥臂，以肘部猛击其太阳穴。以肘攻击歹徒太阳穴最好采用连续攻击法，一气呵成。

正面被抱腰时因为手臂通常未被抱住，所以女性也可以采用叉眼、戳喉等方法。如果只求解脱，可采用折其手指技法。

正面被抱腰时的防卫动作如下图所示。

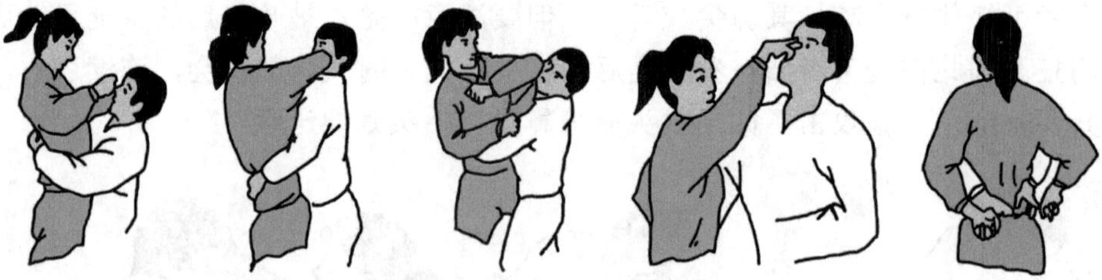

后仰形成攻击距离　先用右肘击　连续攻击　也可攻击其眼睛　折其手指

正面被抱腰时的防卫动作

2. 背后被抱时的防卫技术

（1）后腰被抱。抬手以反手横肘向后猛击对方太阳穴，当然别忘了蹬腿，身体旋转发力，力达肘部。反方向折其拇指或小指。以脚后跟猛跺其脚面。

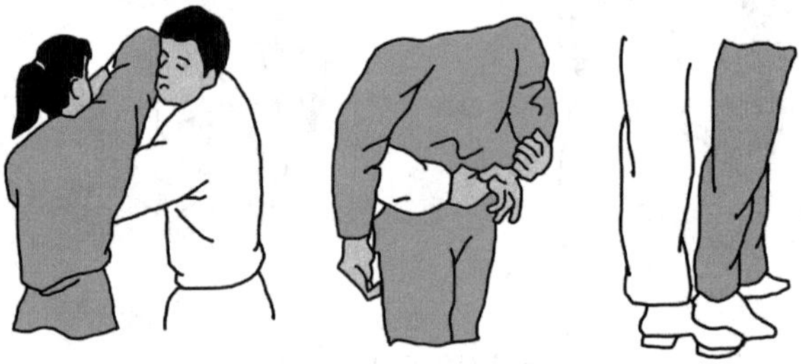

反手击太阳穴　反方向折其手指　以脚后跟跺其脚面

后腰被抱时的防卫动作

（2）连手臂后腰被抱。被抱者尽可能伸手抓、握、提对方的裆部。因对方注意力在上部，此动作很有隐蔽性，成功的可能性较大。如果被歹徒抱住的是腰际，那么歹徒必然弯腰，此时头较低，女性可猛仰头以后脑击其面部。

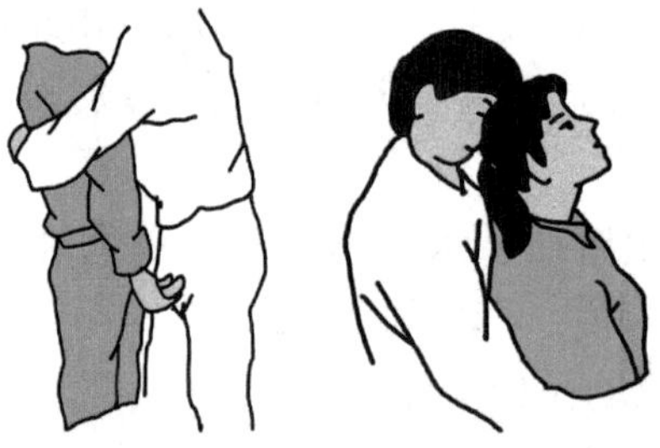

抓、握、提其裆部　猛仰头击其面部

连手臂后腰被抱时的防卫动作

（三）头发被抓扯时可采用的技法

1. 当女子被人从正前方抓住头发往前拖扯时

此时，女子切勿与抓扯力相抗，以免头皮受伤。抓扯者拖带一般是身内拖带，因此其裆部要害部位便全部暴露，抓扯者与被抓扯者面对面。这时，女子应趁被抓扯俯身向前窜之机，借着抓拉之力和惯性，将膝头高提猛撞歹徒裆部。尤其要注意的是，一些抓扯他人头发者可能有抓住头发前后推拉的习惯。在他推时，应顺其力后仰或后退，以免受伤；在他拉时，则借其力冲过去提膝攻击。切不可和歹徒硬扛。

正前方被抓扯头发时采用的技法

2. 当女子侧立被扯拖头发时

此时，可顺其力侧身弯腰靠近对方，顺势用掌击其裆部，然后以手抓握其裆部。歹徒有时会揪住女子头发拖着往前走，这时女子是在歹徒的背侧位置，头已过其肘前，身在其肩后。这时，应以手掌自歹徒后裆猛地插入并握紧。如有可能一手掏裆时，另一手抓抱其腰胯配合发力。

侧立被扯拖头发时采用的技法

3. 头发被抓住时

此时，女子抱住对方，用一手掌心向上，四指直插进软肋（肋骨下），扣住肋骨往上扯，对方痛极自然会松手；或双手叠压于对方抓发之手背部，上体前倾弯腰下压或击打对方肘部曲池穴等，对方也会松手。但这些方法都是解脱之法而非致命之法。①

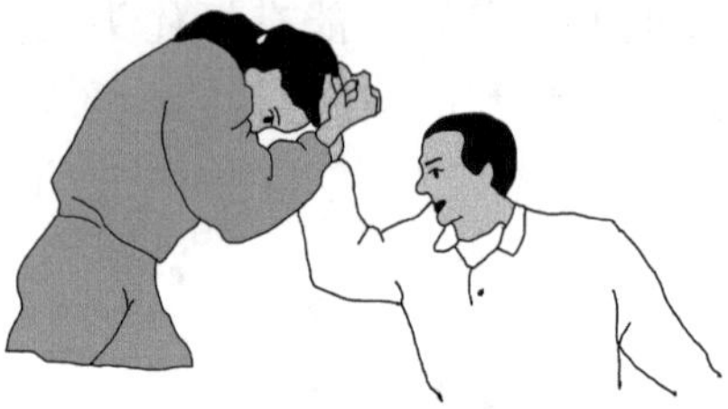

头发被抓时击打对方肘部曲池穴

综上所述，运用防身术打击对方时一定要攻其要害。否则白白浪费了力气，不如狠狠地一脚踢中他的裆部，让他一下子就疼痛难忍。

在与犯罪嫌疑人搏斗时，不用担心致其死亡，因为这属于正当防卫。一般来说，在遭遇暴力强奸时打死犯罪嫌疑人不违法。犯罪嫌疑人通常是十分危险的，不要对他们抱有幻想。先奸后杀或残酷虐待是他们很可能做出来的事情。遇到这种犯罪嫌疑人时，搏斗固然危险，但任人宰割更危险。

六、关于生理防卫技术的说明

有资料显示，当女性受到侵犯时，最初的反抗往往有可能帮助她们逃脱，她们的反抗有可能使得侵犯者改变主意，因为侵犯者也不都是惯犯，他们在实施侵犯时，也同样存在一定的恐惧心理，女性的坚决且有效的反抗，就很有可能让侵犯者知难而退，女性就可能逃脱。但是毋庸置疑，反抗是伴随着危险的。因为从理论上讲，女性与男性在生理结构上的确有着很大的差异，通常女性在身体素质方面如力量、速度、耐力、抗击性方面，都较弱于男性，女童则更弱，所以女童在与男性歹徒的搏斗中，往往都是处于弱势的一方。因此，盲目无效的反抗只会带来更大的伤害。不要正面与歹徒对抗交手，应采取智取的方式，针对歹徒的要害部位进行“巧打”，才能做到“一招制敌”。女童的这种“巧打”除要掌握好

① 侯仲约，程大力．最新女子防身术．北京：人民体育出版社，1998：23.

打击的部位、时机、距离以外，还必须充分发挥自己身体能力才能奏效。

但在西方社会，甚至包括一些警察认为，单纯的反抗并不一定是最好的方法。很多资料显示，一些女性在遇到侵害时试图保护自己，但往往会激怒对方，引起攻击或者更激烈的行为。所以，西方许多专家认为，最安全的办法就是不反抗。在一些女子防身手册中也提到，女性应随身带保险套，如果真遇到性侵事件时，或可要求对方使用。然而，事实上对于中国的女性来说，由于受传统文化的影响，有时候被侵害后心理方面的伤害会比身体方面的伤害更为严重。被侵害者不但受到身体方面的创伤，往往还会受到来自他人的嘲笑与歧视，在心理方面留下巨大的阴影。这些伤害，甚至会让她痛苦一生。因此，我们认为一味的屈从并不是最好的选择。①

不管是反抗还是屈从，学习“女子防身术”确实对女童抗暴御侮有很大帮助。但同时也要清楚，不管是什么防身术，都不可能让人在朝夕之间就成为高手，在遇到犯罪嫌疑人的时候，一招就能把犯罪嫌疑人打趴下是不可能的事。有些女童虽然参加了防身术的学习，但关键时刻却下不去手。因为在遇到危急状况时，如果她不冷静，不会审时度势，甚至被突如其来的危险吓傻了，那么她学了再多的防身招式也是没用的。因此，在很多时候，女童和歹徒搏斗就是双方意志力的较量，是心理、体力、智力、勇气和信心的较量。女童首先要在心理方面不输给歹徒，才能在紧急情况下做出相应的应急措施，最终使自己逃脱。

第三节　物理技术

所谓物理技术，理论上主要是指实体防范技术，简单地说就是在危急的情况之下，被侵害者学会利用外物来保护自己的一种防范技术。

《玉堂闲话》曾讲过一个妇人智退强盗的故事：强盗费铁嘴，一次带人洗劫村庄。男人们都逃走了。只有一个妇人，用勺子舀锅里的开水泼强盗，20 多个强盗居然拿她没办法，最后只好带着伤狼狈逃走了。妇人靠着锅拿着勺泼水，竟一点儿没烫着自己。这个妇人的自卫方法就叫“就地取材”，因地制宜。以此类推，只要能用来自卫，木棍、砖头、石块、板凳、水壶、酒瓶、菜刀、开水、火把乃至水果刀、簪针、胸针、发夹等都可以用于自卫。曾有一新闻报道，一女性

① 为什么要学女子防身术 . http://m.xuexila.com/shenghuo/fangshenshu/511789.html[2017-02-15].

被歹徒强奸，她急中生智，趁歹徒松开她脱裤子时，抓起身后的大剪刀，竟一下子将歹徒的生殖器整个剪了下来。需要提醒的是，使用这些器物，必须遵循前述打要害的原则。用菜刀要砍歹徒的脖颈，也可以砍胳膊；用发夹不要刺歹徒的手，而要去刺歹徒的眼睛。

物理技术的防范主要分为两种情况：室内防范与室外防范。室内防范中，女性应预先借助物品，做好相关的防范措施，尽可能避免与犯罪嫌疑人在室内对峙。但是如果一旦真的有犯罪嫌疑人入室，要沉着冷静并借助室内的一些物品，如刀具、铁锤、凳子、暖水壶、铁锹等一切可以利用的物品，对自己进行安全防御。室外防范中，首先，遇到危险时，女孩可以借助身上的一些物品进行防范，如小型水果刀、高跟鞋、包包的链子、尖指甲、雨伞、手机等物品，或借助周围环境中一切可利用的物品如棍棒、玻璃、石头、泥沙等进行自救。其次，女性的包包里还可以备有一些自我防范的物品，如电击棒，在晚上既能作为照明工具，遇到歹徒时，还可以启用电击功能；防狼喷雾，遇到危险时，将防狼喷雾对准歹徒的眼睛（脸部）喷射；或者也可以自己准备一个自封袋，装一些胡椒粉、辣椒粉之类的物品封好口放在包里，以便遇到危险时能派上用场。

一、室内物理技术防范

室内的防范主要分为两种情况：犯罪嫌疑人入室前的防范和犯罪嫌疑人入室时的防范。其实防患于未然才是最好的防范手段。因为如果真的等到犯罪嫌疑人入室，才想起要怎么样自我防范时，自己已经陷入了十分危险的境地，到那时候也只能做最坏的打算了。因此，在日常生活中，在没有直面入室的犯罪嫌疑人前做好预先的防范措施，才是女孩首选的防范手段。

1. 入室前防范

（1）暗插销防犯罪嫌疑人。门窗是居家安全的第一道防线，当女孩独自在家或者一个人独居的时候，门锁应该安装保险锁。除此之外，为了安全起见，最好还应在门的上下两端各装上一个暗插销。当女孩洗浴或者睡觉前，将暗插销插上。这样即使门锁被犯罪嫌疑人撬开了，还有暗插销挡住，犯罪嫌疑人仍然进不来。

（2）钉个铁钉保安全。在女孩所居住的房间没有安装防盗门的情况下，阻止犯罪嫌疑人利用软插片从门缝开锁舌是家庭防止犯罪嫌疑人入室的关键。这时候，女孩可以在锁舌外侧的门框上钉上一枚铁钉并预留部分突出，使铁钉露出木头。这样露出的部分铁钉的长度正好弥补木门与门框之间的空隙。当犯罪嫌疑人用片状物插入想要开锁时，首先就会遇到铁钉这个屏障。因此，这个小小的招数既不影响门锁的正常使用，又能有效地阻止片状物插入开门，使得犯罪嫌疑人难以入室。

（3）巧用斜坡木枕防犯罪嫌疑人。在女孩所居住的房间没有安装防盗门的情况下，除了可以用铁钉做一些防范的措施，巧用斜坡木枕也可以起到防止犯罪嫌疑人入室的效果。例如，为了防止犯罪嫌疑人用插片拨开碰锁进入房间，女孩可以用一个三角斜坡木枕顶住房门。这样，即使犯罪嫌疑人用片状物抵开了碰锁想要推门而入，也会受到三角斜坡木枕的阻挡，使得房门推不动。这个方法成本低，而且简单易行，不失为一个不错的防范的办法。

（4）门后设“机关”。女孩在晚上睡觉前，可以将一块较大的木板或空酒瓶等易发出声响的物品搁到门后。这样当犯罪嫌疑人撬门入室时，便会发出巨大的声响，既可以使女孩惊醒过来，同时还可以惊醒邻居们，而且巨大的声响可能也会吓跑想要入室的犯罪嫌疑人。

（5）加固过道小窗。想要入室的犯罪嫌疑人通常会用撬棍将过道窗的一根铁条的焊点撬裂，扳开铁条后翻窗入室。因此要注意对窗的防护，可以在现有的小窗上对铁栅进行改造：用一根扁铁加固在原有的铁条焊疤上，将每一点都焊牢，使之连成一体，以防各个击破。这样犯罪嫌疑人就无机可乘，从而达到防范的目的。

（6）单扇移窗防范法。现今许多住宅的窗户都是单扇移窗，当女孩们睡觉时，如果把窗户都关上会觉得闷得慌，可打开窗户睡觉又觉得不安全。对此，女孩们可以在移窗的滑槽内放一条质地坚硬的填充物，如木条、石头、瓷砖条等，长短要使移窗打开的宽度小于一个人能钻进的缝隙，这样犯罪嫌疑人就进不来了。

（7）风铃防范法。在阳台或窗前挂上风铃，不仅能装饰房屋还能起到防范的作用，一旦犯罪嫌疑人从窗口或者阳台钻入室内，难免会碰到风铃。风铃发出一阵乱响声，必然会引起女孩的注意，这样女孩就可做好相关的防范准备或者趁机逃跑。

（8）植物防范法。在围墙墙角处种植一排仙人掌等带刺的植物，不仅可以美化社区的环境，还可以起到很好的防范作用。仙人掌的刺好像一道铁丝网，会让入侵者望而生畏。

（9）阳台感应灯防范法。在阳台上安装一个感应灯，女孩在临睡前将灯的开关打开，这样一旦有犯罪嫌疑人攀爬上阳台或有声响的时候，灯就会亮，可以吓跑犯罪嫌疑人。如果卧室离阳台较远，还可以将灯和一个小型蜂鸣器连在一起，这样在灯亮的同时，蜂鸣器发出鸣叫声，既可以惊醒女孩，也可以吓跑犯罪嫌疑人。①

2. 入室时防范

当女孩与犯罪嫌疑人在房间对峙时，这时候已经是十分危险的时刻了，女孩可以借助房间内任何可以进行防卫的物品进行自我保护。如暖水瓶、面粉、胡椒粉、凳子、台灯、棍棒等。但这个时候的反抗，主要目的并不是要制服犯罪嫌疑人，而是要在保护自己生命安全的前提下，趁机逃脱求救或报警。在与犯罪嫌疑人对峙时，女孩要内心沉着冷静，但表面上可以装出一副很害怕的样子，以稳住犯罪嫌疑人的情绪，并小心地“服从”歹徒，切忌大喊大叫。同时观察时机，趁歹徒不注意的时候，用开水等泼向歹徒，或借助能用的物品向歹徒的头部砸去（要有十足的把握才能选择出手，不然贸然行动只会让自己面临更大的危险），使其暂时失去行凶的能力，然后以最快的速度逃脱求救或者报警。笔者建议女孩谨慎用刀。因为如果一击不中，就容易激怒犯罪嫌疑人，刀更容易被犯罪嫌疑人夺去。这样女孩的处境就变得更加危险了，可能会使女孩受到的伤害更大，甚至会被杀害。

二、室外物理技术防范

女孩出行在外遇到犯罪嫌疑人时，如果是在黑夜且周围没有一个人的情况下，最好不要大喊大叫，只能先“顺从”犯罪嫌疑人的要求，再慢慢寻找机会逃脱。如果当时周围有人，可以选择迅速跑开求救，而在呼喊时，最好不要喊“救命啊！抢劫啊！抓小偷啊！”之类的话，可以试着喊“着火啦！”之类的话，这样更容易使周围的人聚过来看看发生了什么事，最后使自己获救。如果碰到犯罪嫌疑人冒充女孩的家人、老公、男朋友等要强行把她拉走，不要慌，在迫不得已的情况下，女孩可以选择去毁坏周围他人的财物，比如在路边有司机的车门上猛踹一脚，或者掀翻路边的小摊，或者摔坏路人的手机等。这样做的话，那些财产损失者绝对不会放你走的，女孩就可以趁机让损失者去找假冒的“家人、老公、朋友”索要赔偿，犯罪嫌疑人就失去了作案动机，女童虽然会因损害他人物品而

---

① 居民安全防范手册 . http://www.docin.com/touch_new/preview_new.do?Id=1192293900[2017-02-20].

有些经济损失，但可以避免被更严重地侵害。

如果是在偏僻无人的地方遇到犯罪嫌疑人且无法避开，女孩一定要沉着冷静，在保证自己生命安全的前提下，可以借助周围或身上的物品巧妙应对犯罪嫌疑人，最终使自己成功逃脱。例如，就地取材，抓一把沙土，对准犯罪嫌疑人的眼睛和面部撒去，然后迅速逃跑，或者利用身上携带的一些物件进行自救。

（1）身上的外套。出门带件外套，不穿的时候可以搭在手上遮掩随身的提包；此外，纺织物有一定的柔韧性，紧急时可以将外套缠绕在手上格挡凶器，降低伤害。曾经有一起伤害案，一位女孩就是用衣物缠绕在手臂上，挡住了致命伤害。

（2）书本。在许多人的观念里，似乎只有利器才算是有力的反抗武器；其实不然，随身携带的书本也一样可以成为武器。遇到歹徒袭击时，可以迅速把书本卷成棍状，猛戳歹徒的眼睛、咽喉等脆弱部位，趁其疼痛时快速逃脱。

（3）背包。装有硬物的背包能在一定程度上抵挡利器的戳刺，遇到紧急情况时，可以迅速将包反背在前作为自身的保护屏障，也可以将包带缠绕在手腕上，把包当成防御的“盾牌”。

（4）雨伞。长柄雨伞虽然不方便携带，但在遇到歹徒侵袭时却是一件非常实用的武器。可以用伞柄和雨伞的顶端戳刺歹徒的脆弱部位，也可以将伞撑开，在歹徒与自己之间形成一道屏障。

（5）尖刀、笔、发夹、钥匙等尖锐物品。这些小东西看似不起眼，但只要能够好好利用，一样可以发挥出意想不到的作用。譬如，出其不意地用它们猛戳歹徒的眼睛、口鼻、咽喉等部位。

（6）梳子。很多女生的包里一般会有把小梳子，梳子的梳齿往往很尖利，可以用梳子猛刮歹徒的面部，梳子的尖齿可以有效地在歹徒身上造成刮伤，留下痕迹，利于警方追缉嫌犯。当前市面上也有一些用于防身的梳子出售，这些梳子看起来虽然和一般的梳子没什么两样，但在紧要关头，能发挥最佳防御和攻击功能。

（7）手机。很多手机有缩位拨号功能，可将“110”等常用报警电话和亲人的电话号码设置成缩位号码，遇到紧急情况，按下一个键就能发出求救信号；同时还可以预设求救或报警短信，在紧急情况下一键发送报警短信。

（8）打火机。女孩在出事现场如果能发现打火机，就可以将打火机的火力调节旋钮调至最大。在遭遇不法侵害时，出其不意地对准歹徒脸部按下打火开关，瞬间喷出的火焰高温能对歹徒造成一定伤害。

（9）哨子。遇到紧急情况时，可边跑边吹哨子，吸引旁人并得到援助。实际生活中也有不少成功的案例，它既可以震慑歹徒，也可以提升自己的胆量。

另外，女孩也可以购买一些专门的防身器材。

（1）防狼戒指。女孩夜间独自外出时，可以随身佩戴防狼戒指。此类戒指的指环上一般呈铆钉状，比较尖锐，一旦被侵害，可以迅速握拳攻击歹徒的脆弱部位。

（2）酷棍。别看酷棍长得像一支笔，但它可是一个“狠家伙”。用棍尖戳、捅、砸歹徒的神经节、软组织、关节等脆弱部位，歹徒受打击部位会产生剧烈疼痛感而丧失攻击能力。还可以利用挤压、旋转等方式，对着歹徒的手指进行操作。如果遇到公交车、动车等意外事故，还可以用酷棍击破车窗逃生。（温馨提醒）正当防卫时，如非万不得已，应避免使用该“武器”攻击对方眼睛、脖子等脆弱部位。

（3）微型强光手电。这样的手电筒体形小巧、方便携带。在紧急情况下，可以突然拧开开关，直射歹徒的眼睛，使其睁不开眼或无法正常观察；或者利用强光手电头处的不平处，猛戳歹徒的薄弱部位。

（4）防狼报警器。小巧可爱的报警器，实在看不出它除了装饰还能起到什么防范作用。事实上，看起来很“无害”的报警器，可以挂在包包或手机上，遇到可疑人员尾随或靠近时，马上拉响报警器，吓阻可疑人员，同时吸引周围人员的注意。

（5）防狼喷雾器。这是女孩比较熟悉的一种便捷型防身武器。遇到侵害时，只需掏出喷雾器，突然喷射歹徒的眼、鼻等部位，就能让歹徒无法睁开眼睛或剧烈咳嗽，然后你趁机逃脱。[①]

最后，防身工具始终只是工具，女孩关键还是要有防范意识。有了这种意识，随手拿到的物品都可以变成防身工具。女孩应在平时的日常生活中，凡事多留意，就能使犯罪嫌疑人难以 有可乘之机，这才是最好的防范措施。

① 女性防身“十八般武器”关键时刻能保命 .http://www.bbaqw.com/pj/297.htm[2017-02-22].

下　篇

女童遭受性侵害后的心理干预

无论怎样预防，女童性侵害事件还是可能会发生。研究表明，有效的心理干预可以减少甚至消除性侵害给女童及其家庭造成的负面影响和长期后果。然而，处理包括女童性侵害在内的虐待儿童事件及其负面影响极具挑战性。这一过程通常涉及复杂的司法程序，要求执法部门（警察）、司法部门（法官、检察官、律师）、儿童保护部门及社会服务部门（社工、心理医生）、医疗部门和教育部门协作联动。

本篇参考国外的相关工作经验，基于具体的案例讨论什么是心理干预，以及如何对遭受性侵害的女童及其家庭进行心理干预。

第六章

心理干预概述

女童被性侵害以后，其监护人除了要对其进行生理救护和法律救护外，最重要的就是对被侵害女童进行心理救护。但从全国层面来看，人们对于性侵，特别是儿童遭受性侵后急需进行心理辅导的认识严重不足。且不说心理咨询师资源很稀缺，许多家长也根本不具备孩子受到性侵害之后需要心理辅导的意识。比如下面的真实案例：

16岁少女小梅（化名）从十三四岁，父亲就开始对她猥亵，甚至要求她同睡在一张床上，如果不服从就会挨打。女儿勇敢报警后，却受到母亲的训斥："你要不要脸？"其实其母早知道丈夫猥亵女儿，却埋怨女儿不该报警，让警察把作为家中顶梁柱的父亲关了起来。这位母亲甚至说："你爸被关了，我怎么办？！"当案件进入到法院阶段后，该母亲居然还为这个禽兽父亲求情，希望法官轻判。①

在这个真实的案例中，母亲非但没想过要救护女儿，反而还一直埋怨、指责其报警。由此可见，这位母亲关于性侵的相关知识和意识非常欠缺而且缺乏基本的伦理道德意识。如果女童遭受性侵害的创伤被忽视或没有得到适当处理，这些创伤不仅会在她们心中留下阴影，还会影响她们今后的生活。因此，在女童遭遇性侵害后，及时地对女童本人及其家庭进行心理危机干预非常重要和迫切。

---

① 16岁少女遭父亲猥亵多年：为了妹妹 愿意原谅父亲 . http://news.youth.cn/sh/201508/t20150810_6981818_1.htm[2017-12-28].

第一节　心理危机干预及心理损害

一、心理危机干预

心理危机干预是指针对处于心理危机状态的个人或者群体，及时给予其恰当的心理援助和辅导，使其尽快摆脱心理困境。通常每个当事人对所经历的严重事件都会有所反应，尤其是出现了当事人用现有的生活条件和经验难以克服的困难，以致当事人陷于痛苦、不安状态。当事人常伴有绝望、麻木不仁、焦虑，以及一些自主神经症状和行为障碍。

心理危机干预的实质，一是避免当事人个体自伤或伤及他人，二是使当事人恢复心理平衡与动力。

二、心理损害

社会心理学认为，一个人的心理素质是由个体早期社会化过程决定的，社会文化、家庭、学校教育以及游戏伙伴和亲戚邻居等无一不对其人格的形成产生影响，从而形成各自不同的、高低有别的心理素质水平。因此，女童在遭受性侵害后，若遇到不良信息源的刺激，就会在其心理上形成痛点，产生心理压力。如果受侵害者的心理素质较差，缺乏调整外来刺激对心理不良影响的能力，就会造成其人格上的改变，出现人格解组现象，形成心理损害。

根据调查研究，很多专家学者又将受侵害者的心理损害划分为两类：近期心理损害和远期心理损害。

（一）近期心理损害

近期心理损害是发生在遭受侵犯后的一瞬间、几个小时或几天内，心理学上称之为急性期，由于距离遭受侵犯的发生时间较短，被害人感受到的痛苦会比较强烈，表现出的症状也比较明显。早在 1974 年，A.W. 伯吉斯和 L. 霍姆斯特龙就提出了“强奸创伤综合征”的概念，指出遭受强奸的被害人会在被害后的短时间内产生恐惧、震惊、绝望、耻辱、悲痛、愤怒、焦虑、紧张等强烈情绪反应，以后会出现否认、冷漠、呆滞、行动迟钝，以及自责感、羞耻感、报复情绪、惊恐不安、失眠等反应。尤其是在强奸、猥亵儿童等犯罪中，被侵害者极易在案发后因性侵害行为而产生自卑、自闭、自暴自弃等心理，甚至有轻生念头和自杀行动。据日本的调查研究统计，约 50% 的强奸和猥亵行为的被害人有生病或者情绪不稳定现象，强奸犯罪的被害人出现失眠或者做噩梦等现象的超过 60%，另外有 42% 的被害人不愿与人交往，40.7% 的被害人感到生活灰心，38.3% 的被害人出现厌食症状，被迫迁居的也超过了 25%。[①]

总之，在遭受性侵害后，被害人多会出现一系列的应激反应。轻者表现为情绪紧张、感觉过敏、惊慌失措、疲劳无力等；重者表现为抑郁、愤怒恐惧、焦虑、木讷、抑郁、遗忘、绝望等，以及植物性神经功能紊乱（如心悸、多汗、厌食、恶心、尿急、颤抖等）；更严重者可能出现肢体麻痹、失明，甚至休克或死亡。下面阐述一下几种常见的表现。

1．恐惧

遭受性侵害后，许多被害人会对被害的情境记忆犹新，被害时体验到的痛苦长久不能消失，使被害人对侵犯者的犯罪行为产生很深的恐惧心理，对所遭受到的犯罪侵害产生后怕，害怕再次被侵害。在这种心理的影响下，被害人不敢报案，不敢作证，只能选择以逃避的方式去面对。

2．愤怒

被害人对自己遭受性侵害的事实会感到愤怒不已，痛恨对其实施侵犯的人，更痛恨自己遭受强奸这一事实。长期具有这种心理的被害人可能会慢慢地发生被害心理的恶逆变，还有可能会谋划对侵犯者实施报复等。

3．抑郁

被害人对自己遭受侵犯的事情想不通，常常会出现呆滞、失神、默想、低声自言自语、忧虑等表现，不断询问自己为什么被侵害，责怪自己可能存在的过错，一遍一遍地回想被侵害的经过，追寻当时可能避免被害的机会，谴责自己当时的错误表现等。这类被害人心情抑郁，精神状态长期得不到恢复。因为有着曾经被性侵的过往经历，台湾作家林奕含在高中就得了重度抑郁症，并屡次休学。她曾说，“我因为精神病常常会发作，不一定能去上学，很长一段时间都很自卑”。2017 年 4 月 27 日，在遭受抑郁症折磨多年后，林奕含用上吊的方式在家中结束了自己的生命。而她的作品《房思琪的初恋乐园》描写的 13 岁主角房思琪被补

---

① 张鸿巍．刑事被害人保护问题研究．北京：人民法院出版社，2007：168-169.

习班老师性侵最终发疯的故事，蓝本正是她本人童年被老师性侵的经历。

4. 绝望

一些被害人觉得遭受性侵害后，自己的清白、名声等不复存在，生活、前途被侵犯者所破坏，因而产生强烈的绝望情绪。在这种心理背景之下，有的被害人会有歇斯底里的表现，如大喊大叫、捶胸顿足，有的甚至会产生自杀倾向和自杀行为。

（二）长期心理损害

长期心理损害是指被侵害后的几个月甚至几年内仍然持续存在，或者是当时被害人的表现并不明显，直至多年后遇到类似情境时再发作的心理损害。这种心理损害由于被侵害隐蔽或者其他原因而长时间得不到有效的救助和治疗，极易发展成一种心理障碍，严重的会成为心理疾病，给个人成长发展的方方面面造成负面的影响。Sanderson 将这些长远后果总结为以下几种：情绪困扰（如抑郁、焦虑、低自尊、内疚、愤怒、恐惧）、认知失调（如否定、认知扭曲、解离、多重人格障碍）、人际困难（如不信任、社会退缩或封闭、亲密关系恐惧、亲子困难）、负向身体反应（如睡眠困扰与心身症状）、性别角色认知及行为问题（如自我伤害、自杀、进食障碍、酗酒、非法药物滥用）。[①] 长期心理损害的主要症状包括脑震荡后综合征、神经症、生命周期缩短和生命质量下降等。具体表现为以下两种形式。

1. 被害烙印

被害烙印是指遭受性侵害后，被害人将被害经历积淀内化，从而在心理和生理上显现出短期不易消除的某些症状、标志或特点。如遭受性侵害者经常会表现出恐惧、与异性交往困难、性冷淡、抑郁或非理性的性欲亢进等心理反应。女性被侵害后，自尊心受到严重伤害，尊重的需要得不到满足，就会产生沮丧、恐惧、羞愧甚至绝望等不良心理状态。这些不良的心理状态如果不能被消除，在外界不良的影响下会继续强化和积累，使被害人精神上的压力越来越大，最后发展到难以承受的地步，甚至导致精神失常。消除和缓解被害人的被害烙印是援助被害人活动的重要组成部分。

---

① Sanderson C. Counselling Adult Survivors of Child Sexual Abuse. New York：Jessica Kingsley Publishers，2006：12.

2．性侵后遗症

性侵后遗症是指被害人在被侵害后产生的生理、心理和社会交往方面的不良症状，包括噩梦、多汗、对噪音反应惊恐、注意力不能集中、失眠、体重减轻、家庭关系紧张、遭受社会歧视。严重者甚至会转为抑郁症和妄想症。因所受创伤的严重程度不同、侵害手段的种类及持续时间的不同、个人心理素质的差异，这些症状有的在短时间内即消退，有的却持续长达几年以上甚至终生。另外，性心理障碍也是一种比较普遍的被侵害后遗症。一些被害人在被侵害后产生性心理障碍，对人类正常的性行为产生恐惧或厌恶，如果不能正确消除这种心理，将会对其今后的婚姻和家庭生活产生极大的负面影响，或者极易导致其家庭破裂。[①]

以上对受性侵害者心理损伤的划分，主要以心理损害在不同时间段内的特别症状为标准，这种划分有助于根据不同的症状采取相应的心理危机干预和治疗。

第二节　心理危机干预的过程

一、心理危机干预的三个阶段

根据不同人的差异性特点，一般在对被害人进行心理危机干预的时候，把心理危机干预的过程分为三个阶段，针对不同被侵害者进行相应的危机干预。

第一阶段：立即反应时期，被害人情绪以及心理上表现为麻木、恐慌或否认，一般表现为不相信其他人。

第二阶段：完全反应时期，被害人一般感到激动、焦虑、痛苦和愤怒，同时因为身边的其他言论而导致罪恶感、退缩或抑郁的产生。

第三阶段：消除反应时期，被害人开始逐步接受事实并为将来做好计划。一般这个心理危机过程持续时间不会太长，如亲人或朋友突然死亡的居丧反应一般在 6 个月内消失，否则应视为病态。

在处理受性侵害的被害人的影响方面，对被害人实施个别心理治疗非常重

① 何剑．强奸犯罪被害人心理援助研究．http://www.docin.com/p-154060568.html[2017-03-14].

要。在治疗中，信任，包括良好的伙伴性的治疗关系是重建被害人信任感的重要条件。在此基础上，逐一处理性虐待所引起的情绪反应，如自责、焦虑与恐惧和其他情绪反应，以及自我感觉的变化和“破鞋”综合征等。对被害人的行为问题，如过度的或公开的自慰、频繁与他人发生的性行为等性化行为要进行妥善处理，实施适当的行为控制，目的是打破“被侵害—侵犯”这个恶性循环。也要帮助她们认识和理解其他的一些行为问题，如对人、对动物的攻击性，离家出走，自伤、自杀行为，物质滥用，犯罪活动等，这些表现都可能与性侵害存在一定关系，并帮助她们正确去看待性侵害，同时防止她们再次被侵害。

二、心理危机干预的几点注意事项

一般认为，对女童遭受性侵害后的心理危机干预应注意以下几个方面。

1. 有来自父母的支持

来自父亲或母亲的支持是治疗开始与长期持续的基本保证之一。他们可以是亲生的父母，也可以是养父母。他们不仅可以对孩子遭受性侵害后给予支持的反应，而且能够认识到在孩子遭受性侵害后对其进行心理危机干预的重要性与必要性。

2. 建立起孩子的安全感

缺乏安全感的孩子很难接受心理危机干预治疗，或难以与治疗师建立起良好的治疗性关系，也会干扰治疗的进程。因此，对被害人进行心理危机干预的第一步就是要建立和增加她们的安全感。

3. 治疗师技术娴熟、目标明确、概念清楚，乐于用支持性的内容给予指导

咨询师的任务是艰巨的。个别治疗是必需的部分，没有经验的治疗师很难成功。因此，治疗师的技术娴熟也是对被害人进行成功的心理干预和治疗的重要保证。

4. 被害人能够就虐待进行交流，并能够耐受一定的治疗强度

被害人在整个过程中必须讨论遭受性侵经过，创伤严重的或言语贫乏的孩子难以做到。治疗一旦开始，言语能力就成了治疗能否成功的关键因素之一。被害人可能已经将事件分离，或害怕谈论性侵会招致再被侵害。在她们心里，谈与

做是等价的。因此，治疗的基本原则是孩子不愿意就不要强求。

第三节　心理危机干预的实例及心理干预者的素质

修复创伤的关键是被侵害人能否从家庭成员，特别是从父母那里获得更多的理解和支持。因此，真正需要帮助的，或者说帮助的重点是遭受性侵的女童及其家人。

一、心理危机干预的实例

以下是一个咨询师分享的真实心理危机干预的案例。

我们来到了女孩子的家。这是一个建在山坡上的小小的院落，进门以后我们才知道这里住着三家人。当事人的房子一共有两间。室内没有多少的陈设，几乎是家徒四壁。打开了房门，只看到一床、一桌、一茶几，还有几张随意放置的矮矮的凳子。如果不是床上躺着一个人，谁都不会相信这里还住着一个生命。凌乱的被褥下，我看到了一堆凌乱但乌黑的头发。按照预先设计好的程序，我们先和被侵害人的爸爸进行了简单的交谈，大体知道了事情的经过：自己的孩子在本地读书，学校里的风气很不好，他们班47个同学只有3个女生，所以平时就有许多男生骚扰女生。自己的孩子从小就很听话，从来不在外面和坏孩子交往。近来，家长发现孩子变化很大，经常撒谎，还不愿意去上学。家长很是生气，在打骂孩子的过程中，才知道孩子最近总被坏孩子欺负的事实。据孩子说，最近她被学校的3个坏孩子强奸了6次，所以才不敢去学校上学。事情发生以后，爸爸狠狠地打了孩子，孩子也感到没脸见人了，所以于昨天凌晨选择了自杀。

我们向被侵害人的爸爸了解了孩子的其他信息。

孩子的年龄：17岁

孩子的乳名：宝宝

孩子现在的状态：不吃饭、不说话。

在征得了家长同意的前提下，我们的工作开始了。

（1）危机干预的第一个环节：建立咨访关系

咨询人员搬了一个凳子，坐在求助者的床前，身体前倾，目光专注，用温和的话语开始了工作。

咨询师：我姓×，是心理学工作者，也是你爸爸的朋友。你叫我×老师，好吗？

求助者：好。

咨询师：你叫什么名字啊？

求助者：×××。

咨询师：我们叫你宝宝，可以吗？

求助者（没有表情地）：好的。

咨询师：那我们就算认识了，我们想和宝宝成为好朋友，可以吗？

求助者（用疑惑的眼睛看了咨询师一眼）：好呀。

干预方式解析：建立关系、取得信任是心理危机干预的前提。为了避免咨询人员的出现引起求助者的抵触，这里采取“虚拟亲情”的方式来瓦解被侵害人的阻抗，营造和谐轻松的氛围。咨询人员用被侵害人熟悉的称谓“宝宝”来称呼她并告诉她自己是她爸爸的好朋友，以打破求助者的心理屏障。咨询人员所坐的位置是在她目光所及的地方。

（2）危机干预的第二个环节：鼓励求助者倾诉

咨询师：听爸爸说，昨天凌晨发生了一件让他很害怕的事情，你能告诉我，是什么事情吗？

求助者：我想不开，用刀在手腕上划了一个口子。

咨询师（拉起她的手，仔细看了看求助者的手腕，轻声地问）：当时疼吗？

求助者：疼，很疼。

咨询师：现在还疼吗？

求助者：现在好点了。

咨询师：你为什么选择这种方式呢？

求助者：我当时想不开了，我认为都是我不好，给爸爸和妈妈丢脸了。他们都是因为我才这样生气的。

咨询师：发生什么事情了让他们这么生气呢？

求助者：我在学校里本来……

干预方式解析：咨询师引导女孩诉说她的苦恼，目的是宣泄其情绪。这里，咨询师采取了“迂回询问”的手法，以避免单刀直入询问可能造成的二次伤害。咨询师根据谈话的内容，适时拉起女孩的手，详细询问割腕的感觉，营造和谐氛围的同时，也进一步强化自残行为的后果，为下面的干预做铺垫。

咨询细节：①咨询师在这个环节里，叫了女孩35次“宝宝”。每叫一次，都可以看到女孩的眼睛里涌出了更多的泪水。②在这个环节里，咨询师发现，她反复说自己不是一个“好女孩”了，大家都不喜欢她了，都是自己不好，如果不和那些人来往，也许就不会被性侵了。

（3）危机干预的第三个环节：帮助求助者恢复自信

咨询师：听了你的诉说以后，我们心里很难受。我们知道你是一个好孩子。遇到这样的事情以后，自己知道无法摆脱，又不愿意让爸爸妈妈为你担忧，所以你选择了不去上学，是这样吗？

求助者（默默点了点头）：是的。

咨询师：我和你爸爸妈妈谈过，他们说你从小就是一个好女孩，在学校里也是一个好女孩，不管你怎么样，他们都会喜欢你。

这件事情给你带来的伤害很大，他们也都很难受，妈妈疼你、妈妈爱你、妈妈喜欢你。相信你能自己走出来。

求助者：……

咨询师：强奸不是你的错。那些强奸你的人，都不是好孩子，他们会为自己的行为付出相应的代价。

（求助者继续流泪）

咨询师：你现在整天以泪洗面，不吃不喝，是用别人的错误来惩罚你自己啊。

咨询师：你错了吗？

（求助者摇头）

咨询师：那么你为什么还要这么折磨自己呢？

（求助者迟疑了一下，想说什么，但没说出来）

咨询师：你是一个好孩子，你是一个快乐的孩子，你原先也有许多好朋友，也有许多爱好。是这样吗？

求助者：是的。

咨询师：我们在生活中会有许多不快乐，但那些不快乐总会过去的。你是一只自由的小鸟，经过这一次的伤害，你更加懂得了珍惜，珍惜爸爸，珍惜妈妈，珍惜自己，珍惜亲情。我们相信你一定也会走出心里的阴影，走进阳光地带。不是吗？

求助者：……

咨询师：你现在需要做的是，尽快调理好自己的身体，先尝试着出来走一走。事情已经过去了，事情已经永远过去了。既然我们不能改变过去，但我们可以选择未来啊。

求助者：……

干预方式解析：女孩一直是一个“好孩子”，好孩子的标准之一就是不和坏孩子在一起。现在她已经被坏孩子性侵了，于是认为自己也就成了一个“坏孩子”。爸爸、妈妈喜欢好孩子，不喜欢坏孩子。所以被侵害人自罪、自责，认为被强奸都是自己的错。

咨询师在这个环节里可以有两个咨询方向：①和女孩一起辨析“好孩子”和“坏孩子”的问题。②告诉女孩被人性侵不是她的错，并不影响大家对“好孩子”的评价。

（咨询现场，由于女孩情绪低落，不愿意说话，咨询师选择了后者。）

咨询细节：①咨询师说了42次“你是一个好孩子”，说了16次“我们都很喜欢你”。②适时地强调：割腕并不理智，不能为别人的错误买单。为降低自杀风险的终极目标再做铺垫。③过去的已经过去了……

（4）危机干预的第四个环节：强化咨询效果

这个环节是预先设计的，但这种“放松练习加催眠暗示”的方法却是危机干预小组根据现场的需要而临时增加的。

咨询师在咨询过程中发现，女孩的情绪已经好转，开始与咨询师进行目光交流，表情也不再凝重。咨询师明显感觉到她渴望被接纳、被尊重。她的语言开始增多，继续交流的意愿明显。她开始信任咨询师、接纳咨询师，愿意听咨询师说话。于是，咨询师现场临时增加了一个环节，就是为她做一个放松练习并适时地给予她心理暗示，以固化咨询效果。

咨询师：来，宝宝，老师给你做一次放松练习，好吗？

求助者：嗯。

咨询师：把眼睛闭起来，跟着老师来做一下放松练习……

要用腹部呼吸。吸气的时候要闭上自己的嘴巴，用鼻子吸气，尽量地，将空气吸进你的身体，感觉你鼻腔中凉凉的。呼气的时候，要徐徐地呼出，注意嘴唇上的那种麻麻的感觉。好，我们一起来做，深……呼……吸……

吸……呼……

吸……呼……

吸入你的快乐……吐出你的烦忧……

吸……呼……使劲吸……

对，再轻轻地呼…… 闭着眼睛。对，就这样，不要睁开。对，就这样，继续你的呼吸……继续听我缓缓地说：

你是一个好女孩，你是一个漂亮、很漂亮的女孩，我们大家都喜欢你，我们大家都愿意接纳你，接纳你重新回到我们的身边。我们所有人，都看到了你的坚强，我们都希望你快乐……好，慢慢地把眼睛睁开，慢慢地睁开。对，就这样，用眼睛看一看你的周围，有爸爸、有妈妈、有我们……你现在的感觉很清新、很舒服，对吗？宝宝。

（求助者点头）

咨询师：来，慢慢地坐起来，对，就这样。抱一抱你的妈妈，好吗？和妈妈说，妈妈，你受苦了……

（求助者哭）

咨询师：爸爸给宝宝说声“对不起”。

咨询师：抱抱你的爸爸，原谅爸爸，爸爸不该打你……

（求助者哭）

咨询师：好，宝宝很乖……

干预方式解析：暗示，是这个环节的主要特点。人在放松的状态下最容易接受暗示，所以在这个环节里，咨询师采用了放松练习的方式来减缓被侵害人的焦虑情绪并适时地给被侵害人一定的暗示。被性侵了以后，爸爸、妈妈的打骂和指责都在被侵害少女的心理上造成了一定程度的伤害。所以，咨询师设计了让女孩抱抱爸爸、抱抱妈妈的环节。其目的就在于整合家庭关系，让她拥有一个完整的家庭支持系统，以利于她的心理修复。

救援细节：咨询师看到被侵害少女一直在哭。但是此时的眼泪不再是无助的泪水，而是由衷的感激，感谢爸爸、感谢妈妈、感谢现场的救援人员。此处无声胜有声……

（5）危机干预的第五个环节：整合社会支持系统

危机干预小组将被侵害人的爸爸妈妈叫到了另外一个房间进行了简单的、

单独的辅导。

辅导的目的：

①承认伤害的事实。

②减缓自身的压力。

③为被侵害者提供一个心理修复平台。

④改变家长的错误认知：被人强奸不是“孩子自己的错”，不和他们玩和被性侵之间没有因果关系。

我们要和爸爸妈妈说清楚的是：

①事情过去了，后面自然有法律去解决。不要让仇恨占据了心灵，不要为已经过去了的事情伤害自己的情绪和身体。

②避免对被侵害人进行打骂和指责。一个“健康、活着”的孩子比什么都重要。

③决定情绪的不是“强奸事件”，而是你们对这个事件的看法。孩子已经受伤，你们不能再让一个受伤的孩子承担“家族的声誉”。这不公平也不人道，你们不能在这个受伤孩子的伤口上撒盐。

④闭上你们的“嘴巴”，戴上你们的“面具”，忘记已经发生的“事件”，让和谐和微笑重新回到你们的家中。

⑤孩子处在应激状态，爸爸的作用最重要。多抱抱孩子或者多抚摸孩子的头、耳朵，说话的时候，尽可能地拉着孩子的手。给孩子更多的接纳和安慰。

干预方式解析：遭受性侵虽然可怕，但更可怕的是传统的势力会让被侵害人失去亲情、友情和爱情。所以，咨询师在这例少女被强奸案中，除对少女援助以外，还对少女的爸爸妈妈进行辅导。从某种意义上说，父母也是被侵害者。由于咨询师的工作对象是被侵害少女，而不是她们的家长，因此在这个环节咨询中，咨询师的目标指向一直是为少女提供一个良好的社会支持系统，以利于少女的生理和心理康复。

救援细节：咨询师和少女谈话的时候，采用的是温暖和共情方式。磁性的声音、优美的语句，营造的是一个无限温暖的氛围。咨询师和家长谈话的时候，采用的是激烈的言辞、激越的声调、短促的语句，痛陈咨询师对这件事情的看法及责备他们的荒唐（打骂和指责）。

咨询感言：心理咨询师要善于营造氛围。激越，不代表你“激动”。温暖，不代表你“温柔”。痛心疾首不代表你真的“生气”。心理咨询师要善于表达（语言），心理咨询师要善于表演（非语言）。“表达、表演”不是目的，根据治疗需要，营造某种氛围才是心理咨询师的目的。对于求助者来说，效果才是硬道理。心理咨询，就是要“通过过程来控制结果”。一切取决于治疗的需要。[①]

二、心理干预者的素质

从以上案例我们可以看出，心理危机干预是一项专业性和实践性很强的工作，是对心理咨询师的巨大挑战。与一般心理咨询服务相比，在处理女童被侵害的事件上，心理危机干预对人员的专业素质要求更高、更科学、更规范。一般来说，对心理危机干预者在如下几个素质方面有所要求。

1. 专业技术

心理危机干预需要综合应用教育、评估、心理疏导、支持性心理治疗、认知矫正、放松训练、关键事件应激晤谈、个别治疗、快速眼动、催眠等方法。要求心理危机干预者必须掌握心理危机干预相关理论知识，包括灾难后的社会心理反应、应激后心理障碍识别、诊断标准等，同时系统接受常用干预技术的技能培训，才能在现场根据具体情况灵活应用。

2. 人格特征

首先，需要沉着冷静的情绪。面对可能出现的不可控现场，控制好自己的情绪，客观分析出现的问题，制订出行动计划。

其次，需要有创新灵活的头脑。具体干预工作可能遇到行动困难、条件限制、紧急情况，需要干预者充分发挥出特有的创造性和灵活性，利用现有条件想办法解决问题。

最后，还需要充沛的体力。因为在处理女童被侵害的时候不可控事情较多，情况也比较复杂，所以心理危机干预的工作量和工作强度非常大，有时候条件非常艰苦，需要长时间连续工作。因此要求心理危机干预者有良好体力和耐力，平时加强锻炼身体，保持良好心身状态。

3. 应变能力出众

心理危机干预需要快速反应，有效解决问题，需要干预者具备快速反应的思维和行动能力，以适应现实需要。

① 心理咨询案例：高中女生被强奸后的心理辅导 .http://blog.sina.com.cn/s/blog_93490d5c0101pfzj.html [2018-12-12].

4. 人生经验丰富

心理危机干预者应具有丰富的生活经历，能够将丰富的人生阅历和成长经验应用于被侵害女童的案件处理中。这有助于他们在危机面前表现得成熟、乐观、坚忍、坚强，有助于他们合理配置自己的心理资源，以更好地帮助被侵害女童。

第七章

对女童的心理干预

对遭受性侵害女童的心理危机干预就是要采用稳定化技术干预，即通过引导、想象、练习帮助当事人在内心世界中构建一个安全的地方，适当远离令人痛苦的情境，并且寻找内心的积极资源，激发内在的生命力，重新激发面对和解决当前困难的勇气，点燃对未来生活的希望。因此，该技术主要用于危机干预的初始阶段，以帮助当事人将情绪和认知水平恢复为常态，从而接受下一步的治疗措施。

第一节 女童心理干预的基本原则

在对遭受性侵害女童的心理危机干预中，家长和所在地妇联部门需要对被侵害女童的安全加以注意，特别是在心理危机干预方面要及时进行疏导，专业人士的参与可以使干预得到较好的效果。同时还需要考虑到女童所处的环境，其中包括社会、学校、家庭以及她们的心理环境。我国台湾的社工在处理女童被性侵案例中积累了丰富的经验。他们发现，在良好的家庭环境和社会环境中，被性侵女童是可以复原的。如果被性侵女童可以得到足够的信息、有技巧的支持及安全的环境来满足她们痊愈的期望，就能达成。被性侵女童在试图求助时，需要得到积极的回应和支持。首先，要以高度的同理心接纳被性侵女童，倾听被性侵女童的内心，为女童保密，陪伴女童度过遭受性侵的心理危机。其次，协助被性侵女童修正对性侵事件的认知。澄清重要观点，即遭受性侵的女童是被侵害者，而不是罪人；摒弃传统观念，即遭受性侵的女童是肮脏的、是坏女孩。最后，分析性侵事件对女童的伤害。分析性侵对女童的创伤，帮助女童减轻痛苦，缓解她们与家人之间的紧张关系，逐渐增强女童的复原力，帮助女童走出性侵阴影。概括起来，就是坚持“接纳、共情、支持”三原则来加强对遭受性侵害女童的心理危机干预。①

一、接纳

接纳区别于忍受，它的意思是接受并且采纳。因为忍受的基本态度仍旧是无奈的敌对斗争，而接纳是由被动变主动，需要干预者对被性侵女童内心情感变化规律的真正用心了解和体察。在心理干预的时候，干预者需要对受侵害女童进行接纳，它的基础是信任孩子，再在信任的前提下，去感受孩子的需要，所以说信任是基础，这也是对遭受性侵害女童进行心理干预的基础条件。除信任之外，无条件接纳的通道是看到行为背后的原因或情绪。

干预者在对被侵害女童进行接纳的时候，还要认识到女童可能因被侵害之后产生心理压力而导致情绪低落、悲观绝望，要及时发现并进行干预。她们心理变化的具体表现为对外界事物不感兴趣、言语减少以及不愿意与人交谈等情况，严重的还会出现自杀、抑郁等严重倾向。因而，倾听与理解是心理干预的基础，在对遭受性侵害的女童进行心理干预的时候，干预者要积极地以非强迫性的、富于同情心的、助人的方式开始与女童接触，了解到她的内心状态。当干预者接纳她们、俯下身来认真地感受与倾听的时候，她们就会开始放松自己，继而说出自己的委屈和不安。

随后，引导遭受性侵害的女童恰当地表达愤怒。愤怒是常见的情绪，如果控制得当的话，愤怒甚至可以转化为动力和创造力。但对于人类而言，控制愤怒这一具有极大破坏性和威胁性的情绪一直是个巨大挑战，尤其对于情绪自控力较弱的孩子而言更是如此。因此，教会孩子如何恰当地发泄愤怒情绪十分重要。家长或老师可以运用以下方法帮助孩子学会管理愤怒情绪，为自己的情绪负责。

（1）做一个合格的倾听者。当孩子在表达她们对生活中发生的事情有什么感觉、什么想法时，要注意她们说了什么内容。

（2）安慰并消除疑虑。告诉孩子家长或老师很在乎她们的想法和感受。为了解决所面临的问题，家长或老师愿意帮助她们探讨所做出的选择，与此同时向她们表示对她们充满信心。

---

① 赵俊峰，李晓铭，等. 弱势儿童心理弹性干预的理论与实践. 北京：科学出版社，2016：5.

（3）把愤怒体验正常化。每个人都会生气，把家长或老师已经了解的控制愤怒及其他情绪的积极的方法与孩子一起分享。

（4）鼓励孩子诚实而恰当地表达自己的感觉，而后再去参加好玩有趣的活动。用别的活动来分散注意力，使其不至于一直陷入愤怒的痛苦中不能自拔。

（5）教会孩子解决问题和化解冲突的技能。告诉孩子一些应对困难情况的办法，鼓励她们谈一谈在遇到困难的情况时，她们会试图做什么事情，哪些会起作用，哪些没有作用；下一次面对类似情况时，她们又有可能做些什么事情。

（6）及时发现孩子的良好行为。当孩子用积极的方式处理愤怒的情绪时，要强化她们的积极选择。①

总体来说，当与遭受性侵害的孩子接触的时候，干预者（咨询师、家长、教师等）必须放下所有的包袱，给予她们信任和帮助。因为在受到侵害之后孩子们对外界会抱有敌对心理，这时候她们迫切想要找到安全感，会更多地试探父母或者进行心理干预人员的底线，在这个过程中，她们就会给父母更多机会。

二、共情

共情（empathy），也称为神入、同理心、同感、投情等，与同情的概念有所区别。人本主义创始人罗杰斯（Rogers，1980）把共情描述为“治疗师准确地理解来访者正在体验的感受和个人意义，并把这种理解传递给来访者”②。共情与同情是两个不同的概念。同情只涉及对对方物质上的帮助或感情上的抚慰；而共情则是进入对方个人精神领域，并理解这个精神世界，而不管在这个过程中是否对对方有物质上的帮助或感情上的抚慰。共情是能够理解和分担对方精神世界中各种负荷的能力，要求治疗者能够进入另一个人的精神世界，就如同自己的精神境界一样，以期更好地理解需要帮助的个体。

首先，在这种情况下，心理咨询师需要从遭受性侵害女童的心理状态以及年龄出发，转变原本的视角，务必要从女童的角度而不是自己的角度看待女童及其存在的心理以及健康等问题。

其次，共情的基础不是有与遭受性侵害女童相似的经历和感受，而是要设身处地地理解其心理问题和状态。在表达共情的时候，需要给其家人以及参与干预的人员进行指导授课，让其掌握心理干预的方法，使其善于使用躯体语言的方

① Johnson S L. 心理诊断和治疗手册：给心理治疗师的指南 . 卢宁，等译 . 北京：中国轻工业出版社，2008：20.

② 王长虹，丛中 . 临床心理治疗学 . 北京：人民军医出版社，2012：58.

式，进一步注重姿势、目光、声音、语调等多种方式进行表达。

最后，在实施心理干预的时候，要增强受侵害女童当前的和今后的安全感，提供实际的辅助和情绪的放松，表达共情的人员应考虑女童的性别、年龄、所在区域的文化习俗等特征，进一步保护接受干预女童的隐私，不要随便透露女童个人及其家人信息。

共情原则可以促进女童的自我表达、自我探索，从而使其有更多的自我了解，以及咨询双方有更深入的交流。对于那些迫切需要获得理解、关怀和情感倾诉的受侵害女童及其家人，共情可以有更明显的咨询效果。

三、支持

支持，也可以叫作社会支持，指一定社会网络运用一定的物质和精神手段对社会弱势群体进行无偿帮助的行为的总和。它一般是指来自个人之外的各种支持的总称，是与弱势群体的存在相伴随的社会行为。社会支持源于“社会病原学”，在心理学上作为一种理论范式，最早是和个体的生理、心理和社会适应能力联系在一起的。也正因为这些，一些学者的研究将其限制在“社会心理健康”领域，并且提出了相关的社会支持网络体系，这些也可以用来支持受侵害女童的心理干预。①

在对受侵害女童的心理干预中，社会支持网络指的是一组成员与受侵害群体之间的接触，了解对方的心理需求和所存在的问题，通过这些接触和咨询，受侵害的女童得以维持社会身份并且获得情绪支持、物质援助和服务、信息与新的社会接触。这是对女童的多方面支持，是受侵害的女童来自个人之外的各种支持的总称，是与女童等弱势群体的存在相伴随的社会行为。受侵害女童在社会、生理和心理等方面有着深刻的需求，在心理干预人员和家庭的努力下，接纳、共情，尤其需要这些支持，让她们感受到被支持、被尊重、被理解。

在开展对受侵害女童的心理疏导过程中，要及时调整心理危机干预的重点，把支持与整体心理危机干预活动整合在一起，配合整个心理干预工作的顺利进行。同时，也要加强支持性心理治疗的方法，开展女童对全过程的认知矫正，使其心理达到放松训练的程度。

综上所述，在对受侵害女童的心理危机干预中，明确心理危机干预是医疗救援体系中的组成部分，并不是万能的手段。除坚持三原则之外，也要加强对其

① 林顺利，孟亚男．国内弱势群体社会支持研究述评．甘肃社会科学，2010（1）：27-31.

心理状态的评估、干预、教育、宣传，通过这些方法的结合，进一步提供专业的灾难心理救援疏导服务。这样的心理干预体系为心理危机干预组织者提供了处理受侵害女童心理事件的预警及解决方法。这些方法，促进了保护受侵害女童的社区心理社会干预辅助网络体系的形成，并帮助她们融入社会生活中。

第二节　女童心理治疗的方法

目前已有多种治疗性侵害被侵害者的临床模式，包括混合个案辅导、小组辅导和家庭治疗。案主在不同的治疗模式中所呈现的信息和获益都会不同（Sheinberg & Fraenkel，2001），并且对儿童和成人的治疗也会有所不同。从实践层面来看，采用家庭治疗、创设情境教学、游戏治疗（沙盘、绘画、音乐疗法）、心理暗示和系统脱敏法相结合的方法对被性侵女童的心理危机进行干预，做好受侵害女童的心理危机早期预警工作，做到对受侵害女童的心理状况变化早发现、早通报、早评估、早治疗，信息畅通，快速反应，可以将受侵害女童心理危机的发生和恶化消除在萌芽状态。

一、家庭治疗

家庭是被性侵女童最重要的支持系统，对儿童被侵害者而言，家庭治疗为最佳选择，因为这个创伤在本质上是关系创伤（Haskins，2003；Sheinberg & Fraenkel，2001；Stroebel et al.，2012）。但不少家长因为思想保守，会责怪女童不自爱，家庭成员相互指责、推脱责任，很容易带给女童二次伤害，不利于女童的复原。学者龙迪在研究 5 位被性侵女童的复原过程中发现，被性侵女童的复原需要家庭成员尤其是父母的支持。温暖、支持、民主的家庭有利于被性侵女童的复原；指责、保守、权威的家庭不利于被性侵女童的复原，反而容易对女童产生二次伤害，加深女童的内疚感和自责。

1. 家庭治疗的概念

1953 年，美国精神分析治疗师纳森·阿克曼（Nathan Ackerman）在从事儿童精神科医师时首次使用“家庭治疗”概念。之后的几十年，各种家庭治疗的流派迅速兴起，呈现出蓬勃发展的势头，并成为心理咨询治疗领域与心理动力学派、行为主义学派、人本主义学派并驾齐驱的第四大学派。[①]

所谓家庭治疗，是指以家庭为对象实施的团体心理治疗模式，其目标是协助家庭消除异常、病态情况，以执行健康的家庭功能。

家庭治疗在看待个体的心理行为障碍时，从个体自身转向了关系，认为个体心理行为障碍发生是家庭互动作用的结果，是家庭关系或者功能不良的产物。这一转变为准确把握人类的行为提供新的视角。

这种治疗方法也有很多流派，包括鲍恩家庭系统治疗、结构派家庭治疗、策略派的家庭治疗、精神分析家庭治疗、萨提亚家庭治疗模式等。其中，萨提亚家庭治疗模式是比较有特色的治疗模式。

2. 家庭治疗的特点

家庭治疗的特点包括：不着重于家庭成员个人的内在心理构造与状态的分析，而将焦点放在家庭成员的互动与关系上；从家庭系统角度去解释个人的行为与问题；个人的改变有赖于家庭整体的改变。

3. 家庭治疗的过程和方法

家庭治疗的步骤因流派的不同，各自的步骤也不一样。本书重点介绍近年来在我国比较风行的萨提亚家庭治疗模式。

维吉尼亚·萨提亚（Virginia Satir）作为家庭治疗重要的创始人之一，她在临床实践基础上探索了独具特色的家庭治疗理论与实践体系，该体系被称为萨提亚家庭治疗模式。自2000年以来，萨提亚家庭治疗模式在中国逐渐发展起来。该疗法的最大特点是在家庭关系背景下着重提高来访者的自尊，改善家庭成员间的沟通，帮助个体活得更“人性化”，而非只求消除“症状”，治疗的最终目标是使个人达到“身心整合，内外一致”，使家庭达到和谐与幸福。

【治疗第一阶段】

目的：建立与来访家庭成员的联结。

方法：

（1）来访者到来时，治疗师与其进行直接的目光交流、握手，合适地称呼每一个人等。

---

① 贺庆莉．萨提亚家庭治疗模式的个案研究及其在中国本土化发展的价值探讨．陕西师范大学硕士学位论文，2010：3.

（2）接近来访者，确认他们为有价值的人类个体。

（3）传播希望，帮助来访者认识到自己存在的问题并有勇气改变。

（4）对自己的职业背景、从业经验、认证资格保持开放的态度，展示自信与能力，建立权威。

【治疗第二阶段】

目的：评估遭受性侵的家庭应对性侵事件的方式，发现家庭存在的问题。

方法：创造性使用治疗技术“个人冰山模型隐喻”和治疗工具“天气报告”。

萨提亚认为，人主要有四种压力应对方式：讨好、指责、超理性、打岔。[①]人对事件的应对方式是决定该事件结果的主要因素。人有能力转移、压抑、潜抑、投射、否认或扭曲自己与生俱来的各种能力，以顺应自己所感知的生存要求。

讨好型家长会讨好受性侵的女童，满足她的各种需要，甚至是不合理的要求和需要；指责型家长会指责女童行为或语言的不检点，把责任归咎于女童；超理性的家长会跟女童讲道理，但是超理性的父母往往会让女童感到冷漠，缺乏支持和关心；打岔型的父母主要采用打岔的方式，避免在家庭中谈论任何与性侵有关的话题。这四种应对方式都不利于女童的心理复原。

【治疗第三阶段】

目的：评估受性侵的女童和主要家庭成员的内在“冰山”。

方法：沟通姿态雕塑技术、干预互动分析技术、冥想。

评估完遭受性侵的家庭成员的应对方式，发现其家庭存在的问题之后，治疗师接下来需要评估被性侵女童和主要家庭成员的内在“冰山”[②]，即心理治疗师需要透过来访者的表面行为，去探索来访者的内在“冰山”，从中寻找出解决之道——每个人都有自己的“冰山”，认识到自己的“冰山”，人生就会改变。

（1）从沟通模式的角度来探讨家庭问题，而不是家庭成员的对错，这能够有效降低来访者的阻抗。来访家庭的开放性越高，越有利于治疗师介入，从而促使家庭发生改变。

（2）摸索出家庭的沟通方式，让家庭成员了解沟通方式不良导致的结果。

（3）通过冥想和讨论唤起来访者的自省。

---

① 维吉尼亚·萨提亚，约翰·贝曼，等. 萨提亚家庭治疗模式. 聂晶译. 北京：世界图书出版公司，2007：82.

② 所谓“冰山”实际上是一个隐喻，它指一个人的“自我”就像一座冰山一样，我们能看到的只是表面很少的一部分——行为，而大部分的内在世界却藏在更深层次，不为人所见，恰如冰山。参见：维吉尼亚·萨提亚，约翰·贝曼，等. 萨提亚家庭治疗模式. 聂晶译. 北京：世界图书出版公司，2007：13.

【治疗第四阶段】

目的：探索隐藏在不良沟通模式背后的因素。

方法：分析来访者早期家庭三角关系的影响。

治疗师在与被性侵女童家庭会谈时，往往会感受到一种来自父亲（母亲）的强大力量，他（她）的价值观成了家庭的强势力量，并且往往符合社会当时的正面价值。这种力量从正面看是家庭对自身命运的强烈关注，从负面看是一种强加于家人的“超价观念”，使家庭内部弥漫着冲突和压力，这往往是促使孩子以“病”来使得家庭压力移转的动力所在。一旦“症状”出现，冲突会因家长的刻意控制有所减弱。因此，“症状”虽出现在某人身上，反映的却是家庭有问题。当家庭过于忽视或过分焦虑患病成员的治疗、家庭成员要求参与某个病人的治疗、家庭中有一个反复发作的精神心理疾病的患者、家庭中某人与他人交往有问题的时候，往往是家庭出了问题。因而，只有探索出隐藏在家庭中的不良沟通模式背后的原因，才可能帮助被性侵的女童心理复原。

【治疗第五阶段】

目的：帮助女童改变观点，重塑自我。

方法：个人冰山模型应用技术。

引导遭受性侵的女童及其家庭成员从性侵事件出发，分析女童的感受、观点、期待、渴望和自我，引导女童及其家庭看到自己的正能量，帮助女童及其家庭改变观点和应对方式，重塑自我，营造支持的家庭氛围。①

二、游戏治疗（沙盘、绘画、音乐疗法）

游戏治疗是近代心理学中的专用术语，一般指透过游戏来协助小孩（一般3～11岁）去表达他们的感受和困难，如恐惧、憎恶、孤独、觉得失败和自责等，从而达到治疗效果。事实上，游戏是小朋友表达自我的最自然的方式，和成年人通过“说话”来表达自我一样。游戏治疗主要是建基于心理分析学派的理论发展而成，指儿童主要是透过游戏来将内在的焦虑外显化，并透过与游戏治疗师的互动，从而增加对自我行为和情绪的认识，并促进个人发展，加强自我面对困难时的信心和能力。

现代心理学专家 Axline Virginia Mae 主张把人本主义的理论融入成为游戏治疗的基础，并提出非导性游戏治疗（non-directive play therapy）或称儿童中心游

① 维吉尼亚·萨提亚，约翰·贝曼，等. 萨提亚家庭治疗模式. 聂晶译. 北京：世界图书出版公司，2007：13-26.

戏治疗（child-centered play therapy）。

家庭治疗亦发展出一套教导性的游戏治疗，教导家长与自己的孩子进行游戏治疗，这种治疗方式被称为亲子游戏治疗（filial play therapy）。

（一）游戏治疗原则

（1）治疗师必须为儿童营造温暖、友善的气氛，并尽快建立良好、和谐一致的关系。

（2）治疗师要接受儿童就是其本身。

（3）治疗师要为儿童带来宽容的感觉，好让儿童能够完全地表达自己的感受。

（4）治疗师必须警觉儿童所表达的情绪，并能做出回应，同时让儿童更加明白他的行为。

（5）治疗师要深信儿童有解决自己困难的能力，只要提供合适的机会，儿童可以去做决定和改变。

（6）治疗师要跟随儿童的步伐，而非尝试以任何形式指导儿童的行动或对话。

（7）治疗师不用催促治疗的过程，游戏治疗的过程是循序渐进的。

（8）治疗师只在儿童需要学习的关系上负有责任或面对现实环境的需要时才设下限制。[①]

（二）游戏治疗的效果

游戏是很好的治疗工具。有些精神分析学派常常把游戏作为投射方式来认识来访者的潜意识，移情，然后通过语言来让潜意识意识化。所以他们主要把游戏作为表达工具，也认为表达本身能够释放情绪压力，起到治疗效果。而经验取向的流派会更看重来访者在游戏中获得的新的经验所带来的治疗效果。他们认为采用游戏治疗方法能达到以下效果。

1. 游戏是用虚拟的方式处理现实经验

游戏的虚拟性使得游戏中的情境有很多跟现实相似，但却没有现实中那样的严重后果。就像飞行员学了飞行知识后常常先在模拟器上练习。这种虚拟性能唤起同样类型的情绪反应，但是不至于强烈到引起认知失调，因此更有利于心理

① 加利・兰德雷斯．游戏治疗．雷秀雅，葛高飞译．重庆：重庆大学出版社，2011：18.

资源的整合，获得在现实中难以获得的经验，而这些新经验是可以扩展到现实生活中的。

2. 游戏的可控性更高

现实情境是很难去改变其规则的，没有掌控感常常是引起心理困境的一个原因。在游戏中，虚拟现实的方式、游戏的节奏与进度都是可以被掌控和重复的。来访者有更强的掌控感，也就更容易看到希望和积累成功的经验，就像能把现实的大台阶在游戏中切分成很多小的台阶去一小步一小步地练习，也像练习举重一样一点点地增加负重，提高自己的承受能力。在具备可控性的时候，人更容易产生自发性与主动性。

3. 游戏中建立的关系

关系是治疗成功的关键。在游戏过程中，来访者跟治疗师能体验到平时很少体验到的回应方式与互动方式。在亲子游戏治疗中，家长在游戏中的焦虑感也会减少，在游戏中失败了远没有考试考砸了让家长那么难以承受。加上治疗师的指导，家长在游戏中对孩子的回应方式也能改变，亲子互动方式也会跟着改变。这样家长和孩子都能体验到平时缺乏的良性互动方式，也能在游戏中慢慢感受到成就感、亲密感。这些关系的改变也能扩展到现实生活中。

（1）音乐疗法——倾听音乐可以帮助受侵害女童表达情感，排解现实的压力，也可转移其注意力，创造新的、美好的自我感觉，改善焦虑、抑郁等不良情绪。

（2）绘画治疗和沙盘治疗——受侵害女童可通过这种方式来表达自己的感受和内心，这种表达本身就有治疗作用；同时，有利于干预者了解个体，再以此种方式帮助个体寻求改变。对于受到侵害的女童来说，此种方式更有利于心理危机干预者与其进行多方面的沟通。

三、心理暗示

心理暗示，是指人接受外界或他人的愿望、观念、情绪、判断、态度影响的心理特点，是人们日常生活中最常见的心理现象。心理专家郝滨先生认为，心理暗示是指用含蓄、间接的方式，对别人的心理和行为产生影响。它是人或环境以非常自然的方式向个体发出信息，个体无意中接受这种信息，从而做出相应反应的一种心理现象。心理学家巴甫洛夫认为，暗示是人类最简单、最典型的条件反射。从心理机制上讲，它是一种被主观意愿肯定的假设，不一定有根据，但由于主观上已肯定了它的存在，心理上便竭力趋向于这项内容。人们在生活中无时不在接收着外界的暗示，比如电视广告对购物心理的暗示作用。

从心理学术语上讲，心理暗示分为自我暗示与他暗示两种。但是一般生活中人们习惯用"心理暗示"表示"他暗示"，于是生活中经常出现心理暗示与自我暗示并列的情况。其实，从术语上讲，这两个是包含关系，而不是并列关系。自我暗示是指自己的显意识不断重复，迫使潜意识接受显意识的思考内容从而得到改变。这样，自己的心理（心理活动）可以给自己的人格（潜意识）施加某种影响，改变自己的个性与人格。

心理暗示有消极的作用，也有积极的作用。①消极作用。它有时也给人体带来不良的影响。如"假孕"，它是指有的女性结婚后很想怀孕，由于这种迫切心情，当月经过期未来时，她就觉得自己怀孕了，很快又开始厌食、恶心、呕吐、喜吃带刺激性的食物，于是到医院就诊，但经医生检查和化验后，发现并不是怀孕。这是因为想怀孕的强烈愿望及焦虑的心理因素，破坏了人体内分泌功能的正常进行，尤其是影响下丘脑垂体对卵巢功能的调节，使体内的孕激素增高和排卵受到抑制，从而出现暂时闭经的结果。②积极作用。暗示也能对人体产生积极作用。比如，暗示可以发掘人的记忆潜力。有人做过实验，分别让两组学生朗读同一首诗。第一组在朗读前，主试告诉他们这是著名诗人的诗，这就是一种暗示。对第二组，主试不告诉他们这是谁写的诗。朗读后立即让学生默写。结果是第一组的记忆率为56.6%，第二组的记忆率为30.1%。这说明权威的暗示对学生的记忆力很有影响。①

心理暗示可以用来进行修复性的治疗，比如，告诉小朋友"阿姨这里有一个万能的胶水"，然后把一个摔坏的瓷娃娃摆到她面前，让她看到修复的过程，修复好后告诉她："你看是不是又复原了呀？所以，你的伤，阿姨也能很快修复，放心吧，和原来一模一样！"然后用催眠暗示的方法进行心理引导。

需要提醒的是，被性侵的女童常常会出现退缩、恐惧等心理和行为反应，建议不要有太多的"爱心人士"去打扰她，否则会适得其反。她真正需要的是淡化。从这个意义上来说，做善事也要有做善事的方法和能力。

---

① 刘春媚．心理暗示在小学语文教学中的应用．中国校外教育旬刊，2009（10）：41.

四、系统脱敏法

系统脱敏疗法（systematic desensitization）由南非精神病学家沃尔帕在 20 世纪 50 年代创立，是由交互抑制发展起来的一种心理治疗法，所以又被称为交互抑制法。当患者同时面对焦虑和恐惧刺激时，施加与焦虑和恐惧相对立的刺激可以使患者逐渐消除焦虑与恐惧，不再对有害的刺激发生敏感而产生病理性反应。该法既可以用来治疗恐惧症，也适用于其他以焦虑为主导的行为障碍。

系统脱敏法的治疗步骤包括以下几个方面。

1. 进入放松状态

首先应选择一处安静、光线柔和、气温适宜的环境，然后让患者坐在舒适的座椅上，随着音乐的起伏开始进行肌肉放松训练。训练依次从手臂、头面部、颈部、肩部、背部、胸部、腹部以及下肢部进行，过程中要求患者学会体验肌肉紧张与肌肉松弛的区别。经过这样反复长期的训练，患者能在日常生活中灵巧使用，任意放松控制程度。

2. 想象脱敏训练

首先应当让患者想象着某一等级的刺激物或事件。若患者能清晰地想象并感到紧张时停止想象并全身放松，之后反复重复以上过程，直到患者不再对想象感到焦虑或恐惧，那么该等级的脱敏就完成了。以此类推做下一个等级的脱敏训练。一次想象训练不超过 4 个等级，如果训练中某一等级出现强烈的情绪反应，则应降级重新训练，直到患者可适应时再往高等级进行。当通过全部等级时，可从模拟情境向现实情境转换，并继续进行脱敏训练。

3. 现实脱敏训练

这是治疗最关键的地方，仍然从最低级开始至最高级，逐级放松，进行脱敏训练，以不引起强烈的情绪反应为宜。为患者布置家庭作业，要求患者可每周在治疗指导后对同级自行强化训练，每周 2 次，每次 30 分钟为宜。这种方法主要是诱导患者缓慢地暴露出导致神经症焦虑、恐惧的情境，并通过心理的放松状态来对抗这种焦虑情绪，从而达到消除焦虑或恐惧的目的。

4. 快速脱敏训练

快速脱敏法也称真实生活脱敏法。其主要特点是用引起恐惧反应的实际刺激物代替对它的想象；治疗者陪伴着患者通过一系列令患者感到恐惧的情境，直到抵达原先最害怕的情境而不再紧张为止。这种方法比较适用于广场恐惧症和社交恐惧症患者。

5. 接触脱敏训练

接触脱敏法特别适用于特殊物体恐惧症，例如，前文提到的被邻居秦某侵害的女童小琪对竹篾片的恐惧症。接触脱敏法也采用按焦虑层次进行的真实生活暴露方法，与其他脱敏方法的不同之处是增加了两项技术——示范和接触。让患者首先观看治疗者或其他人处理引起患者恐惧的情境或实物，而后让患者一步一步地照着做。如果患者害怕的是一种实物，如竹篾片，那就让患者观看治疗者触摸、拿起和放下竹篾片的示范后，先从事一些与接近、触摸竹篾片有关的活动，而后逐渐接近竹篾片、触摸它，直到敢于拿起它而无紧张感为止。

6. 自动化脱敏训练

根据与患者的一系列交谈的结果，治疗者将所识别出的患者的焦虑情境（如喧闹嘈杂的声音、拥挤的人群或爬行中的蛇）录音、录像，而后利用其对患者进行治疗。这种方法的突出优点是：①患者可以在家里独立使用，而不必花费治疗者太多的时间；②患者可以依自己的情况决定脱敏的速度和进度，这有助于减少脱敏治疗中的一些不良反应；③录音和录像中可加入治疗者的指导和有关的治愈范例，从而起到指导与示范作用。

7. 情绪意向脱敏训练

情绪意向脱敏法的特点是通过形象化的描述，诱发患者的兴奋、欢快情绪，用这种积极情绪来对抗由恐怖刺激物引起的焦虑反应。由兴奋情绪一步步抵制和驱散恐惧、焦虑心态。如因失去父母之爱而焦虑的儿童可使用这个方法。

值得一提的是，在对被侵害女童使用上述各种脱敏疗法进行治疗时，要注意以下几个方面：①帮助患者树立治疗的信心，要求患者积极配合、坚持治疗；②在引起焦虑的刺激出现或者存在时，要求患者不出现回避行为或意向，这一环节对治疗至关重要；③每次治疗后，要与患者进行讨论，对其正确的行为加以赞扬，以强化其适应性行为。

五、叙事疗法

叙事疗法强调展现心灵中积极的、正性的一面，将人与问题分开，人在问题之外像一个旁观者一样看问题，寻找到既往被忽视的解决问题的好方法，从而改写“问题”。可以采用告别信、宣言、证书等积极方式帮助受侵害的女童迈向新生活。

被侵害女童是一个特殊的干预群体，对其的治疗也对治疗者提出了更高的要求。很多女童的心理问题如焦虑、抑郁等均源自对该事件的担心和恐惧，或者是对病情的猜测。所以治疗者要用心理学的“慧眼”去观察患者，通过被侵害女童的言行读懂深藏其内心世界的信息，发现女童的心理问题所在，并通过治疗者的言语、表情、行为等对女童加以影响，改善其认知和情绪，达到促进康复的目的。

六、创设情境教学

利用创设各种模拟的生活情境和场所，为女童的学习提供适应生活的发展空间，使直观化教学方式进入每一个课堂，让女童在体验中感受成功，在操作中经历解决问题的过程；利用多种教学手段和方法，借助多媒体的辅助教学功能，开发美术、音乐、康复训练等艺术治疗课程，注重艺术教育的康复治疗功能，从情境入手引出情，由情而发，再找出训练技能的动力，达到干预训练的效果后，再升华到陶冶女童情感的目的，使干预训练不只是被动的枯燥的记忆，更是主动的有意义的交流。

第八章

对家庭的心理干预

与西方人相比，中国人更不愿意披露被性侵的事实，尤其是家庭内性侵害。原因有四：一是中国文化里对“性”话题的禁忌；二是孝道文化所暗含对长辈的服从和遵从；三是“家丑不可外扬”的观念；四是中国社会关于面子与羞耻的道德谴责，连同对女性的歧视和“贞操”观念，让所有道德压力都落在被侵害者身上。在这种文化和社会氛围里，非侵犯的其他家人即使发现性侵事实也往往不愿披露，或不支持被侵害者。[①] 因而女童遭受性侵害后可能不仅是给女童带来无法想象的创伤，也会成为整个家庭难以愈合的“伤口”，从而可能限制家庭为被侵害女童提供足够的情绪支持。这对女童或整个家庭今后的发展都是极为不利的。

第一节　家庭创伤带来的负面影响

韩国电影《素媛》当中，被性侵的未成年被害人的妈妈有这样的台词：“世界上这么多小孩，为什么偏偏只有我家孩子遇到这种事？不如所有孩子都遇到这种事好了。”虽然只是寥寥两句台词，却道出了性侵案件对未成年被害人家属的伤害之深。除了直接遭受到性侵害的未成年被害人，他们的家庭在这样的恶性案件当中受到的打击是最严重的。每个孩子都承担着来自父母长辈的美好期望，可是当原本健康活泼的孩子遭受到性侵害时，伴随着未成年孩子身心俱损而来的是对

① 夏丽丽．遭父性侵女性成年后的家庭困局：一项基于系统视角和依恋理论的临床案例分析．社会工作，2017（4）：54-64.

原本和谐美满的家庭接近毁灭性的打击。“每次这么想，就会对不起肚子里的孩子。因为我这样坏到骨子里了，所以我孩子才会受这样的罪。也有这种念头，每次收拾孩子的排便袋时，会问自己这些到底什么时候才是结束。”遭遇到性侵案件时，不仅未成年被害人遭受到严重的心理打击，被害人的父母也会深陷在没有保护好儿女、为什么儿女会遭遇到如此不幸的痛苦之中。研究表明，在披露女童遭受性侵害后，家庭创伤将给家庭支持功能带来负面影响，即主要表现在三个方面：父母继发性心理创伤、家庭关系（功能）恶化、社会孤立和制度创伤。[①]

一、父母继发性心理创伤

研究表明，在得知孩子遭受性侵害后，相当多的父母长期出现强烈的情绪困扰和明显的精神症状，包括排斥、愤怒、内疚、自责、抑郁、企图自杀、焦虑、强迫、躯体化、敌意、睡眠障碍等。有的父母甚至会出现应激后创伤反应（post traumatic stress disorder，PTSD）、偏执、精神病等。一两年后，1/3 甚至半数以上的父母（非侵犯者）总体精神症状评分仍具有显著的临床意义，父母 PTSD 症状至少会持续两年，而且母亲的症状评分高于父亲。这就表明孩子遭受性侵害会增加父母情绪的困扰，其中母亲所遭受的打击远超过父亲。

曾经有过这样一个案例，15 岁的女孩不幸遭受性侵害后，女孩的父亲始终无法释怀，最后积郁成疾，经医治无效后死亡，女孩的母亲则患有间歇性精神病，整个家庭只能靠女孩的大姐、二姐外出打工苦苦地支撑着。而原本完整的一个家庭却因女孩遭受性侵害，走到了支离破碎的边缘，不得不说这是一个悲剧，同时也让我们看到了性侵害对一个家庭的伤害确实是难以想象的。[②]

二、家庭关系（功能）恶化

孩子遭受性侵害，很可能会给整个家庭关系带来负面的影响，主要体现在亲子关系、婚姻关系、父亲缺席等几个方面。因为性侵害会导致孩子的行为出现“反常”的现象，这也会加大父母对孩子管教的难度，从而导致亲子关系恶化。一方面，孩子在遭受性侵害后，很多父母会感到十分内疚、自责、愤怒，从而也

① 龙迪．性之耻还是伤之痛：中国家外儿童性侵害家庭经验探索性研究．桂林：广西师范大学出版社，2007：5.

② 龙迪．性之耻还是伤之痛：中国家外儿童性侵害家庭经验探索性研究．桂林：广西师范大学出版社，2007：55.

会有意识地要加强对孩子的保护与管束，例如限制孩子的活动范围、时间等。另一方面，孩子因反感被父母的过分管束，会更加封闭自己，甚至会经常与父母顶嘴、吵架等，从而也激化了亲子冲突，使家庭气氛更为紧张。另外，遭受性侵害的女童很可能会长期出现不可理喻的心理行为，如做噩梦、睡眠障碍、攻击行为、说谎、敌意等，有时候也会在公共场合表现出不恰当的性行为，而父母此时就会有愤怒、内疚、无助、无地自容等复杂的情绪。对于孩子的这些表现，有的父母会把对侵犯者的愤怒情绪投射到孩子身上，对其进行责备、打骂；有的父母则会试图一下子就去纠正孩子“错误”的性观念及行为，使得孩子出现强烈的情绪困扰，甚至有自杀的念头。

孩子遭受性侵害不单单会使亲子关系恶化，也会使父母之间的关系雪上加霜，给父母之间的婚姻关系带来负面的影响。曾经有一位母亲就详细描述了自己作为母亲陪伴女儿心理康复的 7 年漫长、艰苦、惨烈的经历。女儿自从在幼儿园遭受老师性侵害后，就长期出现情绪反复无常的情况，而且经常会把她的这些莫名其妙的愤怒投射到父母的身上。母亲与父亲常常为此而感到手足无措，同时夫妻之间也经常会在如何对待女儿的问题上冲突不断，最终只能无奈地以离婚收场。

孩子遭受性侵害也可能使家庭出现“父亲缺席，母亲孤单”的现象。很多研究显示，孩子遭受性侵害所造成的家庭创伤主要由母亲承担，导致母亲在精神、情感方面遭受重创，然而在这种情况下，母亲却往往得不到来自家庭情感的支持尤其是丈夫情感的支持。在自己和孩子最需要支持时，身边的男性亲友如孩子的父亲却往往只照顾孩子，忽略了对孩子母亲的情绪支持，只是一味地责备孩子的母亲从一开始就没能保护好孩子、没有教导孩子怎样保护自己等，甚至有些父亲会对孩子的母亲拳脚相向。而孩子的母亲却无能为力，最终导致家庭凝聚力及亲和力严重降低，甚至整个家庭走向破碎。

三、社会孤立及制度创伤

孩子遭受性侵害，不仅影响了家庭成员之间的关系，而且改变了家庭与社区的关系。尤其是在众多侵犯事件中，侵犯者多为家庭信任的熟人，因此受侵害家庭可能会因披露性侵害而遭到其他亲属或邻里的怨恨、责备，有的家庭甚至会因此断绝相互来往，从而失去重要的社区关系网络。另外不少父母在孩子遭受性侵害后，不再放心让其他成人帮忙照顾孩子，这也导致了家庭日常生活会遇到困难。

另外，受侵犯女童的母亲往往难以从现有的社会制度中得到现实、持久的支持。她们大多数很难获得亲友、上司、学校和社会服务机构的帮助，反而会经常受到教导、责备、羞辱、漠视、拒绝和不信任，这也加深了她们的孤立感和耻辱感，最终她们也只能采取以否认、压抑和淡化等方式去应对这一切。长期如此就很有可能造成母亲继发性创伤。因此，女童遭受性侵害后，对家庭进行及时的心理危机干预是十分有必要的，甚至是必不可少的一个环节。

第二节　家庭创伤的干预策略

“父亲缺席，母亲独自承担照顾女儿的责任”，是以往西方研究有关儿童遭受性侵害家庭支持的重要结论。很多研究者通常将“家庭支持”界定为母亲一人针对性侵害事件的反应，包括“相信孩子指控”“给予孩子情绪支持”“采取针对侵犯者的保护行动”等。然而在我国披露家外儿童性侵害后，“家庭支持”并非全部由女性家长一人承担，而是全家共同承担。不过，家庭能否给被侵害女孩提供足够的情绪支持，取决于家人之间能否持续地相互给予情绪支持。因此，家外儿童性侵害所造成的创伤不仅影响到被侵害女孩本人，也累及家庭中的各个成员，只不过创伤反应呈现出明显的性别差异而已。但从总体而言，女性家长的创伤反应比男性家长更强烈、持久，表现出与被侵害女孩极为相似的创伤反应。女性家长本人的贞洁观念、被侵害女孩的创伤反应程度，以及女性家长所担负的家庭责任，均影响到女性家长的创伤反应。看重贞洁的女性家长症状多，持续时间长。如果自家女孩创伤反应强烈，女性家长就会更加无助绝望，从而强化了后者的创伤反应。孩子的创伤消减，家长的创伤反应也随之缓解。担负家庭责任负荷较大的女性家长往往创伤反应强烈，其中愤怒情绪尤为明显。[①]因此，对受性侵害女孩母亲的心理危机干预，可以采取以下策略。

一、借助家庭抗逆力促进家庭成员关系积极发展

家庭抗逆力是一个促进家庭执行功能和个人发展、阻止家庭出现不良后果

① 龙迪．性之耻还是伤之痛：中国家外儿童性侵害家庭经验探索性研究．桂林：广西师范大学出版社，2007：5.

的保护性关系过程，例如促进家庭凝聚力、家庭灵活性、家庭沟通模式和家庭意义向积极的方向发展。在“家庭调整及适应反应模式”的基础上，借助家庭抗逆力以促进家庭成员关系积极发展。让被侵害女孩的母亲认识到，创伤经验并非个人及家庭的胎记或指纹，而是持续改变的动态关系过程。家庭支持并非存在于真空中的母亲个人能力和主观意愿，而是家庭整体在特定的生活处境中，为消除创伤影响所形成的特定家庭关系格局。家庭抗逆力不仅存在于家庭系统内部，更存在于其共有文化及内化文化中。而这些文化还可以成为培育个人及家庭抗逆力的资源。

二、改善母亲与受性侵逆反女孩的关系

母女关系的改善可以减弱女孩遭受性侵害的事实对母亲造成的创伤，避免母亲过度内疚、自责、担心、愤怒等情绪的持久出现或者对自己在今后影响孩子、驾驭事态发展方面的能力缺乏信心，不满意自己作为母亲的角色；也可避免母亲将对侵犯者的愤怒投射到女孩身上的情况的发生；更可避免母亲过度抑郁，甚至自杀。

三、对女孩的母亲或监护人进行相关的性教育

对女孩的母亲或监护人进行相关的性教育，既可以帮助其与被性侵害女孩之间的沟通，以帮助女孩重新拾起自信，勇敢地面对生活，还可以改变父母传统的贞洁观念，因为青春期教育或性教育不单单包括生殖教育，还应包括心理、道德、情感、尊重生命等方面的教育。另外，还可以根据不同家庭发展的情况采取“短期危机治疗”，如青春期教育、性教育、辅助沟通、短期危机治疗等。

四、由专业的心理危机干预小组对家庭的互动模式进行优化

因为孩子的反应始终会影响到父母的情绪变化，所以对家庭的心理危机干预也可以从孩子这一方面入手：由专业的心理危机干预小组对家庭的互动模式进行优化，为孩子提供充分的安全保证和情感支持，创造安全环境，让她们感觉自己确实很安全，维持一种熟悉的环境，保持泰然自若。这是因为孩子愿意看到熟悉的事物，不要让孩子过多接触事件发生时所呈现的恐怖画面。另外，确保所提供的信息适于孩子的发育水平。让孩子知道她们可以提各种问题，父母或监护人

尽量不显出过多焦虑、仇恨或愤怒，因为孩子会被周围人的焦虑或其他情绪所感染。同时也要让孩子知道，所发生的事情像地震、恐怖主义或火灾等灾难一样是一种极少见的事情。这样可以慢慢地减弱性侵害给孩子造成的创伤，并使其渐渐地找到安全感，找到自信。这样也可以使父母的创伤慢慢地消减。

此外，咨询师或家庭治疗师应该成为家庭的支持者，重新帮女孩的父母找回他们的自信心，帮助家长使其感到自己有能力教导和照顾好孩子，并促进其家人之间形成安全的依恋关系。

第三节　家庭干预个案

一、案例背景

案主，女，2004年出生，农村留守儿童，在当地村小学读五年级。她是被收养儿童，家庭成员包括养父母与案主三人。

家庭经济贫困，养父母为维持生计，经常外出打工，很长时间才回家一次。案主知道自己被收养的身份，与养父母关系恶劣。由于缺乏家人的引导及照顾，案主个人生活习惯差，家里卫生条件堪忧。由于家离学校距离很远，她每天要步行一个多小时才能到学校，放学也独自回家，特别是冬天，放学回到家已经天黑，存在较大安全隐患。

2015年冬天，案主在放学回家路上出现被性侵的情况，导致她在学校人际关系紧张，同时也给她心理上留下了阴影，她害怕与别人接触。

二、问题诊断

通过接案，与案主及其家庭建立起初步的信任关系，收集资料，分析她面临的主要问题，其有以下几个方面。

（1）亲子关系恶劣，缺乏必要的家庭支持。案主的父母为养父母，她知道这个情况后本身心理上存在一定期待，希望养父母能够像亲生父母一样呵护自己。但事实并未如此，养父母忙于生计，较少关她的情感需求，不能给予及时的引导，导致她认为父母不爱自己，遇到问题时也不能及时与父母沟通，缺乏家庭支持。

（2）个人卫生习惯差。案主经常出现不洗衣服、不洗澡等情况，身上会散发出一些异味，老师经常督促，并未产生好的效果。这也在一定程度上影响了她与同学之间的关系。

（3）性侵给案主造成一定创伤。她在遭到性侵后表现得很漠然，拒绝与陌生人接触，防备心理很强。

三、干预目标与计划

（一）干预目标

（1）协助案主家长改善与案主的沟通方式和互动模式，促使家长站在案主的角度思考问题，感受案主的感受，给予案主更多的陪伴、支持和肯定。

（2）协助案主理解家长，感受到家长对她的关爱，逐渐消除她对家长的讨厌，建立良好的亲子关系。

（3）协助案主改变不良的生活习惯，消除性侵给案主带来的负面影响，引导其正确面对未来的生活。

（二）干预步骤

（1）多渠道（班主任、同学等）了解案主的家庭背景情况、被性侵的情况。

（2）通过家访与案主的养父母建立专业关系，开展面谈，引导父母慢慢认识到亲子间不良的沟通和互动对亲子关系的影响，并为其示范正确沟通的方式。

（3）定期约见，与案主面谈，通过作业辅导逐渐建立专业关系，引导案主亲子关系、生活习惯有所改善。

（4）用艺术治疗方法消除性侵给案主带来的负面影响，引导其正确应对将来的生活。

四、干预方法与过程

（一）家庭治疗理论

1. 结构式家庭治疗

结构式家庭治疗发端于 20 世纪 60 年代，是由萨尔瓦多·米纽庆（Salvador Minuchin）创建的。结构式家庭治疗并不直接解决个人行为问题，而是致力于改变案主家庭的交往方式，重建家庭结构，改变相应的规则，并将家庭系统僵化的、模糊的界限变得清晰并具有渗透性，设法改变维持家庭问题或症状的家庭互动模式。结构式家庭治疗认为，家庭问题或个体症状的根源在于家庭结构的功能不良，而家庭组织的功能失调是维持问题的主要因素。治疗的目标就是直接有针对性地改变家庭结构，以使家庭能够解决其问题。通过多元化、多层次的家庭介入，解决家庭的问题，最终解决案主个人的问题。①

2. 优势视角

"优势视角"（strength perspective）是社会工作学领域的一个基本范畴、基本原理，是指"社会工作者所应该做的一切，在某种程度上要立足于发现、寻求、探索及利用案主的优势和资源，协助他们达到自己的目标，实现他们的梦想，并面对他们生命中的挫折和不幸，抗拒社会主流的控制。这一视角强调人类精神的内在智慧，强调即便是最可怜的、被社会所遗弃的人都具有内在的转变能力"②。概括地说，"优势视角"就是着眼于个人的优势，以利用和开发人的潜能为出发点，协助其从挫折和不幸的逆境中挣脱出来，最终达到其目标、实现其理想的一种思维方式和工作方法。"优势视角"基于这样一种信念，即个人所具备的能力及其内部资源允许他们能够有效地应对生活中的挑战。③在家庭心理干预中，心理治疗师所应该做的一切，就是在某种程度上发现、寻求、探索及利用案主的优势和资源，协助她们达到自己的目标，实现她们的梦想，并面对她们生命中的挫折和不幸，抗拒社会主流的控制。

（二）干预过程

1. 接案与建立关系阶段

案主经班主任转介来到心理咨询室，她来时一言不发，对心理咨询师有明显防备心理。咨询师耐心引导她就座，与她进行简短的谈话，主题在于谈论学校的生活，此次谈话并没有涉及她的家庭及遭遇性侵的事件。咨询师与她约定每天可以进行课业辅导，与她建立了初步关系。

---

① 萨尔瓦多・米纽庆．家庭与家庭治疗．谢晓健译．北京：商务印书馆，2009：1-3.

② Saleebey D. 优势视角：社会工作实践新模式．李亚文，杜立婕译．上海：华东理工大学出版社，2016：1.

③ Saleebey D. 优势视角：社会工作实践新模式．李亚文，杜立婕译．上海：华东理工大学出版社，2016：12.

2. 收集资料与问题判断阶段

在与案主通过作业辅导建立关系的阶段，咨询师也与她的老师、同学及家长进行了接触，初步了解其情况。从老师、同学处得知其个人生活习惯很差，在班里基本没有相处得好的同学，对于她被性侵的情况，大部分同学嘲笑她。班主任也在尽力引导其他同学宽容他人。从她母亲处得知其家庭情况，案主为收养儿童，父母因经济困难基本在外打工，她很多时候都是自己一个人在家，父母也较少关注案主的生活情况，未能对案主的依恋情绪进行处理。对于她被性侵的事实，父母表示没有想到会发生这样的事情，十分后悔。

案主与咨询师信任关系逐渐建立阶段，她主动向咨询师袒露自己的家庭情况，以及性侵事件给自己带来的影响。

经过几次面谈和电话访谈，咨询师逐渐收集了案主的基本家庭情况、案主与父母沟通互动情况、案主在校的学习生活情况，并根据所收集的资料对案主现在面临的问题进行了分析和判定。

3. 制定目标与工作计划阶段

在完成资料收集和问题评断之后，咨询师拟定了这个个案的初步目标和计划，并在与案主、家长面谈的过程中评估其与干预对象需求的一致性及可行性。

4. 干预的实施阶段

在咨询师与案主建立专业关系的基础上，咨询师主动约见案主，与案主共同探讨增进亲子关系的方法，并将其一一列举出来。

从案主自身出发，协助其发现父母关心自己的事实，传授人际沟通的技巧，引导其自主设计增进亲子关系的家庭互动游戏。在案主家长方面，积极引导家长关注其成长，发现其优势，同时也引导家长探讨增进亲子关系的方法，与其共同改善。在整个家庭层面，通过家庭会议的形式，双方表达自己的真实意愿，共同探讨问题的解决方法。

经过一段时间的密切跟进，案主表示亲子关系有了改善，家人及她自己均希望改善生活习惯问题，她在家人的支持下对于改善自己的生活习惯有了更大信心。咨询师与案主约定，制作行为习惯养成记录表，由她在家长监督的情况下完成。案主母亲近段时间没有外出工作，能够完成监督案主的任务。

咨询师与案主每周进行一次深入沟通，了解其变化。案主母亲也主动向咨询师反馈案主的改变。咨询师发现，案主母亲能够看到案主的改变，并及时鼓励案主。

针对消除性侵带给案主的影响方面，咨询师通过绘画治疗的方式，了解案主内在的感受，案主表示只是害怕同学们嘲笑自己，不敢与他们接触。

在沟通中，咨询师发现案主性意识薄弱，并没有意识到性侵的严重性。咨询师通过观看性教育视频、阅读性教育绘本等方式对其进行性教育，让案主学习保护自己的隐私部位，避免再次受到伤害。咨询师也联合老师及班干部协助案主勇敢跨出第一步，加强与同学之间的接触。另外，咨询师还邀请案主参加多场活动。在与家长联合方面，咨询师引导家长加强对孩子的教育，对于放学安全、合适的社交距离等方面进行引导，同时积极关注案主近期的情绪转变。

五、干预评估

（一）成效评估

案主与家人在亲子关系方面有了比较大的改善，家长语气态度温和，没有对她大声呵斥了，能够主动聆听其需求。在其行为习惯不良的时候，家长也不像从前那样打骂她，更多的是耐心地引导。家长也更加关注案主的情感需求，能够抽出时间与案主互动，咨询师在后面的家访中了解到，案主过生日时收到了自己最喜欢的礼物。

家庭亲子关系得到改善以后，在母亲的引导及监督下，案主的日常行为习惯得到了明显改善，基本未出现卫生状况很糟糕的情况，同学们对其接纳程度也越来越高。但目前情况还未达到案主自主完成的程度，需进一步培养。

案主对于性教育的知识有了一定程度的认识，明确了合理的社交距离。周围的朋友也开始重新接纳她，案主已逐渐走出性侵阴霾。

（二）自我评估

在介入和跟进个案的过程中，咨询师始终秉持爱心、耐心及专业知识技能为案主服务；尊重案主的隐私权，对在专业关系中获得的资料遵守保密原则，在案主面临诸多问题时，解决问题的顺序由较易到困难。

在服务结束后，案主情绪稳定，家庭成员关系有所改善，其生活习惯、性教育知识有了提升。咨询师经过案主及家长同意结束个案服务，但会持续跟踪，在案主需要时及时提供服务。[①]

① 崔建华．心理治疗的理论与实务．厦门：厦门大学出版社，2012：52-56.

结　语

本书的写作历经五年之久，在艰难的研究中，笔者越来越体会到我国女童性侵防范问题研究的重要性和紧迫性。在本研究告一段落之际，有必要深刻地审视一下本书的所得和所失，以便为后面的研究者提供借鉴。

一、研究创新

女童性侵害已成为世界性的严重危害女童健康的公共卫生问题，我国对这方面的研究还较少。性侵害不仅对被侵害女童的身心造成严重创伤，同时性侵事件还严重影响着被侵害者个体、家庭乃至一些农村地区的稳定，已成为一个亟须解决的重要社会问题。

国内现有研究主要是针对已遭受性侵的女性来展开，且主要集中于探讨性侵害所造成的影响，立足于女童的视角来探讨性侵防范机制的建构，仍然是学术界一个崭新的研究议题，形成论著的还相当少，缺乏系统的研究。

女童自我保护知识贫乏，自我保护能力低下，反制性侵害、性骚扰等的自我保护意识淡薄，导致其极易受到性侵害。因此，以女童个体为核心，建构整体性侵防范机制，对于保护农村留守女童免遭性侵，进而保护其身心健康具有直接的作用，是解决女童性侵害问题的切近途径。

本书的创新之处在于：

（1）在研究视角上，以女童为中心，系统探讨女童性侵害的问题，包括女童遭受性侵的危害、女童性侵害的罪与罚、女童性侵害的防范以及女童遭受性侵害后的心理干预问题。

（2）在研究内容上，一是对性侵害的类型进行了比较科学的划分；二是系统探讨了国内外关于性侵女童的法律惩治和预防措施；三是以女童为核心，首次提出了包括防范内容、防范技术、防范理念三个维度的整体防范模型；四是对女童遭受性侵害后的心理干预进行了实操性的探讨和分析。

（3）在研究方法上，注重案例分析和理论分析相结合，既有中外文献的梳理与归纳，又有实例性的分析，尤其是案例方面，全部根据真实的案例进行了适当的改编或缩减，提升了研究的科学性和真实性。

二、研究限制

由于女童性侵防范涉及生理学、心理学、犯罪学、教育学、社会学等多个学科的研究，问题的复杂性决定了本书的研究还存在许多不足之处。

（1）在女童性侵害的防范模型上，没有分层分类细化女童的性侵防范措施，比如幼儿园阶段、小学阶段、初中阶段、高中阶段的女童其认知能力、人格发展、身体发育水平等均存在很大不同，针对不同阶段的女童如何进行防范，本书没有涉及。

（2）在家内性侵防范方面，没有进行深入探讨。国内学者李长山、段亚平等人曾对701名成年女性儿童期性侵害发生情况进行调查，结果显示侵犯者中熟人占47%，其中亲戚占21.3%。[①]而父亲对女儿的性侵害在已知所有亲属施加的儿童性侵害案件中发生比例最高。[②]性侵报告的统计显示：“在340个案件中……被生父、养父和继父强奸的占监护人侵害案件总数的61%。”[③]侵犯者与被侵害者之间的独特关系也令这份伤害比其他类型性侵害对被侵害者造成的伤害更加复杂、严重。如何进行家内性侵防范，本书没有涉及。

（3）在女童遭受性侵害后的心理干预方面，基本以介绍国外的做法为主，中国本土化的心理危机干预理念和规范的操作模式还比较缺乏。

三、研究展望

女童遭受性侵害问题的紧迫性，客观上要求尽快采取措施，未来关于女童

---

① 李长山，段亚平，孙言平等.701名成年女生儿童期性虐待发生情况及危险因素分析.中国性科学，2004（10）：23-28.

② Ansermet F，Lespinasse J，Gimelli S，et al. Mild intellectual disability associated with a progeny of father-daughter incest：genetic and environmental considerations. Journal of Child Sexual abuse，2010（3）：337-344.

③ 崔丽.花季泪：来自北京青少年法律援助与研究中心的未成年人遭受性侵害案件分析报告.http://edu.people.com.cn/GB/9117027.html[2018-12-12].

性侵害的研究仍将是一个热点和难点问题。需要进一步研究的主要问题包括以下方面。

1. 探索家内性侵防范的理论与实践

家内性侵对女童的伤害要远远超出其他类型的性侵伤害。这是因为：

第一，侵犯者与被侵害者之间特殊的父女关系令被侵害者对侵犯者的感情变得矛盾而复杂。她们或因无法确定父亲行为的是非对错而茫然无措，或被这种行为吓到而抑郁、愤怒、无所适从。[①]当逐渐意识到父亲的行为是对社会道德与法律的违反时，她们可能又会为自己的遭遇感到自责、内疚，尤其是当侵犯者指出“性交也给你带来身体欢愉”时，这种内疚更是折磨至极。父亲，本应是儿童最重要的保护者之一，竟以性侵害者的身份出现，这本质上就是一种背叛，打破了父女之间的天然信任与联结。另外，被侵害者甚至产生和内化“身体被糟践”“破损的自我”等认知，造成深刻且持续的伤害。

第二，多重身心压力令被侵害者不敢披露性侵事实，侵犯也经常因此持续多年。一方面，被侵害者往往会被侵犯者以暴力或羞辱威胁而不敢公开；另一方面，被侵害者也担心披露给家庭带来震荡[②]。如本书在第六章开篇提到的案例“16 岁少女遭父亲猥亵多年：为了妹妹 愿意原谅父亲”。Rhind，Leung 和 Choi 在香港的一项研究显示，很大比例的母亲们会否认女儿披露的受父性侵事件，她们或责备女儿撒谎，或逃避再提起此话题。[③]有些被侵害儿童甚至会通过否认自己的经历来调节承受不了的情绪，这是一种在内心深处对自我的背叛。许多家内性侵害的被侵害者在有独立生活能力后，多与原生家庭断绝关系或维持非常糟糕的联系。

第三，父亲对女儿性侵所涉及的复杂家庭关系令其他家人（尤其是非侵犯的母亲）陷入极为困难的境地，他们往往难以积极正面地回应事件的披露并保护被侵害者。母亲通常受限于父亲是经济来源，抑或屈服于维系家庭完整或家庭颜面的压力，而选择否认性侵事件或不将父亲逐出家门。但是，对于儿童期曾遭父亲性侵的女性而言，非侵犯母亲的应对是影响被侵害儿童长期适应的关键之一。家人的负面回应，或否认或谴责被侵害者或强迫保密，都会给被侵害者带来二次

① Rhind N，Leung T，Choi F. Child sexual abuse in Hong Kong：double victimization? Child Abuse & Neglect，1999，（5）：511-517.

② Stroebel S S，Kuo S Y，O’Keefe S L，et al. Risk factors for father–daughter incest data from an anonymous computerized survey. Sexual Abuse：A Journal of Research and Treatment，2013，（6）：583-605.

③ Rhind N，Leung T，Choi F. Child sexual abuse in Hong Kong：double victimization? Child Abuse & Neglect，1999（5），511-517.

伤害。

第四，与原生家庭的恶劣关系不单意味着其家庭社会支持网络的重要缺失，更意味着父亲性侵对被侵害者生活的深远影响，尤其影响她们成人后建立亲密关系，以及做了母亲后对子女的教养方式。受父亲性侵事件让她们难以信任他人，或难以形成恰当的性行为和角色定位。此创伤记忆可能会嵌入脑中，遇到特定的人、事、物时会不断回放，这些都直接或间接地影响其与伴侣的关系。Stroebel等人研究发现，受父亲性侵的被侵害者在性满足、夫妻关系、抑郁等方面比其他类型儿童性侵害的被侵害者有更多问题。[①]犹如一个魔咒，糟糕的夫妻关系及其他家庭问题往往也是父亲对女儿侵害发生的“温床”，是此类事件代际传递的高危预警。

以上种种负面后果的出现，不仅因为父亲的性侵害令被侵害者缺乏良好的亲职榜样，更因为性侵害事件扰乱了被侵害者与照顾者之间安全依恋关系的形成，阻碍被侵害者心理调节能力的发展。当被要求去满足本应是保护者和照顾者的性需求时，该儿童的安全感与对他人的信任从根本上被破坏，而她也极可能将这种破坏性的依恋关系内化而发展出对亲子角色与责任的扭曲认知。Alexander等研究发现，不安全尤其是恐惧躲避型依恋类型，在性侵被侵害者的群体中占绝对多数，她们在自我调节和社交功能方面会面临多种困难。[②]

综上所述，针对家内性侵害，女童该如何进行防范是需要尽快展开探索的领域。

2. 探索中国内地本土化的儿童性侵干预社会工作模式

从中国整体来看，缺乏成熟的未成年人心理危机干预理念和规范的操作模式，极易造成“二次伤害”，对其健康成长的负面影响将是大概率的，甚至是根本性的。如果不重构当事人的社会支持系统，缺乏持续的、系统的，对女童及其家庭的科学干预，很难消除当事人的心理阴影，甚至为其长大成人埋下产生心理疾病的最根本缘由。因而，如何探讨本土化的儿童性侵干预社会工作模式，将是未来一个重要的研究领域。

最后，关于女童性侵防范，正如龙迪在其专著《综合防治儿童性侵害专业指南》中所述，既然消除儿童性侵害是社会的共识，那么，该怎样做呢？虽说“预

① Stroebel S S，Kuo S Y，O'Keefe S L，et al. Risk factors for father–daughter incest data from an anonymous computerized survey. Sexual Abuse：A Journal of Research and Treatment，2013，(6)：583-605.

② Alexander P C，Anderson C L，Brand B，et al. Adult attachment and longterm effects in survivors of incest. Child Abuse & Neglect，1998 (1)，45-61.

防是最好的解决方法"，但国内目前对儿童性侵害的干预工作主要停留在对儿童开展性教育与自我保护教育。而儿童性侵害长久存在且持续发生着。只是预防教育根本无法回应被侵害儿童的处境和需求。此外，儿童有被保护的权利，解决儿童性侵害的责任在成人。[①]只提高儿童防范意识，不但容易误把防治儿童性侵害的责任落在儿童肩上，而且对于问题的解决非常有限。因此，解决这个长期的社会问题，需要制止、支援和预防并行。同时，必须强调，成人尤其是有权力、有资源、有义务保护儿童权利的成人及其所在机构，要承担保护儿童免受性侵害伤害的责任。

① 龙迪. 综合防治儿童性侵害专业指南. 北京：化学工业出版社，2017：2.

参 考 文 献

崔建华 .2012. 心理治疗的理论与实务 . 厦门：厦门大学出版社 .

郝言言，陶红亮 .2012. 中小学生安全与防护系列之防范性侵害 . 北京：人民卫生出版社 .

侯仲约，程大力 .1998. 最新女子防身术 . 北京：人民体育出版社 .

柯里 .2000. 心理咨询与心理治疗 . 石林，等译 . 北京：中国轻工业出版社 .

李春漫 .2014. 怎样预防儿童性侵害 . 北京：中国青年出版社 .

李泰良，郑卫平 .1986. 女子防身术 . 成都：四川人民出版社 .

李拥军 .2006. 现代西方国家性犯罪立法的特点与趋向：关于完善我国当前性犯罪立法的一点思考 . 河北法学，24（7）:119-123.

刘建利 .2014. 日本性侵未成年人犯罪的法律规制及其对我国的启示 . 青少年犯罪问题，（1）：12-21.

刘震宇，张风雷，赵庆建 .2008. 女子实用防身术训练 . 北京：人民体育出版社 .

柳朝然 .2018. 我国性侵未成年人犯罪问题研究 . 海南大学硕士学位论文 .

柳炫文 .2010. 邪恶的秘密：性侵害的应对方法 . 陈爱丽译 . 杭州：浙江教育出版社 .

龙迪 .2007. 性之耻还是伤之痛：中国家外儿童性侵害家庭经验探索性研究 . 桂林：广西师范大学出版社 .

龙迪 .2017. 综合防治儿童性侵害专业指南 . 北京：化学工业出版社 .

陆士桢，李玲 .2001. 揭露，为了预防：我国儿童性侵害研究报告 . 上海：华东理工大学出版社 .

罗翔，薛瑞麟 .2005. 英国性犯罪视角中严格责任之考察 . 比较法研究，（3）：80-86.

莎伦 • 麦克维尔 .2013. 如何让女孩不被性伤害 如何让男孩不被性教坏 . 幸敏译 . 北京：北京联合出版公司 .

沈丽萍 .2014. 未成年人防性侵指导手册 . 苏州：苏州大学出版社 .

史运通 .2008. 新女子防身术 . 北京：解放军出版社 .

宋兴川 .2013. 绘画与心理治疗 . 厦门：厦门大学出版社 .

田然 .2017. 我国性犯罪立法改革方向探讨：基于德国最新立法的启示 . 上海政法学院学报（法治论丛），32（5）:124-135.

王伟，潘度文 .2014. 未成年人预防性侵害案例教育画册 . 北京：中国社会出版社 .

王运华，张鸿巍 .2016. 儿童性侵预防教育读本 . 北京：中国民主法制出版社 .

王振峰，潘度文 .2011. 预防少年被害自护知识手册 . 北京：中国社会出版社 .

维吉尼亚 • 萨提亚 .2007. 萨提亚家庭治疗模式 . 聂晶译 . 北京：世界图书出版公司 .

西田典之 .2005. 日本刑法各论 . 刘明祥，王昭武，等译 . 武汉：武汉大学出版社 .

曾晓梅 .2015. 让女孩远离性侵害 . 呼和浩特：内蒙古人民出版社 .

张根田 .2015. 性骚扰与强奸防范手册 . 北京：世界知识出版社 .

张文广 .1986. 女子防身术 . 郑州：河南科学技术出版社 .

张谢平，宋君来，李菲 .2005. 女子自卫防身术 . 北京：农村读物出版社 .

赵俊峰，李晓铭，等 .2016. 弱势儿童心理弹性干预的理论与实践 . 北京：科学出版社 .

赵文宗 .2009. 儿童性侵害：聆听与尊重 . 圆桌文化 .

Cyr M，Mc Duff P，Hébert M. 2013.Support and profiles of non-offending mothers of sexually abused children. Journal of child sexual abuse，（2）：26.

Finkelhor D，Ji K，Mikton C，et al. 2013.Explaining lower rates of sexual abuse in China. Child Abuse & Neglect，（10）：58-60.

Ji K，Finkelhor D，Dunne M. 2013. Child sexual abuse in China：A meta-analysis of 27 studies. Child Abuse & Neglect，（9）：112-118.

Wekerle C，Goldstein A L，Tanaka M，et al. 2017. Childhood sexual abuse，sexual motives，and adolescent sexual risk-taking among males and females receiving child welfare services. Child Abuse & Neglect，（66）：98-104.

Widom C S，Massey C. 2014. A prospective examination of whether childhood sexual abuse predicts subsequent sexual offending.https://doi.org/10.1001/jamapediatrics.3357.[2018-08-22].

Wurtele S K. 2009. Preventing sexual abuse of children in the twenty-first century：Preparing for challenges and opportunities. Journal of Child Sexual Abuse，（18）：123-128.

Wurtele S K，Kenny M C. 2016. Technology-related sexual solicitation of adolescents：A review of prevention efforts. Child Abuse Review，（25）：67-90.

Wurtele S K，Simons D A，Moreno T. 2014. Sexual interest in children among an online sample of men and women：Prevalence and correlates.Sexual Abuse：A Journal of Research and Treatment，（6）：187-200.

Zollner H S J，Fuchs K A，Fegert J M. 2014. Prevention of sexual abuse：Improved information is crucial. Child & Adolescent Psychiatry & Mental Health，（5）：49-60.

后　记

平安成长比成功更重要
——《英国儿童十大宣言》

性侵女童是没有地域、人群划分的恶性事件，在任何国家、任何地域、任何社会阶层中几乎都存在，这已成为世界各国和各地区共同面对的一个非常严重的社会问题。在我国，继“某校长带 6 名女童开房”“某校长 12 年性侵 9 名女童”“留守女童被同村老人性侵”“某官员将 4 岁女童抱至卧室强奸”等事件见诸各大媒体报端之后，人们才逐渐关注“性侵女童”这一话题。其实被媒体曝光的事件仅是冰山一角而已，性侵女童的恶性案件近几年在全国各地均呈现持续高发状态，并引发社会各界的广泛关注和愤怒声讨，女童防性侵保护面临困境和严峻挑战。

女童遭受性侵害的后果是不言而喻的：不仅会对孩子的身体发育造成不可磨灭的巨大伤害，而且会引发不同程度的恐惧、焦虑、抑郁、行为退缩、注意力不集中、自卑等一系列心理症状，甚至出现自杀行为。如果女童遭受性侵害的创伤被忽视或没有得到适当处理，这些创伤不仅会在其心中留下阴影，而且会影响她们今后的生活。可见性侵害不仅会对女童一生的生理和心理健康带来极大创伤和不良影响，同时也给她们的家庭带来了巨大的伤害，进而关乎我国的社会稳定。

然而面对性侵害，大多数女童的自我保护和防性侵的教育是一片空白。不仅女童如此，很多家长也不知道如何预防性侵害，更不知孩子遭受性侵害后该怎么办。因此，让女童和家长了解如何科学、系统地预防、应对性侵害，越来越必要和紧迫。但与这种必要和紧迫相对应的窘况却是，我国中小学教学体系中性教育往往被忽略，甚至被有意回避！如何保护这些脆弱无辜的花朵免受性侵者的骚扰与侵害？当务之急就是让女童学会科学、正确地防范性侵害。本书正是在这一背景下应运而生的。

全书以女童性侵预防为出发点，以社会现实案例为横轴，以性侵防范能力的培养为纵轴，涵盖了性侵的危害，性侵的罪与罚，性侵防范的知识、理念、技术，性侵害后的个体心理干预和家庭心理干预等内容，力图以形象生动的案例深入浅出地对性侵防范进行讲解，使女童提升性侵防范和自我保护的能力。通过对本书的系统学习，相信女童能够学会如何避免和防止性侵害，掌握遭受性侵时的自我保护技能，并能够在不幸发生后采取有效的应对措施。同时，欢迎家长、教师和社会爱心人士将本书作为性侵防范教育的参考书使用。

本书在写作过程中得到了南宁师范大学教育科学学院任初明教授的诸多指点，南宁师范大学教育科学学院李雯星、刘玉婉、黄庆祥三位研究生帮助收集了大量的案例并进行了资料的整理。另外，这本书亦凝结了科学出版社崔文燕等编辑的心血。感谢大家为这本书顺利出版所作出的贡献！

正如南非前总统纳尔逊·曼德拉所说：“没有什么比我们对待孩子的态度更能深刻折射这个社会的核心价值追求了。”衷心地希望本书能够为那些渴望保护自己但并不清楚如何自护的孩子们，以及期望孩子平安成长但不知如何防范性侵的家长和老师们提供一些帮助；衷心地希望本书能够唤醒更多的社会人士共同呵护女童的成长！

杨素萍　谨致

2019 年 3 月